Liebe Leserin, lieber Leser,

seit der Mensch über sich nachdenkt, weiß er, dass er geteilt ist in eine helle und eine dunkle Seite, in Anständig und Unanständig, in Gut und Böse. Wohl jeder von uns ist in bestimmten Situationen einfühlsam, liebevoll, mitleidend, großzügig, uneigennützig. Umgekehrt aber gibt es auch wohl keinen, der nicht hin und wieder egoistisch ist oder anderen den Erfolg neidet, der nicht vom Zorn gepackt wird, aggressiv auftritt oder seine Mitmenschen belügt.

All diese Eigenschaften lassen sich auf die lange Entwicklungsgeschichte des *Homo sapiens* zurückführen; sie sind längst in seinem genetischen Erbe verankert.

Denn nur weil der Steinzeitmensch einst lernte, die Gefühle anderer zu lesen und auf sie einzugehen, Hilfsbedürftigen Trost zu spenden und sie zu stützen, konnte er in immer größeren Gruppen leben – was ein Grund war, davon sind viele Anthropologen überzeugt, für seinen evolutionären Erfolg.

GEOkompakt-Redakteur Rainer Harf hat das Konzept dieses Heftes erarbeitet

Diese sozialen Verbände funktionierten aber unter anderem auch deshalb so gut, weil der Mensch nicht nur eine Moral entwickelte, sondern zudem auch lernte, in bestimmten Situationen zu lügen, zu neiden, zu täuschen und manchmal sogar einen mörderischen Revanchewillen zu entwickeln.

Beispiel Rache: Die heutzutage zu Recht geächtete Neigung, Selbstjustiz zu üben, hatte in der Frühzeit der Zivilisationsentwicklung eine offenbar extrem sinnvolle Funktion, wie unsere Autorin Alexandra Rigos schreibt. Da Menschen hochsoziale Wesen sind und normalerweise nur in der Gruppe überleben können, seien sie stets darauf angewiesen gewesen, „dass alle Mitglieder der Gemeinschaft kooperieren und sich an die Regeln des Zusammenlebens halten". Eine Gesellschaft ohne jede Sanktion – also ohne jede Rache – hätte irgendwann dazu geführt, dass die Egoisten ungestraft die Gutwilligen ausnutzen, was nach und nach zum Zerfall jeder Gruppe geführt hätte. Das verblüffende Fazit der Autorin: „Rache hält menschliche Gemeinschaften zusammen."

Natürlich werden all unsere Eigenschaften, im Guten wie im Schlechten, zum großen Teil auch durch unsere individuelle Sozialisation geprägt, durch unser Elternhaus, die Erfahrungen in Peergroups – und davon ist in den folgenden 14 Beiträgen auch immer wieder die Rede.

Doch vor allem geht es in diesem Heft um die biologische und kulturelle Evolution des *Homo sapiens*: darum, wie stark unsere Instinkte, unser Verhalten von unserem genetischen Erbe beeinflusst werden und was es für die Zivilisationsentwicklung bedeutete, dass der Mensch auch lernte, gegen seine aggressiven und egoistischen Impulse anzukämpfen.

Bei der Zusammenstellung der Texte und Fotoreportagen stellte sich sehr schnell heraus, dass es dem Redaktionsteam deutlich leichter fiel, Beiträge zu den dunklen Seiten des Menschen zu finden als zu den hellen. Was auch mit unserer Profession zu tun hat: Denn in der Regel hat der Journalismus eher das Negative zum Thema, berichten wir und unsere Kollegen eher über den Betrüger als über den, der anständig geblieben ist, eher über den Täter als über das Opfer.

Und obwohl auch in diesem Heft ein paar Seiten mehr dem Bösen als dem Guten gewidmet sind, haben wir, so finde ich, die Balance dennoch recht gut gehalten. Ich hoffe, Sie stimmen mir zu.

Herzlich Ihr Michael Schaper

twister

Rätsel der Selbstlosigkeit. Altruismus scheint den Gesetzen der Evolution zu widersprechen. Dennoch helfen Menschen wie die Hamburgerin Sabine Rave (oben) Fremden ohne jeden Eigennutz. *Seite 84*

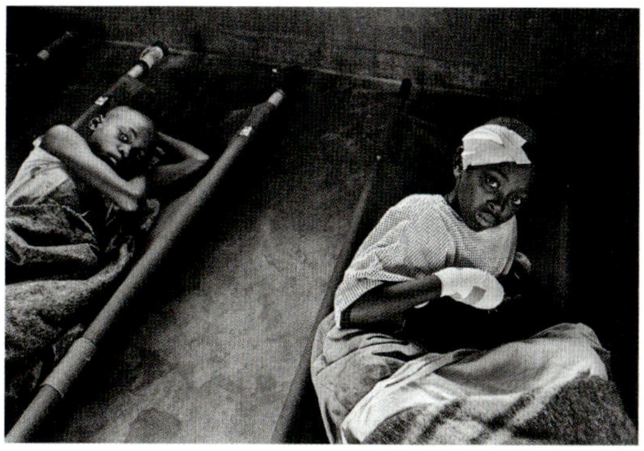

Unser zweites Gesicht. Sozialpsychologen versuchen das Unfassbare zu erklären: Weshalb fallen Nachbarn bei Pogromen plötzlich übereinander her – wie 1994 in Ruanda? *Seite 112*

Das Leben danach. Was geschieht mit einem Menschen, wenn ein Amokläufer die Tochter ermordet, der Vater zum Peiniger wird, der Freund zum Betrüger? Sechs Opfer erzählen von ihrer Begegnung mit dem Bösen. *Seite 124*

Das Antlitz des Bösen. Wie konnte der Durchschnittsbürger Heinrich Himmler zu einem der größten Massenmörder der Geschichte werden? Ein Psychogramm. *Seite 142*

Redaktionsschluss dieser Ausgabe: 12. November 2010

Alle Fakten und Daten in diesem Heft sind vom GEOkompakt-Verifikationsteam auf ihre Präzision, Relevanz und Richtigkeit überprüft worden. Kürzungen in Zitaten sind nicht angezeigt.

Informationen zum Thema und Kontakt zur Redaktion unter www.geokompakt.de

Die helle und d

Kein anderes Wesen ist so widersprüchlich wie der Mensch: Er zeigt tiefes Mitmenschen, neidet seinem Gegenüber den Erfolg, sinnt auf blutige Innern scheint *Homo sapiens* geradezu gespalten zu sein in eine gute

ie dunkle Seite

Mitgefühl, tröstet Trauernde, hilft Unbekannten; und er betrügt seine Vergeltung und zieht mordend gegen seinesgleichen in den Krieg. Im und eine böse Seite. Was treibt uns in diese Zerrissenheit?

Texte: Rainer Harf

Wie eine Sprache lernen Kinder, was gut und was böse ist. Eltern und Geschwister, Kirche und Kultur prägen die Moral. Etwa, wenn junge Christen vor der Kommunion (hier in Brasilien) zum ersten Mal ihre Sünden beichten müssen

Freundschaft

Liebe und Verbundenheit suchen Menschen nicht nur in Partnerschaften und in der Familie, sondern auch unter Freunden. Schon im Kindergarten schließen sie Bande mit Gleichaltrigen, lernen, miteinander zu streiten und sich zu versöhnen. Dieses Grundbedürfnis – Vertraute außerhalb der Familie zu finden – empfindet wohl kein anderes Wesen so stark wie der Mensch

Anders als bei Jungen beruhen Mädchenfreundschaften eher auf Mitgefühl und liebevoller Unterstützung

Jungen definieren Freundschaften meist über Solidarität und gemeinsam erlebte Abenteuer

Über Freunde zum Selbstbild: Im Kreis von Gleichaltrigen entwickeln Kinder (hier in Indien) eine stabile Identität

Unterdrückung

Das Streben nach Macht kommt einer Sucht gleich: Mit ihr wächst das Selbstbild, die Genugtuung, der Stolz des Machthabers – und seine Möglichkeit, Menschen zu kontrollieren, Untergebene nach seinen Vorstellungen zu formen. Dabei entspringt die gewaltsame Durchsetzung des eigenen Willens, die Unterdrückung anderer oft einer Angst: die Kontrolle zu verlieren und selbst zum Opfer zu werden

In Myanmar werden regimekritische Mönche verfolgt. Viele verlassen die Heimat und fliehen nach Thailand

Ohnmacht vor der Macht: In Jahrzehnten der Unterdrückung hat in Nordkorea ein ganzes Volk den Willen verloren

»Was soll ich fühlen?«, fragt die elfjährige Afghanin Gulam kurz vor ihrer Zwangshochzeit mit einem 40-Jährigen

Trauer um den ermordeten Ehemann: Angehörige lassen diese verwitwete Palästinenserin mit ihrem Leid nicht allein. Empathie lässt Menschen ihre Gefühle teilen

Mitgefühl

Der Mensch ist ein hochsoziales Wesen: In seiner Natur wurzelt das tiefe Bedürfnis nach Gemeinschaft und Nähe. Dieser Wunsch ist ein Jahrmillionen altes Erbe: Schon unsere Vorfahren lebten in Gruppen zusammen und waren darauf angewiesen, einander zu unterstützen, Notleidenden zu helfen, Trauernden Trost zu spenden. Im Laufe der Evolution hat sich eine erstaunliche Gabe entwickelt, die uns wie kein anderer Wesenszug miteinander verbindet: das Mitgefühl

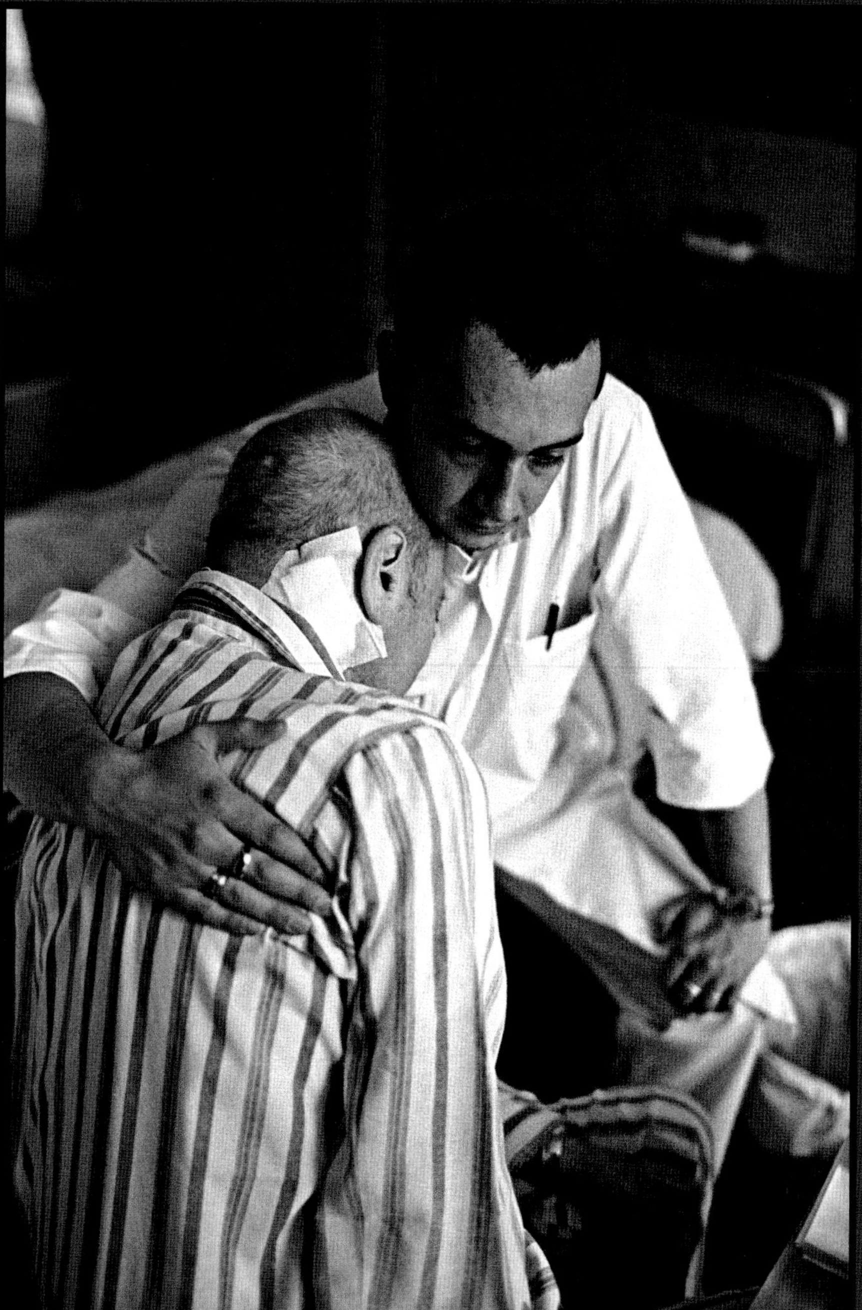

Sinnbild der Menschlichkeit: In einem Krankenhaus in der Nähe von Paris leistet ein Pfleger einem sterbenskranken Mann Beistand und begleitet ihn bis zu seinem Tod

Gewalt

Aus Sicht vieler Naturwissenschaftler ist *Homo sapiens* eine überaus gewalttätige Spezies – ja sogar das aggressivste Wesen, das je auf unserem Planeten gelebt hat. Kein Tier quält und foltert seine Artgenossen mit Absicht, kein anderes Geschöpf zieht gegen seinesgleichen in den Krieg. Der Hang zur Gewalt ist fest verankert in unserer Biologie – aber immer auch das Ergebnis unserer Erziehung

Die Brutalität russischer Rechtsextremisten richtet sich gegen ethnische Minderheiten wie etwa Tadschiken

Die Miene des Bösen: Aggressives Gebahren soll Furcht einflößen wie bei diesem britischen Gangster

Ausdruck von struktureller Gewalt: Armut hat in einem Slum in Haiti Kindergangs entstehen lassen

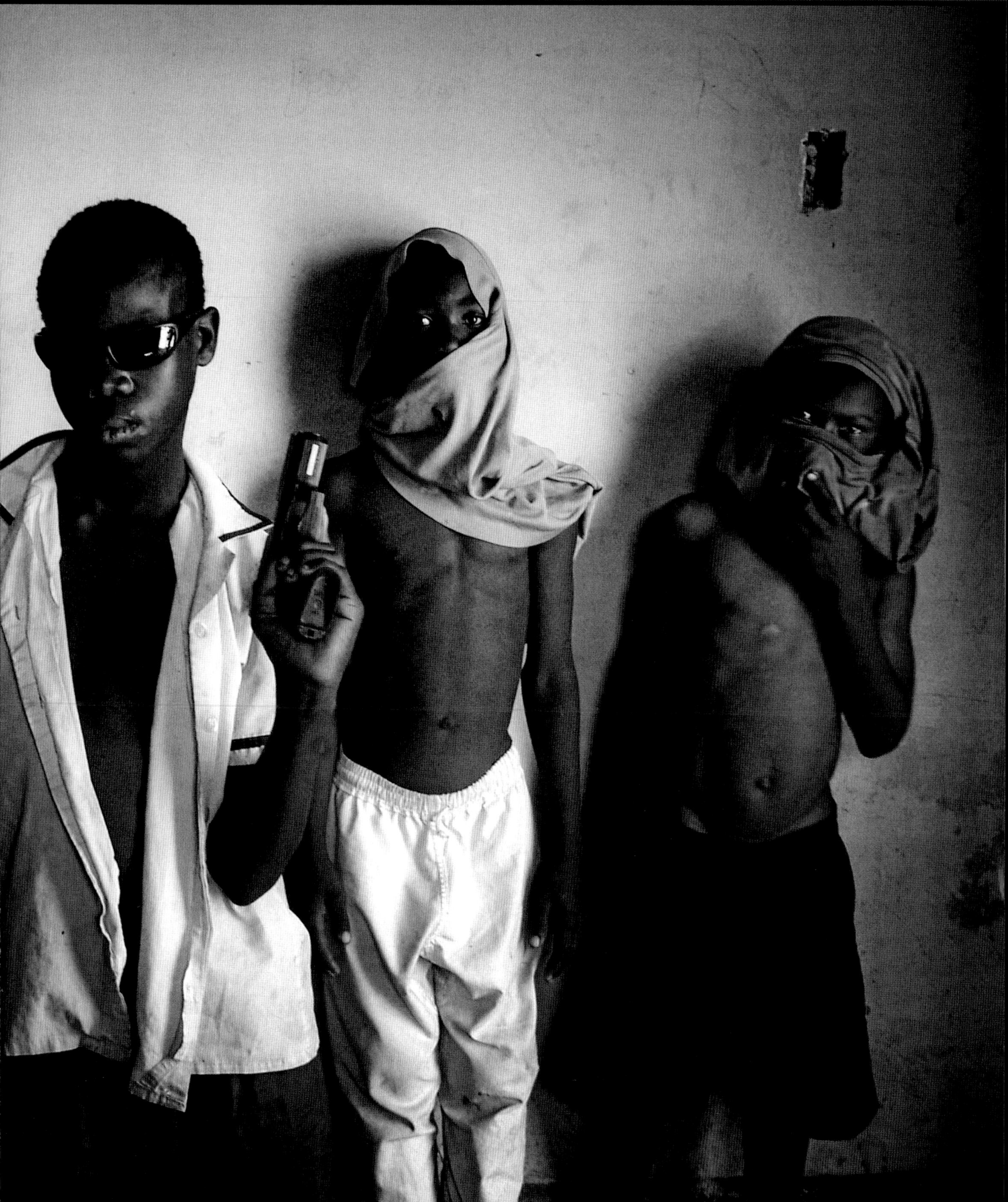

Toleranz

Sie gehört zu jenen Tugenden, die das ethische Grundgerüst unserer Gesellschaft bilden: Toleranz verlangt Geduld, Aufgeschlossenheit, Offenheit Fremden gegenüber. Besonders heute, in einer Zeit, in der Gemeinschaften immer komplexer werden, in der Menschen immer dichter nebeneinanderleben, bildet das Zulassen des Andersartigen die Basis für ein friedliches Miteinander

Drei Religionen – eine Sprache: Juden, Muslime und Christen musizieren im West-Eastern Divan Orchestra

Begegnung mit dem anderen: Toleranz setzt voraus, dass man einander kennenlernt (Schulfeier in Virginia)

Nach 36 Jahren Ehe wandelt Walter Bacon sein Geschlecht um und nennt sich Meredith. Seine Frau bleibt bei ihm

FEBRUARY
Sale
4,50

Verachtung

Nichts offenbart ablehnende Emotionen gegenüber anderen Menschen deutlicher als Verachtung: In ihr bündeln sich dunkle Gefühle wie Wut und Widerwillen, Hass, Angst und Ekel. Doch oft ist die Geringschätzung nur vordergründig ein Ausdruck von Überlegenheit: Menschen, die andere verachten, versuchen meist, ihre eigenen Unzulänglichkeiten zu verdrängen

Abwertender Blick, abweisende Geste: Geringschätzung offenbart sich durch eine ganz eigene Körpersprache

Verachtung ruft Verachtung hervor: Das brennende Gefühl ist Quell von Gewalt (Demonstration in London)

Kapstadt: Wer den anderen verachtet, stellt sich über ihn und empfindet seine eigene Haltung als anständig

Liebe

Sie ist wohl das stärkste Gefühl, das wir empfinden können: Liebe motiviert unser Handeln, bestimmt unser Miteinander, gibt unserem Leben Sinn – und lässt uns körperlich wie geistig mit einem anderen Menschen verschmelzen. Die Liebe lässt aus Fremden Familie werden. Und erst durch die innige Bindung zu einem anderen Menschen erfüllen wir den vielleicht tiefsten all unserer Wünsche: unsere Einsamkeit zu überwinden

Pubertierende nähern sich erstmals dem anderen Geschlecht und erfahren, wie machtvoll Liebe das Leben lenkt

Kinder in einem liebevollen Elternhaus entwickeln meist von selbst eine Vorstellung davon, was gut und böse ist

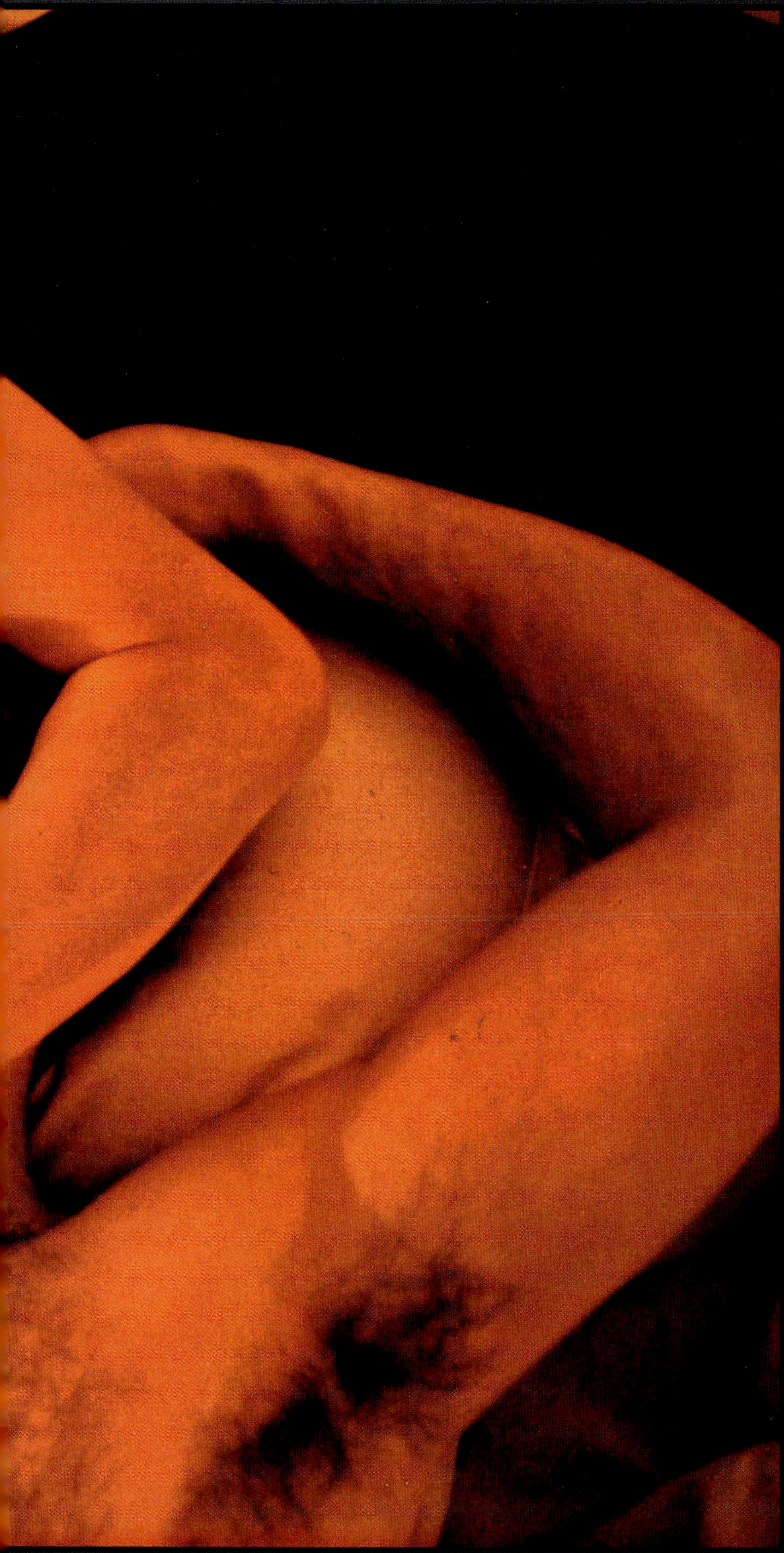

Gemeinsam eins werden: Liebe nährt das Gute im Menschen – Vertrauen, Respekt, Fürsorge, Aufopferung

Respekt

Er geht weit über Höflichkeit und gesellschaftliche Normen hinaus, denn in ihm offenbart sich eine Überzeugung, eine Lebenseinstellung: Respekt heißt, den anderen nicht nur anzuerkennen, sondern zu achten, wertzuschätzen, sich mit ihm auf Augenhöhe zu stellen. Im Wunsch nach Respekt spiegelt sich ein Grundbedürfnis des Menschen wider: Aus Anerkennung schöpfen wir Kraft für unser Selbstbild □

Zeichen des Respekts: 15 000 Kreuze erinnern an 15 000 Gefallene des Stellungskrieges von Verdun 1916

Gesten warmherziger Anerkennung: Zwei ältere Männer berühren einander während eines Festes in Tunesien

Nur wer sich selbst anerkennt, bringt anderen echte Wertschätzung entgegen: Eine Russin grüßt einen Mönch

Das düstere ERBE

Lange rätselten Forscher, wo die Wurzeln der menschlichen Aggressivät liegen: Hängt sie davon ab, unter welchen Umständen wir aufwachsen und leben, oder wird sie von individuellen Erbfaktoren geprägt? Inzwischen wissen Biologen, welche Hirnstrukturen unsere Gewaltbereitschaft steuern, wie Botenstoffe und Gene sie beeinflussen. Und dass unser Verhalten geprägt wird von der Jahrmillionen alten Vorgeschichte des *Homo sapiens*

Text: Henning Engeln
Fotos: Isabel Muñoz

Die Mitglieder rivalisierender Straßengangs in El Salvador – extrem gewaltbereit und tätowiert wie dieser Gefängnisinsasse – liefern sich erbitterte Machtkämpfe. Es geht um Waffen, Drogen, Prostitution und Erpressung von Schutzgeldern. Jährlich sterben mehr als 1500 Menschen

S

Schon von Beginn an gab es die Aggression. Sie existiert vermutlich seit mindestens 700 Millionen Jahren – so lange nämlich, wie auf der Erde bereits Tiere leben. Forscher gehen davon aus, dass tierische Organismen schon sehr früh ihre Muskelkraft eingesetzt haben, um Konkurrenten von Nahrungsquellen zu verdrängen, um Reviere zu erkämpfen, Nebenbuhler von Weibchen fernzuhalten und den eigenen Nachwuchs zu verteidigen.

Beim *Homo sapiens*, dem höchstentwickelten aller Organismen, hat die Aggression allerdings eine vollkommen neue Dimension erreicht: Wohl kein Tier setzt so wie der Mensch Gewalt ein, um einem Artgenossen bewusst unerträgliche Schmerzen zuzufügen – wie etwa ein Folterer, der Informationen aus einem Gefangenen herauspressen will, oder ein sadistischer Sexualmörder, der Lust an der Qual seines Opfers empfindet.

Und bei keiner Tierart rüsten sich die Mitglieder einer Gruppe gezielt mit Waffen aus und unterwerfen sich einem hierarchischen Drill, nur um Artgenossen einer anderen Gruppe in großer Zahl zu töten – also Kriege zu führen.

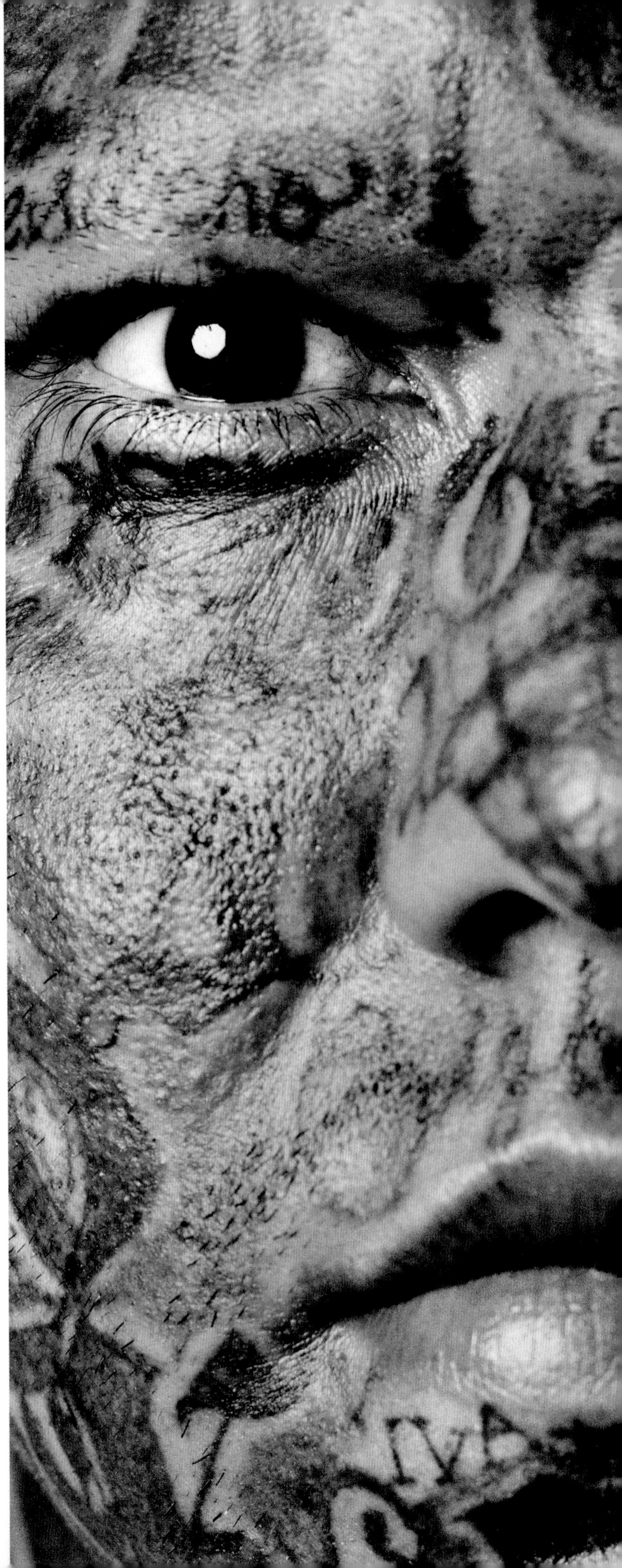

»Mara 18« nennt sich eine der dominierenden Gangs El Salvadors (Mara = Jugendbande). Meist offenbaren die Mitglieder ihre Zugehörigkeit in Tätowierungen – wie dieser Mann mit der 1 und der 8 über der Nase. Wer so gezeichnet in den Stadtteil der Rivalen gerät, riskiert sein Leben

Bei der Frage, wie man einem anderen Leid zufügen kann, scheint der Einfallsreichtum des Menschen keinerlei Grenzen zu kennen.

Ein ugandischer Fischer, der während des Völkermords in Ruanda im Jahr 1994 half, einen Teil der mehr als 10 000 im Viktoriasee schwimmenden Leichen zu bergen, erinnert sich an eine Tote, deren Anblick ihn zutiefst verstörte: „Es war eine Frau. Sie hatte fünf Kinder, die an ihr festgebunden waren. Eines an jedem Arm. Eines an jedem Bein. Und eines am Rücken. Sie hatte keinerlei Verletzungen…“

Ist der Mensch also ein besonders grausames Lebewesen, das einen aus der Urzeit stammenden Hang zur Aggression auf einen neuen Gipfel getrieben hat? Macht womöglich das Erbe der Vergangenheit die Menschen gewalttätig – und wird dieses aggressive Erbe von den Errungenschaften eines zivilisierten Miteinanders nur mühsam unterdrückt?

Gewalt ist geschlechtstypisch: Etwa neun von zehn Tatverdächtigen sind **Männer**

Was unseren Hang zu Gewalt steuert, lässt sich in drei verschiedene Kategorien einordnen:

1. Das gemeinsame evolutionäre Erbe: im Verlauf einer jahrmillionenlangen Entwicklung haben unsere tierischen Vorfahren die körperlichen Voraussetzungen und die Fähigkeit zur

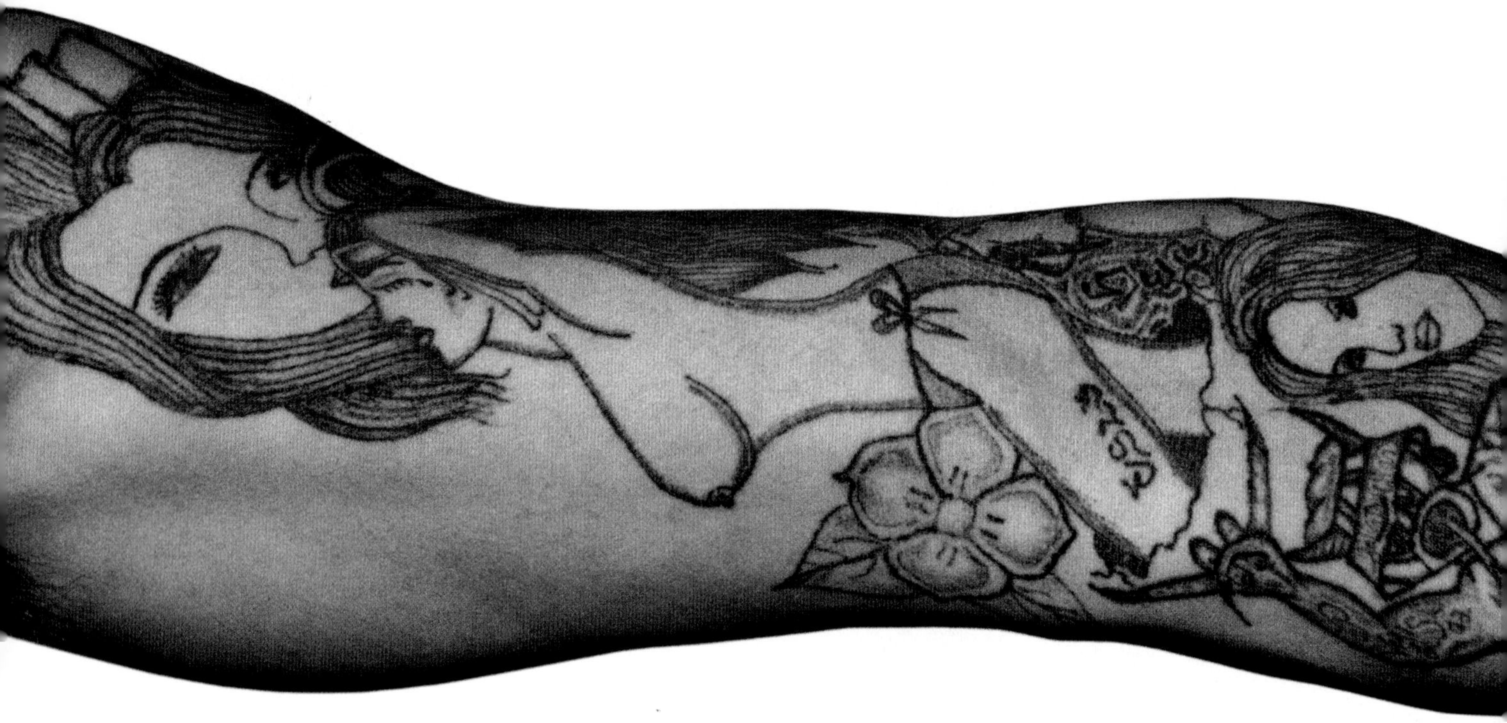

Aggression ausgebildet, die ihnen in vielen Fällen das Überleben sicherten.

2. Die individuelle, biologisch gesteuerte Ausprägung: Die Neigung, aggressiv zu reagieren, ist von Mensch zu Mensch unterschiedlich stark; Hirnstrukturen, Neurotransmitter und Hormone, beeinflusst von Genen, machen manche Menschen aggressiver, leichter erregbar oder lassen sie impulsiver reagieren als andere.

3. Die Sozialisation jedes Einzelnen: Besondere familiäre oder gesellschaftliche Umstände fördern bei manchen Menschen die Gewaltbereitschaft – etwa wenn sie als Kind häufig geschlagen oder gedemütigt wurden. Neue Forschungsergebnisse deuten zudem auf ein enges Zusammenspiel von Genen und Umwelt. Ein aufbrausendes Kind, das häusliche Gewalt erfährt, neigt demnach später häufiger zu Aggression als ein ausgeglichenes.

1. Das evolutionäre Erbe

Die Suche nach den Wurzeln aller Aggressionen führt in die tiefe Vergangenheit, bis zu den Ursprüngen der Tierwelt. Fasst man den Begriff weit genug, kann man sogar sagen, die Gewaltanwendung ist so alt wie das Leben selbst.

Denn seit Charles Darwin vor 150 Jahren seine Evolutionstheorie formulierte, ist klar: Der Wettbewerb unter den Arten, der Kampf ums Dasein, ist der Motor des evolutiven Fortschritts. Und wer in diesem Kampf Gewalt einsetzt, um sich Vorteile zu verschaffen oder Konkurrenten auszuschalten, dessen Gene setzen sich durch.

Schon unter den Bakterien, den am einfachsten gebauten Lebewesen, gibt es Spezies, die Antibiotika oder Giftstoffe ausscheiden, um Konkurrenten zu hemmen oder sogar zu töten. Sieht man die Absonderung von Giften als gewalttätigen Akt an, dann sind also sogar Bakterien aggressiv.

Meistens meinen Wissenschaftler jedoch mit „Aggression“ ein Verhalten, eine körperliche (beim Menschen auch psychische und verbale) Gewaltanwendung, die von einem Organismus ausgeht und einem anderen schadet. Und die Möglichkeit dazu kam mit den Tieren in die Welt – jener Gruppe von Lebewesen, deren erste Vertreter sich vor mehr als 700 Millionen Jahren entwickelten.

Im Gegensatz zu den Pflanzen, die hauptsächlich von der Energie des Sonnenlichts leben, waren die Tiere darauf angewiesen, Nahrung zu finden. Deshalb besaßen die meisten von ihnen ein Nervensystem sowie einen von Muskeln angetriebenen Bewegungsapparat, um sich in ihrer Umwelt orientieren und Futter suchen zu können.

Diese Fähigkeit, sich unter anderem mithilfe von Flossen oder Beinen zu bewegen, erlaubte es bereits den ersten tierischen Lebewesen, ihre Konkurrenten wegzuschubsen – also Gewalt auszuüben. Und als die Tiere dann im Verlauf der Evolution nach und nach Zähne, Klauen oder Giftdrüsen entwickelten, um ihre Beute zu töten, eröffnete sich die Option, diese Waffen auch gegen Artgenossen einzusetzen.

Je komplexer die Körper der Tiere wurden, je vielfältiger ihr Verhalten war und ihr Zusammenleben, desto mehr Vorteile konnte der Einsatz von Gewalt einem Individuum verschaffen. Sie diente unter anderem dazu,

- Ressourcen – etwa Nahrung oder Reviere – zu gewinnen und gegen Konkurrenten zu verteidigen;
- in einer hierarchisch organisierten Gruppe eine höhere Position zu erkämpfen und Rivalen einzuschüchtern;
- und sie half, sich im Kampf um sexuelle Partner durchzusetzen.

Dieser Kampf gegen Konkurrenten erklärt auch, weshalb männliche Tiere

Dieser Gangster dokumentiert mit den Initialen an seiner Hand, dass er zur »Mara Salvatrucha« (»Gruppe gerissener Salvadorianer«) gehört. »MS 13« steht auch für »Mara 13«, wie die Gang ebenfalls heißt – nach der 13th Street in Los Angeles, in der sie einst gegründet wurde

deutlich aggressiver sind als weibliche. Denn in der Regel kümmern sich die Weibchen mehr um den Nachwuchs als die Männchen. Bei den Säugetieren, zu denen ja auch der Mensch zählt, „investieren" die weiblichen Individuen sogar enorm viel in die Kinder: Sie ernähren die Embryonen in ihrem Bauch und lassen sie so lange heranwachsen, bis sie weit genug gereift sind, um geboren zu werden. Anschließend versorgen sie die Babys noch lange: mit Milch und lang anhaltender mütterlicher Fürsorge.

Umgekehrt investieren die Männchen bis auf eine winzige Samenspende kaum etwas. Aus biologischer Sicht werden die Weibchen damit zu einer begehrten Ressource, um die das andere Geschlecht konkurriert. Denn ein Männchen hat die Chance, mehrere Weibchen zu begatten und so seine Gene in der nächsten Generation zu vervielfachen. Die Weibchen aber sind es, die aus dem Angebot der Männchen das für sie attraktivste auswählen.

Körperliche Kraft und Aggression gegenüber einem Rivalen entscheiden also häufig darüber, wie viel Nachwuchs ein Männchen zeugt – und ob überhaupt. Deshalb sind bei den Säugetieren die Männchen häufig größer, stärker und aggressiver als die Weibchen.

Das kann in einer Haremsbildung gipfeln, wie sie etwa bei Rothirschen, See-Elefanten und Gorillas vorkommt. Bei ihnen zeugt das stärkste Männchen die meisten Nachkommen einer ganzen Gruppe von Weibchen. Seine Gene vervielfältigen sich stärker, die der unterlegenen männlichen Konkurrenten dagegen weniger – so lange zumindest, bis es einem von ihnen gelingt, den Platzhirsch oder Haremsherrscher zu stürzen.

Die Aggression dient im Tierreich also in der Regel vor allem dazu, Geschlechtspartner zu gewinnen, Reviere zu verteidigen oder Nahrung zu erhalten. Konkurrenzkämpfe können dabei durchaus tödlich enden.

Doch bei unseren nächsten Verwandten, den Schimpansen, kommt noch ein weiterer Grund für Aggression hinzu: Sie setzen mitunter als Gruppe Gewalt ein, um Mitglieder anderer Gruppen zu töten.

Schon Jane Goodall, die Grande Dame der Schimpansenforschung, hatte bei ihrer Arbeit im Gombe-Nationalpark von Tansania feststellen müssen, dass die Affen kriegerische Attacken gegeneinander führten, die manchmal die Auslöschung einer gegnerischen Gruppe zur Folge hatten.

Eine Studie, deren Ergebnisse kürzlich veröffentlicht wurden, brachte weitere düstere Wahrheiten ans Licht: US-Anthropologen, die zehn Jahre lang gut 150 Tiere in einem ugandischen Nationalpark beobachtet hatten, fanden heraus, dass die Gruppe in dieser Zeit 21 Mitglieder benachbarter Horden umgebracht hatte.

> Menschen können auch deshalb **grausam** sein, weil sie sich in andere **einfühlen**

Zu den Tötungen kam es fast immer dann, wenn sich die Schimpansen zu Patrouillen entlang der Grenze ihres Territoriums aufmachten. Mit der systematischen Jagd auf Artgenossen versuchte die größere Gruppe, ihr Siedlungsareal in das der Nachbarhorden auszudehnen – was ihr aufgrund zahlreicher Angriffe nach und nach auch gelang.

Damit erschlossen sich die Schimpansen zusätzliche Nahrungsquellen, erhöhten so ihre Überlebenschancen – und zeigten erschreckende Parallelen zum *Homo sapiens*.

Denn zumeist ging die Aggressivität von den männlichen Schimpansen aus, und das ist auch beim Menschen nicht anders: Unter den 2277 Fällen von versuchtem und vollendetem Mord sowie Totschlag in Deutschland, die die Kriminalstatistik der Polizei für 2009 ausweist, waren 87 Prozent der Tatverdächtigen männlich. Ähnliche Quoten gelten für andere Gewaltverbrechen wie Raub, schwere Körperverletzung oder Geiselnahme.

Körperliche Aggression ist also ein sehr altes, evolutionär bedingtes und bei den Geschlechtern unterschiedlich stark ausgeprägtes biologisches Phänomen.

Und, so die Erkenntnis der Wissenschaft: Es ist ein Verhalten, das von bestimmten Hirnstrukturen, von neuronalen Botenstoffen und Hormonen gesteuert wird.

2. Die biologische Formung eines Individuums

Unsere Hirnstrukturen – und damit unser Verhalten – werden nicht nur durch die evolutionäre Vergangenheit unserer Art bestimmt, sondern auch durch unsere individuelle genetische Ausstattung: also durch jene Genvarianten, die wir von unseren Eltern erben.

Die Wissenschaft weiß inzwischen ziemlich genau, welche Regionen in unserem Hirn die Aggression vermitteln und welche biochemischen Stoffe dabei mitwirken.

So haben Tierversuche gezeigt, dass sich bestimmte Formen aggressiven Verhaltens durch die elektrische Reizung jeweils einer spezifischen Hirnregion quasi an- und abschalten lassen (bei diesen Experimenten hatten Biologen Katzen Drähte ins Gehirn implantiert, einen leichten Strom angelegt und die Reaktion der Tiere beobachtet).

Unter Männern **eskaliert** Streit schneller – doch sie **versöhnen** sich rascher als Frauen

Zudem haben Forscher herausgefunden, dass Tiere vor allem in vier Situationen Gewalt einsetzen und dass dabei jeweils unterschiedliche Hirnregionen aktiv sind. Tiere sind aggressiv:

- beim Beutefang;
- wenn sie sich bedroht fühlen;
- beim Kampf zwischen Männchen um Weibchen oder Territorien;
- wenn Muttertiere ihren Nachwuchs verteidigen.

Beim Beutefang sowie bei Territorial- und Konkurrenzkämpfen spielt offenbar der Hypothalamus eine wichtige Rolle – jener Teil des Zwischenhirns, der unter anderem Grundfunktionen wie Nahrungsaufnahme und Sexualität steuert.

Die anderen Formen von Aggression, die der Verteidigung dienen, werden dagegen überwiegend von einer Hirnregion bestimmt, die als „Zentrales Grau" im Mittelhirn (Substantia grisea centralis) bekannt ist.

Beide Strukturen – Hypothalamus wie auch Zentrales Grau – gehören zum limbischen System, das damit für alle Formen von Aggression entscheidend ist. Das limbische System ist eine Art Gefühlszentrale für elementare Zustände wie Wut, Furcht und Lust sowie für Verhaltensformen wie Flucht oder Verteidigung. Es handelt sich dabei um eine Gruppe von Strukturen, die große Teile des Gehirns durchziehen und Wahrnehmungen, Vorstellungen, Erinnerungen, Handlungspläne mit Stimmungen und Gefühlen verknüpfen.

Ein besonders wichtiger Bestandteil darin ist der Mandelkern (Amygdala). Diese Region spielt eine Schlüsselrolle bei Ärger und Aggression. Hier werden Erlebnisse mit negativen Emotionen wie Furcht oder Angst verbunden und aggressive Impulse erzeugt.

Solche Ängste, die zur Aggressivität führen, sind für das Überleben unerlässlich: Tiere und Menschen, deren Amygdala zerstört ist – etwa durch einen Tumor –, können die Bedrohlichkeit einer Situation nicht mehr einschätzen. Sie versäumen es, rechtzeitig zu fliehen, unterlassen es, sich zu verteidigen, oder zeigen keine Unterwerfungsgesten, wenn sie im Kampf unterlegen sind, um so die Aggression des Rivalen zu stoppen.

Eine Art Gegenspieler zum limbischen System ist der präfrontale Kortex – jener Teil des Stirnlappens im Großhirn, der unter anderem für die Selbstreflexion und die moralische Bewertung zuständig ist.

Diese Region kontrolliert normalerweise all jene aggressiven Impulse, die aus den entwicklungsgeschichtlich älteren, affekt- und emotionsbetonten Hirnregionen kommen – während die Großhirnrinde, die Bewusstsein hervorbringt und bewusste Prozesse kon-

Allein die Mitgliedschaft in einer Gang genügt, um in El Salvador festgenommen zu werden. Als Beweis reicht die Tätowierung, bei diesem Mann am Hals. Hispanische Straßengangs formten sich vor allem in den 1980er Jahren in Los Angeles. Gut zehn Jahre später wurden viele Bandenmitglieder ausgewiesen – und brachten die Gewalt in ihre Heimatländer

trolliert, erst später im Verlauf der Evolution an Größe und Einfluss zunahm.

Ist der präfrontale Kortex nun aber beschädigt, werden die betroffenen Individuen ungehemmter und aggressiver, zudem verantwortungs- und respektlos, unberechenbar und unfähig, zu planen.

Doch es gibt auch Menschen, die ohne erkennbare Hirnschäden zu ungewöhnlich gewalttätigem und antisozialem Verhalten neigen. Eine Untersuchung an Mördern, die ihre Opfer aus einem Affekt heraus getötet hatten (die Tat also nicht kaltblütig geplant hatten), ergab bei diesen Menschen einen verminderten Stoffwechsel im Frontalhirn.

Die Forscher vermuten deshalb, dass der präfrontale Kortex bei diesen Gewalttätern weniger gut arbeitet (ob aufgrund einer besonderen genetischen Konstellation oder wegen ihrer Sozialisation, haben die Wissenschaftler noch nicht ermittelt) und nur unzureichend in der Lage ist, Emotionen und aggressive Impulse aus dem limbischen System zu kontrollieren.

Es ist, als würden die aggressiven Impulse aus einem urtümlichen Teil des Gehirns herausgeschossen werden und ohne Filterung und Zügelung durch die rationale und moralische Kontrollinstanz im Großhirn direkt zu einer aggressiven Tat führen.

Etliche Neurowissenschaftler sind deshalb der Meinung, Straftäter mit einer derartigen Veranlagung seien für ihr Verhalten weniger verantwortlich als andere Menschen.

Wie stark die Emotionen und aggressiven Impulse werden, hängt aber nicht nur von unserer individuellen Hirnstruktur ab, sondern auch von bestimmten Botenstoffen: den Neurotransmittern und Hormonen. Denn diese Stoffe beeinflussen die Aktivität der Nervenzellen. Bekannt im Zusammenhang mit Aggressivität ist das männliche Geschlechtshormon Testosteron.

Forscher, die männlichen Ratten, Mäusen und Affen den Gehalt an Testosteron im Blut künstlich erhöhten, stellten fest, dass sich deren Aggressivität eindeutig erhöhte.

Fehlten den Tieren die männlichen Keimdrüsen (die das Hormon produzieren), sank die Neigung zur Gewalt – und wurde einem kastrierten Tier Testosteron injiziert, stieg sie erneut an. (Bei Weibchen dagegen löste ein erhöhter Spiegel des Hormons keine Aggressivität, sondern eine verstärkte Neigung zur Sexualität aus.)

Komplizierter sind die Verhältnisse beim Menschen.

Das liegt unter anderem daran, dass beim *Homo sapiens* die Großhirnrinde – und damit die Fähigkeit, über sich selbst nachzudenken und Entscheidungen zu fällen – so stark entwickelt ist wie bei keinem anderen Tier. Zudem hat der Mensch eine extrem lange Kindheit, in der er soziales Verhalten erlernen kann.

Kooperation und Hierarchie ermöglichen Menschen eine neue Stufe der Gewalt: **Krieg**

Das bedeutet: Auch wenn Hormone die Schwelle für aggressives Verhalten herabsetzen können, ist der Mensch keineswegs ein Sklave dieser Botenstoffe. Er kann bei aggressiven Impulsen dank seiner Erziehung und dank seines Willens gegensteuern.

Trotzdem gilt es inzwischen als erwiesen, dass Testosteron sowohl bei Männern wie auch bei Frauen den Hang zur Gewalttätigkeit fördert (allerdings ist der Zusammenhang in beiden Fällen nicht sehr stark ausgeprägt).

Bei beiden Geschlechtern verstärken höhere Werte der Substanz im Blut die Risikobereitschaft des Betreffenden, vermindern seine Furcht sowie das Einfühlungsvermögen in andere. Jungen mit relativ hohen Testosteronwerten sind beispielsweise deutlich aggressiver als der Durchschnitt.

Insgesamt aber sind die aggressionsfördernden Wirkungen des Hormons beim Menschen nicht leicht nachzuweisen – vermutlich, weil es höchst unterschiedliche Formen von Aggression (etwa körperliche und verbale) gibt und auch Erfahrungen und Erlerntes eine wichtige Rolle spielen.

Interessanterweise stiegen die Testosteronwerte bei Gewinnern von Tennis-Turnieren und sanken bei den Verlierern, wie eine Untersuchung gezeigt hat. Das blieb bis zum nächsten Turnier so, und ein weiterer Sieg trieb den Hormonspiegel noch weiter nach oben (oder ließ ihn bei den Verlierern weiter abfallen).

Diese Rückkopplungsschleife stärkt offenbar die Durchsetzungsfähigkeit bestimmter Menschen und ermöglicht ihnen, einen dominanten Status zu erreichen und dann aufrechtzuerhalten.

Stärker jedoch beeinflussen andere Hormone und Botenstoffe unseren Hang zur Gewalttätigkeit. Der Neurotransmitter Serotonin etwa sorgt normalerweise für ein ausgeglichenes, gelassenes Befinden. Doch ist sein Spiegel zu niedrig, wird ein Mensch unsicher, ängstlich und fühlt sich schnell bedroht – seine Aggressivität steigt.

Auch Stoffe wie etwa Dopamin, die vom „Belohnungssystem“ im Hirn ausgeschüttet werden (einer Region, die bestimmte Handlungen mit einem positiven, befriedigenden Gefühl verknüpft), fördern Aggressionen und können sogar dazu führen, dass der

Betroffene bei der Ausübung von Gewalt ein gutes Gefühl hat – es kann also vorkommen, dass sich Menschen an dieses Verhalten gewöhnen und es im Laufe der Zeit immer mehr als lustvoll empfinden.

Auch jene Hormone, die wir bei Stress ausschütten (normalerweise dienen sie dazu, den Körper in einer Bedrohungssituation auf Flucht oder Angriff vorzubereiten), steigern die Neigung zur Gewaltanwendung.

Das bedeutet nicht, dass ein dauerhaft gestresster Mensch unweigerlich aggressiv werden muss, sondern nur, dass die Schwelle herabgesetzt wird, ab der er gewalttätig wird. Schon ein nichtiger Anlass kann in einem solchen Zustand der Erregung zu einem Gewaltausbruch führen.

Auf unsere Hirnstrukturen und Botenstoffe wiederum wirken genetische Faktoren ein – und die können uns unterschiedlich aggressiv machen.

So ist der Serotonin-Spiegel bei manchen Menschen erblich bedingt vermindert und macht sie ängstlicher und emotional erregbarer als andere.

Zudem gibt es genetisch bedingte Unterschiede an den Rezeptoren (den Andockstellen von Botenstoffen). Sie führen dazu, dass die Stoffe unterschiedlich wirken, und verändern damit ebenfalls die individuelle Erregbarkeit und Gewaltbereitschaft.

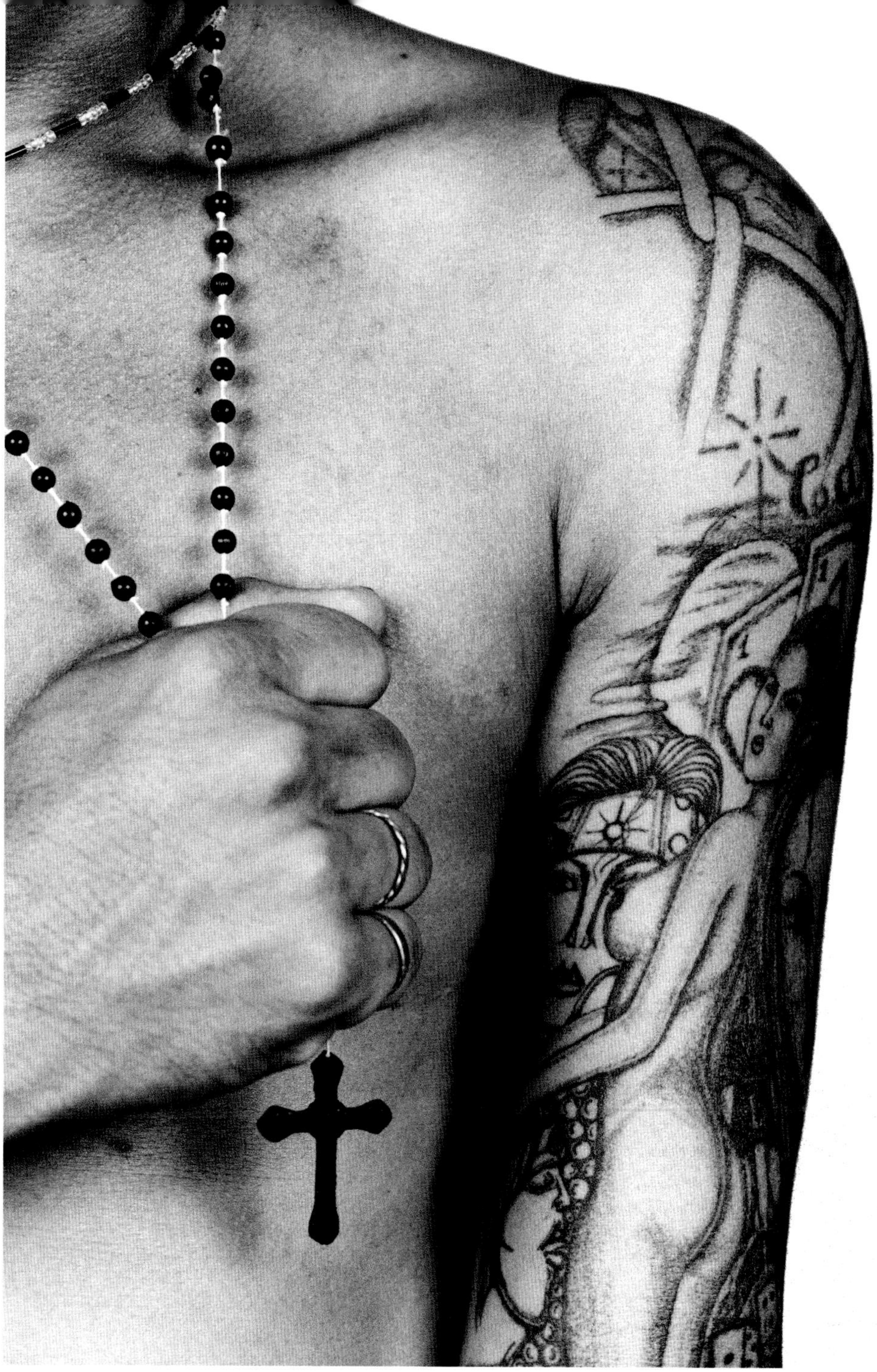

Gewalt gehört auch zum Aufnahmeritual der Gangs: Der Neuling muss sich von den Kumpanen zusammenschlagen lassen, ohne sich wehren zu dürfen. Das gilt auch für Frauen – es sei denn, sie lassen sich auf Sex mit allen männlichen Gruppenmitgliedern ein

Die genetische Ausstattung eines Menschen vermag also über Hormone, Neurotransmitter und Hirnstrukturen auf dessen Aggressivität zu wirken.

Doch ebenso können äußere Umstände während der Kindheit und die gesellschaftliche Umwelt auf diese Strukturen und damit auf die Gewalttätigkeit des Einzelnen Einfluss nehmen.

3. Die individuelle Sozialisation

Schon bei Kindern zeigen sich auffällige Verhaltensunterschiede: Jene Heranwachsenden, die bereits in frühen Jahren gesteigerte Aggressionen, Hyperaktivität, Impulsivität und Trotzverhalten zeigen, entwickeln sich als Erwachsene besonders häufig zu Gewalttätern.

Das kann an erblichen Faktoren liegen – aber eben auch maßgeblich an der Umwelt. Schon in der Schwangerschaft vermögen dauerhafter Stress und bestimmte Traumata (etwa wenn die werdende Mutter raucht) die Vernetzung der Nervenzellen zu beeinflussen. Auch der Genuss bestimmter Nahrungsmittel sowie von Alkohol und anderen Drogen während der Kindheit können die Neigung zur Aggressivität steigern.

Bei kleinen Kindern, so haben Untersuchungen gezeigt, kommt es häufig vor, dass Stress, Vernachlässigung und Misshandlung die Gehirnentwicklung stören – etwa die des präfrontalen

Kortex, der limbischen Strukturen oder des Serotonin-Systems.

Wer beispielsweise als Kind zu Hause körperliche Gewalt erlebt und misshandelt wird, kann später als Erwachsener oft die Emotionen anderer nicht so gut deuten, schreibt seinen Mitmenschen häufiger feindselige Absichten zu, hat Probleme mit ihnen und reagiert aggressiver.

Eine Untersuchung an psychopathischen Serienmördern hat gezeigt, dass sie in der Kindheit häufig missbraucht und traumatisiert worden waren, unsichere Bindungen oder den Verlust eines Elternteils zu verkraften hatten. Vor allem waren sie oft von ihren Müttern sadistisch oder sexuell missbraucht worden.

Vermutlich hat der Erziehungsstil ebenfalls einen Einfluss: Eine zu starke, autoritäre Bevormundung scheint aggressives Verhalten ebenso zu fördern wie zu geringe Kontrolle oder gar Vernachlässigung.

Und natürlich kann sich Aggressivität in Lernprozessen verstärken: Wer mit Gewalt einmal Erfolg gehabt oder damit Anerkennung gewonnen hat, wird sie öfter einsetzen. In Jugendcliquen, bei denen zwischen der eigenen und der fremden Gruppe unterschieden wird, können „die anderen" als Ziel und Auslöser von Aggressionen dienen.

henten sich wieder versöhnen, wenn der Streit ausgetragen ist. Denn das Zusammenleben in einer Gruppe verschafft nur dann einen Vorteil, wenn in der Regel Frieden herrscht und keine Spannungen die Harmonie stören.

Das bedeutet: Jeder Aggressor trägt die Fähigkeit zur Versöhnung und Vergebung in sich.

Auch hier gibt es Unterschiede zwischen den Geschlechtern: Weibliche Schimpansen etwa sind stärker als die Männchen darum bemüht, Konflikte zu vermeiden, doch wenn ein Streit erst einmal zu einem Kampf eskaliert ist, tun sie sich anschließend besonders schwer, sich wieder zu versöhnen. Für Männchen dagegen sind Zyklen von Streit und Aussöhnung normal.

Memo: **AGGRESSION**

- **Vermutlich schon** vor mehr als 700 Millionen Jahren gab es bei den ersten Tieren aggressives Verhalten.
- **Tiere setzen Gewalt ein,** um Nahrung zu gewinnen, Reviere zu verteidigen oder Weibchen für sich einzunehmen.
- **Bei Schimpansen** erreicht die Aggressivität unter Menschenaffen eine neue Stufe: Sie töten gezielt Artgenossen.
- **Hormone und Botenstoffe** im Gehirn beeinflussen die Neigung zur Gewalttätigkeit.
- **Aggression entsteht** im Gefühle vermittelnden limbischen System und wird vom präfrontalen Kortex kontrolliert.

lösen Spannungen in der Regel nicht durch Gewalt, sondern: durch sexuelle Kontakte.

Kommt es aber dennoch zu Handgreiflichkeiten, dann gehen meist mehrere Weibchen gemeinsam auf ein Männchen los. Offenbar haben sie gelernt, sich durch Kooperation gegen die physisch stärkeren männlichen Tiere durchzusetzen.

Und treffen zwei fremde Bonobo-Gruppen aufeinander, kommt es anders als bei Schimpansen kaum je zu Mord und Totschlag, sondern sehr häufig zu Sex.

Der Mensch ist mit Bonobos und Schimpansen gleichermaßen verwandt. Und er hat offenbar vom Verhalten beider Menschenaffen etwas geerbt – sowohl von den grausamen Gewaltausbrüchen der Schimpansen wie von der Fähigkeit der Bonobos, weitgehend friedliche Beziehungen zu pflegen.

Welchen Anteil der Mensch allerdings von welchem seiner äffischen Verwandten übernommen hat – oder ob sich manche Verhaltensneigung nicht vielleicht unabhängig davon erst später bei der Gattung Homo entwickelt hat –, lässt sich nach heutigem Stand der Wissenschaft nicht sagen. Denn der gemeinsame Vorfahr von Mensch, Schimpanse und Bonobo ist bislang noch nicht gefunden worden.

ALL DIESE FAKTOREN – persönliche Erfahrungen, genetisch bedingte individuelle Einflüsse auf Botenstoffe und Hirnstrukturen sowie die biologischen Grundlagen der Aggression – wirken zusammen und beeinflussen sich gegenseitig.

Gleichgültig aber, aus welchen Gründen ein Mensch Gewalt anwendet: Nach einer Eskalation ist er meist auch fähig, den Konflikt beizulegen. Diese Kunst, Frieden zu schließen, ist ebenfalls ein Erbe aus der Vergangenheit, und auch sie lässt sich schon bei Affen beobachten.

Vor allem bei Kämpfen innerhalb einer Gruppe, etwa um Status und Macht, ist es lebensnotwendig, dass die Kontra-

Das ist auch bei Menschen so, vermutet der amerikanische Primatenforscher Frans de Waal. Männer könnten nach einem Streit am Tage abends ein Bier trinken gehen und die Auseinandersetzung schnell vergessen. Frauen neigten dazu, Konflikten eher aus dem Weg zu gehen und Frieden zu stiften, doch wenn sie sich einmal verkrachten, dann halte der Groll monatelang an.

Eine ganz eigene Art, mit Aggressionen umzugehen und Konflikte zu schlichten, zeigen Bonobos, eine mit Schimpansen eng verwandte Spezies.

Bei diesen Affen sind die Weibchen das dominierende Geschlecht, und sie

EINIGE EIGENSCHAFTEN gehen bei uns allerdings weit über die von Bonobo und Schimpanse hinaus und sind im Verlauf der menschlichen Evolution vermutlich verstärkt worden: Denn nur Menschen tauschen Waren und Dienstleistungen zwischen verschiedenen Gruppen aus, nur sie feiern gemeinsam zeremonielle Feste, nur sie lassen Artgenossen einer fremden Gemeinschaft durch ihr Gebiet reisen.

Für Menschen ist es deshalb eigentlich deutlich sinnvoller, im Frieden miteinander zu leben, als sich zu bekämpfen – denn von guten Handelsbeziehungen profitieren alle. Und tatsächlich scheint es in den Jäger-und-

Sammler-Gesellschaften der Steinzeit lange Perioden des friedlichen Nebeneinanders von Gruppen gegeben zu haben, während die Phasen der Gewalttätigkeit nur kurz währten.

Wenn es allerdings zwischen Gruppen des *Homo sapiens* zu Gewaltkonflikten kam, war das Ergebnis oft verheerend (und ist es auch heute noch). Denn gerade dann wurde die immens entwickelte Fähigkeit zur Kooperation, die den Menschen in friedlichen Zeiten so überlegen macht, zu einem schrecklichen Werkzeug.

Kombiniert mit der Neigung des Menschen, sich hierarchisch zu organisieren, bekam die Gewalt eine völlig neue Dimension: Sie wurde zum Krieg.

Dabei spielt bis heute weniger die Aggression eine Rolle als vielmehr die Bereitschaft, Ranghöheren zu folgen (siehe Seite 112). Soldaten ziehen nicht in den Krieg, weil sie gewalttätig sind, sondern weil andere entschieden haben, den Konflikt zu beginnen.

Auch die menschliche Neigung zu bewusster Grausamkeit hat mit unserem extrem weit entwickelten Zusammenleben zu tun – denn kein Menschenaffe kann sich so gut wie der *Homo sapiens* in einen Artgenossen hineinversetzen, kann die Gefühle, Gedanken und Absichten des anderen so genau erahnen. Doch nur wer über genügend Einfühlungsvermögen und Verstand verfügt, um zu wissen, was ein anderer empfindet, kann Folter und Schmerzen bewusst einsetzen, um damit Ziele zu erreichen oder sich an der Qual seiner Opfer zu ergötzen.

Der Mensch trägt also beide Eigenschaften in sich: die Neigung zur Gewalt – und noch viel mehr die Fähigkeit, Frieden zu schließen und zu kooperieren. Welche Option er wählt, ist nicht nur biologisch vorgegeben, sondern hängt von den Umständen ab. Die Neigung einer Gesellschaft zur Aggression lässt sich durch Erziehung, kulturelle und soziale Bedingungen verringern.

Doch wäre es sinnvoll, dem Menschen jede Form von Gewaltbereitschaft komplett abzuerziehen?

Frans de Waal glaubt das nicht. Er sagt, ein Quäntchen Aggression habe auch seine Vorzüge. Ohne sie wäre die Welt ärmer: Zwar wären wir alle sanft wie die Lämmer, doch Sportlerteams wäre es gleichgültig, ob sie gewinnen oder verlieren, es gäbe keine Unternehmer, und Popstars würden nur langweilige Schlaflieder singen – und keinen Gangsta-Rap. □

Dr. Henning Engeln, 56, ist GEOkompakt-Redakteur.
Fachliche Beratung: Prof. Dr. Klaus Wahl, Psychosoziale Analysen und Prävention - Informations-System (PAPIS), München.

Literaturempfehlung: Klaus Wahl, „Aggression und Gewalt", Spektrum Akademischer Verlag; ausführlicher wissenschaftlicher, aber gut verständlicher Überblick, der sowohl die biologischen als auch die psychologischen Aspekte der Aggression beleuchtet.

Der *Spiegel* in *uns*

Für ein Projekt hat der US-Fotograf Howard Schatz Schauspieler wie Don Cheadle (»Hotel Ruanda«) gebeten, Emotionen wie Tra
Akteure die unterschiedlichen Regungen ausdrücken. Und doch sind wir durch unser Einfühlungsvermögen in Sekundenbruchteile

Meist genügt bereits ein rascher Blick, um zu erkennen, was in einem anderen Menschen vorgeht, ob er sich freut oder schämt, ob er grübelt, trauert oder Schmerzen hat. Diese Fähigkeit – die Empathie – ist Quell des Guten im Menschen. Hier wurzeln Moral und Altruismus. Und doch: Auch unsere Schattenseiten ziehen ihre Kraft aus ebenjener Gabe

Text: Sebastian Witte Fotos: Howard Schatz

cht, Freude oder Wut wiederzugeben. Häufig sind es nur geringfügige Veränderungen ihrer Gesichtsmuskulatur, mit denen die
Lage, die Miene der Darsteller zu entschlüsseln (»In Character: Actors Acting«, © Schatz Ornstein 2007, publ. by Bulfinch Press)

Es gibt eine Sprache, die niemand lernen muss und die beinahe jeder Mensch auf der Welt versteht. Ihre Grammatik beruht allein auf dem Zusammenspiel von 43 Muskeln sowie einer daumendicken Masse aus Knorpeln, Nerven, Adern und Fett: Es ist die Sprache unseres Gesichts – die Mimik.

Ihren Botschaften sind Menschen beinahe unentwegt ausgesetzt. Denn Gesichter stehen niemals völlig still: Für den Bruchteil einer Sekunde bilden sich winzige Falten um unsere Augen, unmerklich verschieben wir Ober- und Unterlippe, blähen unsere Nasenflügel auf, zucken mit den Lidern, verengen unsere Pupillen. Mit Muskelbewegungen vermögen wir insgesamt mehr als 10 000 unterschiedliche Gesichtsausdrücke zu formen. Jeder Einzelne davon birgt Informationen darüber, in welcher Gemütslage wir uns gerade befinden.

Und obwohl dieses Mienenspiel so ungemein facettenreich und komplex ist, können unsere Mitmenschen selbst feinste Regungen entschlüsseln. Spontan und instinktiv, ohne lange nachzudenken, sind sie in der Lage, aus einem flüchtigen Lächeln, einem unmerklichen Stirnrunzeln, einem verzogenen Mundwinkel herauszulesen, wie wir uns fühlen – ob man sich freut, schämt oder Schmerzen hat, ob man grübelt oder trauert, überrascht, erregt oder enttäuscht ist.

Zu diesem tiefen emotionalen Verständnis befähigt uns eine erstaunliche Gabe: unser Einfühlungsvermögen – die Empathie. Sie schließt die Kluft zwischen dem Ich und den anderen. Denn ohne sie würden wir nur unsere eigenen Empfindungen spüren, wären kaum in der Lage, emotionale Beziehungen zu anderen aufzubauen – und lebten gewissermaßen in innerer Isolation.

Mit ihren 43 Gesichtsmuskeln vermögen Menschen mehr als 10 000 Mienen zu formen

Das Einfühlungsvermögen bildet also gleichsam den Schlüssel zu fremden Gefühlswelten, es versetzt uns in die Lage, die Bedürfnisse unserer Mitmenschen zu erkennen und auf sie einzugehen.

Kein Wesenszug, so scheint es, zeichnet das Gute im Menschen stärker aus als die Empathie.

Doch obwohl sie das Fundament sämtlicher sozial höher entwickelter Gemeinschaften bildet, obwohl rund 99 Prozent aller Menschen von Natur aus Empathie empfinden können, hat sich das Phänomen lange Zeit naturwissenschaftlichen Analysen entzogen.

Erst um 1995 machten Hirnforscher der Universität Parma eine revolutionäre Entdeckung: Im Gehirn von Rhesusaffen identifizierten sie bestimmte Nervenzellen, die eine sonderbare Doppelfunktion haben. Sie werden aktiv, wenn etwa ein Affe nach einer Frucht greift – aber auch dann, wenn er bloß *sieht*, wie ein anderes Tier nach ebenjener Frucht greift.

Die Neurone gaukeln dem Tier gewissermaßen vor, es vollzöge die wahrgenommene Handlung selbst. Die Empfindungen des einen Affen „spiegeln" sich gleichsam im Gehirn des anderen. Die Forscher nannten die gefundenen Hirnzellen deshalb „Spiegelneurone".

Die Ergebnisse aus Parma legten den Grundstein für die biologische Erforschung des Mitgefühls. Mehr noch: Sie setzten einen Wendepunkt in der Biologie, denn sie verknüpften erstmals Neurologie und Soziobiologie miteinander. Inzwischen haben zahlreiche Studien erwiesen, dass auch das menschliche Gehirn über einen solchen Spiegelmechanismus verfügt.

Forscher der Universität Marseille etwa spielten Testpersonen Videoaufnahmen von Menschen vor, die an einer stinkenden Flüssigkeit rochen und daraufhin vor Ekel ihr Gesicht verzogen. Magnetresonanztomographen zeichneten während des gesamten Experiments auf, was im Gehirn der Probanden geschah. Obwohl die Versuchsteilnehmer selbst keinerlei Geruch ausgesetzt waren, aktivierte allein der Anblick des Videofilms die Insula – ein Areal in der Großhirnrinde, das den Menschen Ekel verspüren lässt. Ungewollt empfanden die Testpersonen also die Übelkeit der gefilmten Protagonisten nach.

Ähnliches fanden Neurowissenschaftler der Universität Zürich für das Schmerzempfinden heraus. Sie versetzten Testpersonen stechende Stromschläge, dann sahen die Probanden, wie ein ihnen nahestehender Mensch die gleichen Stromschläge erhielt. Dabei wurde die Gehirnaktivität der Beobachtenden analysiert.

Und tatsächlich: Unabhängig davon, ob ihnen oder der vertrauten Person wehgetan wurde, regten sich bei den Versuchsteilnehmern Neurone in den gleichen Hirnregionen. Ob es die Probanden also wollten oder nicht: Sie fühlten den Schmerz des anderen mit.

Empathie ist demnach nicht – wie lange angenommen – das Ergebnis eines bewussten Denkprozesses. Sie entsteht vielmehr spontan und unweigerlich, sie ist fest in unserem Gehirn und daher auch in unseren Genen verankert. Die Gabe des Einfühlungsvermögens muss daher ein Erbe der Urgeschichte sein.

Evolutionsbiologen gehen davon aus, dass sich erste Formen von Empathie schon vor Jahrmillionen entwickelt haben und dass wahrscheinlich alle in Gruppen lebenden, höher entwickelten Säugetiere wie etwa Delfine, Hunde oder Elefanten über Spiegelneurone

Die zum Mund geführte Hand, der nachdenkliche, ins Leere gerichtete Blick: Winzige Signale lassen uns selbst subtile Mienen deuten (Eric Stoltz, 49, »Pulp Fiction«)

Verärgert, gereizt, genervt: Unbewusst verschränken Menschen ihre Arme als Zeichen der Ablehnung (Richard Dreyfuss, 63, »American Graffiti«, »Der Weiße Hai«)

Kritisch. Verschmitzt. Besorgt. Kein anderes Wesen hat ein derart komplexes Mienenspiel entwickelt wie der Mensch (Glenne Headly, 55, »Dick Tracy«)

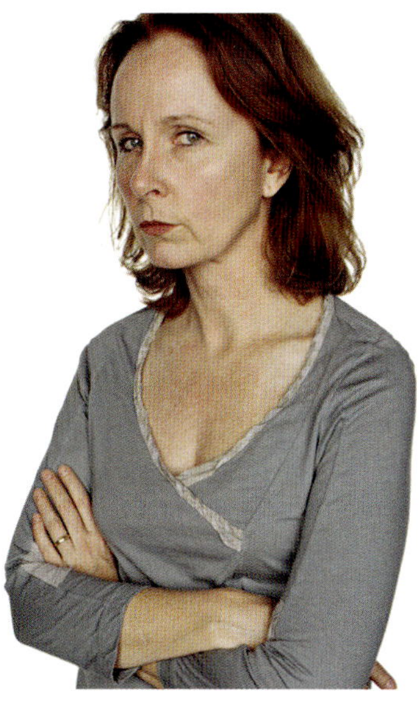

Eine klare Haltung – eine klare Botschaft: offene Feindseligkeit (Kate Burton, 53, »Law & Order«)

Langeweile? Arroganz? Misstrauen? (Judd Hirsch, 75, »Independance Day«)

verfügen – und damit über die Fähigkeit, sich zumindest etwas in ihre Artgenossen hineinzuversetzen.

Das Einfühlungsvermögen erleichterte, wie Forscher vermuten, bereits Vorfahren heutiger Säugetierarten das Miteinander im sozialen Verband.

Witterte etwa ein urtümlicher Wolf Gefahr und zog daraufhin aus Angst die Lefzen hoch, vermochten andere Rudelmitglieder das bedrohliche Gefühl instinktiv zu deuten. Blitzartig breitete sich Furcht in der Gruppe aus – die Tiere synchronisierten gleichsam ihre Empfindungen und konnten sich dadurch rasch in Sicherheit bringen. Und jene Rudeltiere, die lernten, die Gefühle und Absichten ihrer Artgenossen immer genauer zu lesen, waren erfolgreicher als andere und behaupteten sich gegen Konkurrenten: Je mehr Informationen sie untereinander austauschen konnten, je gezielter sie sich also verständigten, desto geschlossener agierten sie als Gruppe. So ermöglichte wohl erst die Entwicklung der Spiegelneurone, dass sich Tiere zu immer komplexeren sozialen Verbänden zusammenschließen konnten.

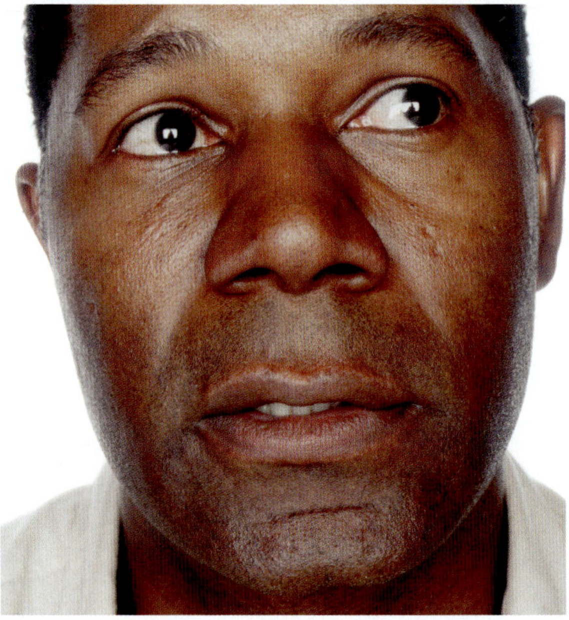

Ein kurzes Innehalten, ein Moment des Staunens (Dennis Haysbert, 56, »Dem Himmel so fern«, »24«)

Das geht auch aus Untersuchungen des britischen Anthropologen Robin Dunbar hervor. Er fand heraus, dass die Gruppengröße mancher Säugetiere mit der Größe ihres Neokortex zusammenhängt – jener Hirnregion, die das Bewusstsein erzeugt und die Spiegelneurone beherbergt. Menschenaffen etwa bilden die höchstentwickelten Lebensgemeinschaften im Tierreich und besitzen einen Neokortex, der gut drei Viertel ihres Hirnvolumens ausmacht.

So leben Schimpansen in Clans von bis zu 150 Mitgliedern. Jedes Individuum besetzt einen bestimmten Rang in einer vielschichtigen Hierarchie. Um den Zusammenhalt einer derart großen, komplexen Gruppe zu wahren, müssen sich die Tiere ständig austauschen und ihre Bedürfnisse und Befindlichkeiten permanent untereinander abgleichen.

Memo: **EMPATHIE**

- **Spiegelneurone** in der Großhirnrinde helfen uns, die Gefühle anderer Menschen zu verstehen.
- **Empathie** ist kein kognitives Konstrukt – sie entsteht unwillkürlich und spontan.
- **Mitgefühl** bildet die Grundlage für Moral und altruistisches Handeln.
- **Rund 99 Prozent** aller Menschen sind in der Lage, Empathie zu empfinden.
- **Erste Formen** des Mitgefühls haben urtümliche Säuger vermutlich bereits vor Jahrmillionen hervorgebracht.

Dazu haben sie eine facettenreiche Mimik entwickelt – unter anderem schürzen sie ihre Lippen, lächeln oder runzeln die Stirn. Das Einfühlungsvermögen der Affen ist derart ausgeprägt, dass sie sogar erkennen, wenn ein Artgenosse trauert oder sich schämt. Der renommierte Primatenforscher Frans de Waal etwa hat immer wieder beobachtet, dass Schimpansen leidende Clan-Mitglieder zum Trost lausen oder in den Arm nehmen.

Bei keinem Lebewesen aber ist der Neokortex – und damit die Fähigkeit zur Empathie – so ausgeprägt wie beim Menschen: Er macht rund 80 Prozent des Hirnvolumens aus.

Kein Lebewesen ist so stark wie *Homo sapiens* darauf angewiesen, die Regungen seines Gegenübers differenziert wahrzunehmen. Kein Tier hat ein so reichhaltiges Repertoire an Emotionen hervorgebracht. Und kein anderes Geschöpf verfügt über eine derart feinsinnige Mimik und Gestik.

Schon Neugeborene sind auf diese Körpersprache angewiesen. Denn sie vermögen sich noch nicht selbst zu versorgen und sind – im Gegensatz zu den meisten Tieren – gänzlich auf den Schutz und die Fürsorge ihrer Eltern angewiesen. Zwar können Säuglinge noch nicht zwischen ihren eigenen Gefühlen und denen anderer Menschen unterscheiden. Doch instinktiv drücken sie ihr Befinden aus, verziehen etwa ihren Mund zu einem Lächeln, rümpfen die Nase oder schauen ihre Eltern mit weinerlichem Blick an. So können die Bezugspersonen die Bedürfnisse ihres Kindes unmittelbar verstehen und darauf eingehen.

Erst im Alter von etwa zwei Jahren entwickeln Mädchen und Jungen ein Ich-Bewusstsein. Sie unterscheiden erstmals ihre eigenen Gefühle von denen ihrer Mitmenschen. Nun beginnen sie, die Emotionen anderer zu deuten, deren Freude und Schmerz, Wohlbehagen und Angst. So zucken Kleinkinder zusammen, wenn sie sehen, dass ein Spielgefährte Kummer hat, und versuchen ihn zu trösten, indem sie ihm zum Beispiel eines ihrer Spielzeuge bringen.

Die Entwicklung der Empathiefähigkeit folgt gleichsam der Entwicklung der eigenen Identität. Mit der Zeit begreifen Heranwachsende immer besser, was in ihren Mitmenschen vorgeht. Mit sieben Jahren ist das Einfühlungsvermögen vieler Kinder so weit herangereift, dass sie sogar erkennen, wenn Eltern oder Geschwister versuchen, ihre Gefühle vor ihnen zu verbergen. Sie spüren zum Beispiel, wenn ihre Mutter traurig ist, dies aber nicht zeigen möchte.

Allerdings entwickelt sich die Empathie nicht bei jedem Kind gleich. Zwar treiben Gene das Wachstum von Spiegelneuronen unweigerlich voran, doch die Vernetzung der Nervenzellen wird auch von elterlicher Fürsorge beeinflusst. Mangelnde Aufmerksamkeit, Vernachlässigung oder gar Misshandlungen führen mitunter dazu, dass Kinder – aus Schutz vor seelischem Schmerz – emotional stark abstumpfen.

Sie können, so der Empathieforscher Claus Lamm von der Universität Wien, ihre eigenen Gefühle nur schwer deuten und sind somit kaum noch in der Lage, die Gefühle anderer zu verstehen.

Damit sich die Fähigkeit zur Empathie ganz natürlich entwickeln kann, sind Kinder daher auf eine innige Bindung zu ihren Bezugspersonen angewiesen. Mädchen und Jungen sollten offen über ihre Emotionen reden können, sagt Claus Lamm. Eltern wiederum sollten versuchen, auf die Bedürfnisse ihrer Kinder einzugehen, ihnen die eigenen Gefühle beschreiben und auch erklären, weshalb Menschen hin und wieder negative Emotionen wie Neid, Zorn oder Kummer verspüren.

Denn nur wenn Menschen das facettenreiche Spektrum ihrer eigenen Gefühle kennengelernt haben, wenn sie unangenehme Emotionen nicht gleich verdrängen, sondern in der Lage sind, sie eine Zeit lang auszuhalten und zu erkunden, vermögen sie die gesamte emotionale Bandbreite anderer Menschen zu begreifen.

Dieses tiefe Verständnis bildet schließlich die wichtigste Triebfeder der Menschlichkeit, in ihr liegt die Quelle altruistischen Handelns (siehe Seite 84), aus ihr erwächst nichts weniger als: die Moral (siehe Seite 42).

Doch wie viele menschliche Wesenszüge hat das Einfühlungsvermögen zwei Seiten, es bildet nicht nur das Fundament für gute Taten. Im Gegenteil: Es vermag auch die bösen Kräfte des *Homo sapiens* zu entfesseln. Denn auf Mitgefühl folgt nicht gleich ein selbstloser Akt.

Vielmehr beruhen Fühlen und Handeln, wie Hirnforscher herausgefunden haben, auf vollkommen unterschiedlichen Neuronennetzen im Gehirn; ihnen zwischengeschaltet ist ein Kontrollmechanismus, der sämtliche unserer Empfindungen bewertet und einordnet, bevor er über unser Verhalten entscheidet.

Dieser Prozess findet im vordersten Teil des Gehirns statt, im Stirnlappen. In dieser Region verarbeiten und beurteilen Menschen all das, was sie gerade erleben, worüber sie nachdenken, woran sie sich erinnern. Es ist der Sitz höherer geistiger Fertigkeiten wie der Intelligenz, hier entsteht unser Bewusstsein, hier fassen wir moralische Entschlüsse – und wägen beispielsweise ab, ob wir einem Notleidenden, dessen Leid wir mitfühlen, helfen. Oder nicht.

Ansteckend: Erst Empathie lässt uns miteinander lachen (Kathy Baker, 60, »Gottes Werk und Teufels Beitrag«)

Stehen uns Menschen dagegen nicht besonders nahe, haben sie womöglich unfair gehandelt oder in der Vergangenheit unsere Gefühle ignoriert, neigen wir eher dazu, uns abzuwenden und unsozial zu verhalten. Bisweilen kann unser Mitgefühl auch durch Emotionen wie Häme, Schadenfreude oder Spott überlagert werden.

Manche Menschen erleben sogar Befriedigung, wenn sie fühlen, dass eine Person leidet. Sadisten etwa genießen es, wenn ein anderer Mensch vor Schmerzen schreit, sie erfreuen sich an seiner Pein, berauschen sich daran. Und sie vermögen ihr Gegenüber nur deshalb gezielt zu demütigen, weil sie sich genau vorstellen können, welche Handlungen ihr Opfer als besonders quälend und erniedrigend empfindet. Mit anderen Worten: weil sie sensible Empathen sind.

Deshalb ziehen auch die dunkelsten Seiten der Psyche ihre Kraft aus der Empathie. Denn nur, wer in der Lage ist, sich in Menschen hineinzuversetzen, kann sein Gegenüber betrügen, belügen und manipulieren. Nur wer den seelischen Schmerz der anderen kennt, vermag quälende und beschämende Racheakte zu ersinnen.

Und nur wer die Furcht seiner Mitmenschen fühlt, weiß ihre Ängste zu schüren, weiß mit Wut, Zorn und Gewalt seine Macht auszuspielen – und kann als Tyrann mitunter ganze Völker unterdrücken. □

Sebastian Witte, 27, arbeitet als Journalist in Hamburg. Der preisgekrönte Fotograf **Howard Schatz**, Jahrgang 1940, lebt in New York und hat bislang 17 Bildbände veröffentlicht. Das hier vorgestellte Projekt hat der Künstler unter dem Titel „In Character: Actors Acting by Howard Schatz © Schatz Ornstein 2007 (Published by Bulfinch Press)" publiziert.

Literaturempfehlungen: Giacomo Rizzolatti und Corrado Sinigaglia, „Empathie und Spiegelneurone. Die biologische Basis des Mitgefühls", Suhrkamp; umfassender Überblick über die neuesten Erkenntnisse der Empathieforschung. Paul Ekman, „Gefühle lesen. Wie Sie Emotionen erkennen und richtig interpretieren", Spektrum-Verlag; faktenreiche, gut lesbare und nutzwertige Einführung in die Emotions- und Gesichterforschung.

Lange hieß es, der Mensch komme ohne moralische Sensibilität zur Welt. Doch neue Versuche zeigen: Schon Babys wissen, was richtig und falsch ist. Dieses angeborene Gespür für Gut und Böse wird durch die ersten Lebensjahre, das Vorbild der Eltern und das Verhalten von Freunden modifiziert. Auf diese Weise entwickelt jeder Heranwachsende einen Wertekatalog – und eine eigene Auffassung davon, was gut und böse ist. Der Fotograf Mark Laita hat in einem Langzeitprojekt US-Bürger aller Gesellschaftsschichten porträtiert und zu Gegensatzpaaren geordnet. Sie illustrieren in diesem Beitrag die Spannweite der Wertvorstellungen

Der Mensch und die Moral

Text: Ute Eberle
Fotos: Mark Laita

Die über 90-jährige Baptistin Susie Marshall aus Oxford, Mississippi, glaubt, die Liebe in ihrem Herzen zu Gott und den Menschen habe sie gesund erhalten

Dion Milam hat über den Augenbrauen die Worte »Arier« und »Ehre« eintätowiert, am Hals ein Hakenkreuz. Er hat einen Mann erschossen, um ihm Drogen und Geld zu stehlen

DIESE DREI POLIZISTEN aus einer Kleinstadt in Virginia treffen selten auf Schwerverbrecher. Sie müssen vor allem Verkehrssünder ertappen und die Schulwege sichern

Dem Zuhälter Andre »King Boo« Holden aus Detroit scheinen allein Geld und Luxus wichtig zu sein. Drei Wochen nach dieser Aufnahme wird er ermordet

DIE STRENGGLÄUBIGEN Amish People pflegen seit Jahrhunderten einen demütigen Lebenswandel. So ist die Gruppe für sie wichtiger als die individuelle Verwirklichung

Das Mitglied einer der mehr als 250 Banden in Los Angeles. Sie verübten in den vergangenen fünf Jahren rund 10 000 Raubüberfälle, 500 Vergewaltigungen und 800 Tötungen

Die drei Nonnen Marie de Lourdes, Mary Katrina und Mary Eucharista leben in einem katholischen Kloster in Washington – nach den Maximen der Nächstenliebe und der Selbstlosigkeit

RASSENHASS EINT die Mitglieder des Ku Klux Klan. Sie halten Weiße für überlegen und bezeugen das selbst am Futterhäuschen vor dem Klub in Mississippi: »Nicht für schwarze Vögel!«

Gebannt blickt der zwölf Monate alte Junge auf das Puppenspiel, das ihm Entwicklungspsychologen von der Universität Yale vorführen. Die Handlung ist altersgemäß simpel, nur drei Charaktere treten auf. Der Kleine verfolgt aufmerksam, wie die erste Puppe einen Ball zur zweiten spielt. Die rollt ihn wieder zurück. Dann spielt die erste Puppe den Ball zur dritten. Die jedoch rennt mit dem Spielzeug einfach davon.

Anschließend setzen die Forscher des „Mind and Development Lab" die Puppen neben den Jungen und legen zu jeder Spielfigur etwas Naschzeug. Als sie ihn auffordern, einer der Puppen eine Süßigkeit wegzunehmen, greift er zielstrebig nach dem Haufen der dritten. Dann beugt er sich vor und haut ihr auf den Kopf.

Der Junge kann noch nicht sprechen, doch seine Taten zeigen, dass er bereits eine klare Meinung dazu hat, was auf der Bühne geschehen ist – und dass die dritte Puppe unfair gehandelt hat.

Der Aufbau dieses Experiments mag trivial erscheinen, doch die Forscher sind nichts Geringerem auf der Spur als dem Ursprung dessen, was menschliche Gesellschaften zusammenhält: Sie wollen verstehen, wie der Mensch zur Moral kommt.

Und die Ergebnisse, die sie aus Dutzenden von Experimenten und Versuchsreihen gewonnen haben, sind eine Sensation. Denn sie weichen ein jahrzehntealtes Dogma der Moralpsychologie auf, das Pioniere wie etwa der Psychoanalytiker Sigmund Freud verbreitet haben: Babys seien vollkommen amoralische Wesen.

Der Mensch werde ohne jedes Gefühl dafür geboren, was gut und was böse sei, welche Handlung richtig oder falsch. Säuglinge seien Egomanen, die es nicht interessiere, was um sie herum geschieht – solange es ihnen selbst gut gehe. Einzig und allein durch Erziehung würden Heranwachsende lernen, Gefühle wie Scham zu empfinden, Begriffe wie Fairness zu verstehen, Rücksicht auf andere zu nehmen.

> Ob einer **Cop** wird oder Krimineller, wird wohl auch von den **Genen** beeinflusst

Diese Lehrmeinung beherrschte die Entwicklungspsychologie auch deshalb so lange, weil sie zunächst durchaus einleuchtend klingt: Schließlich ist Moral ein Konstrukt, das offenbar mit höheren kognitiven Prozessen zusammenhängt. Zum Beispiel mit der Einsicht, dass es für Menschen das Beste ist, wenn sie einander mitfühlend und gerecht behandeln. Und dass egoistisches und selbstgerechtes Verhalten moralisch verwerflich ist. Zudem handelt es sich bei Moral ja um einen umfangreichen Katalog gesellschaftlich geformter Werte, die von Kultur zu Kultur variieren können.

Studien allerdings zeigen, dass solche Wertekataloge bei allen Unterschieden gewisse Parallelen aufweisen. So finden es Menschen in allen Kulturen verwerflich, wenn ein Mitbürger betrogen oder bestohlen wird – gleichgültig, wo auf der Welt sie leben und welche Sitten dort herrschen.

Heute wissen Entwicklungspsychologen, dass der Prozess, in dem sich unser moralischer Kompass kalibriert, unser Gespür für Gut und Böse, überraschend genormt abläuft. Forscher haben herausgefunden, dass sich das Moralempfinden bei fast allen Menschen entlang vorhersagbarer Stationen entwickelt und dass ein Kind keineswegs allein durch die Erziehung der Eltern erkennt, welches Wertesystem Menschen verbindet.

Wir durchlaufen also alle eine Art moralische Karriere. Nur: Nicht jeder kommt dabei gleich weit.

UNSERE MORALISCHE Entwicklung beginnt bereits kurz nach der Geburt. Ihre treibenden Faktoren sind erste Erfahrungen mit anderen Menschen, die Orientierung in einer noch fremden Welt und Emotionen, allen voran die Fähigkeit, mit anderen mitzufühlen: Empathie.

Dieses Gefühl besitzen Menschen offenbar von klein auf. Wissenschaftler schließen das unter anderem aus der Beobachtung, dass die meisten Babys spontan anfangen zu weinen, wenn sie einen anderen Säugling schreien hören.

Sobald Kinder zu krabbeln und zu greifen lernen, setzen sie ihr Mitgefühl auch in Taten um. Studien des Max-Planck-Instituts für evolutionäre Anthropologie in Leipzig zeigen etwa, dass bereits Kleinkinder altruistisch handeln. Forscher brachten 18 Monate alte Babys in Situationen, in denen ein ihnen unbekannter Erwachsener vor Problemen stand. Er versuchte etwa, einen Schrank zu öffnen, obwohl er keine Hand frei hatte. Oder er griff vergeblich nach einem Gegenstand, an den er nicht heranreichte. Obwohl es ein Fremder war, versuchten die Kinder, dem Erwachsenen in den meisten Fällen zu helfen – und zwar ohne dazu aufgefordert zu werden. Sie machten etwa die Schranktür auf oder reichten dem Unbekannten das gewünschte Objekt.

Solche Taten dienen als Grundlage für moralisches Wohlverhalten. Denn für harmonisches Zusammenleben ist es wesentlich, dass Menschen einander unterstützen.

Im Alltag fallen die altruistischen Taten der Sprösslinge allerdings oft etwas unangepasst aus. Fällt etwa ein Spielkamerad hin, ziehen sie, um den Weinenden zu trösten, nicht dessen Mutter heran, sondern die eigene. Oder sie bieten einem traurigen Erwachsenen ihr Lieblingsspielzeug an, um ihn aufzumuntern. Dieses Verhalten erklären Wissenschaftler damit, dass kleine Kinder zwar schon „Selbst" und „andere" unterscheiden können, aber ihre eigenen Empfindungen und Gedanken noch kaum von denen anderer Menschen abzugrenzen vermögen.

Das aber ändert sich in den Monaten nach dem zweiten Geburtstag. Denn nun begreifen die meisten Kinder, dass sie nicht nur von anderen getrennte Wesen sind, sondern dass ihre Bedürfnisse auch oft mit denen ihrer Mitmenschen kollidieren. Diese Erkenntnis kann zu viel Geschrei und Wut führen.

Und doch erlaubt ihnen gerade dieser kognitive Sprung, nach und nach zu durchschauen, dass jede Handlung Folgen hat. Und vor allem: was diese Folgen für andere Menschen bedeuten.

Damit erklimmen Kinder eine weitere wichtige Stufe ihrer moralischen Karriere. Ganz von selbst entwickeln sie nun Gefühle wie Betroffenheit und Scham.

So entschuldigen sich viele zum ersten Mal. Sie erkennen jetzt bereits, wenn sie falsch gehandelt haben: etwa, wenn sie aus Übermut ein Glas zerbrochen haben. Und versuchen oft, ihre Fehler wiedergutzumachen – räumen beispielsweise die Scherben weg.

In den folgenden Lebensjahren lernen Mädchen und Jungen die Innenwelt ihrer Mitmenschen immer besser zu verstehen. Je intensiver sie ihre eigene Gefühlswelt erkunden, desto genauer vermögen sie auch die Emotionen und Bedürfnisse anderer einzuordnen. Somit können sie immer besser nachvollziehen, wie es sich für Eltern, Geschwister oder Freunde anfühlt, enttäuscht oder betrogen zu werden, und entwickeln so ihr empathisches Empfinden – die Grundlage für moralisches Verhalten.

Nicht jedes Kind ist dabei gleich feinfühlig. Zwar verfügen nahezu alle Menschen über eine angeborene Fähigkeit, sich in die Gefühlswelt anderer hineinzuversetzen – doch in höchst unterschiedlichem Maß. Offenbar wird Empathie zum Teil sogar vererbt (siehe Seite 36).

Allerdings legen Gene den moralischen Werdegang eines Menschen nicht unabänderlich fest. So vermögen Eltern die Moralentwicklung ihrer Sprösslinge zu fördern und voranzutreiben.

Dabei können sie darauf aufbauen, dass bereits kleine Kinder ein ausgeprägtes Gespür für moralische Feinheiten besitzen. Schon manche Dreijährige etwa unterscheiden zwischen sozialer Konvention (man geht nicht im Schlafanzug in die Schule) und moralischem Gebot (man darf ein anderes Kind nicht von der Schaukel schubsen, da es sich verletzen könnte).

Später lernen Kinder schließlich, dass eine Autoritätsperson – etwa die Schulleiterin – das Schlafanzugverbot aufheben kann, das moralische Gebot jedoch nicht. Und selbst Gott sind aus Kindersicht Grenzen gesetzt: Auf die Frage, ob es in Ordnung wäre, einen anderen Menschen zu schlagen, wenn Gott dies erlaubte, antworteten in einer Studie die meisten Vorschulkinder: „Nein, das kann er nicht, denn das tut weh."

Weinen, weil der andere traurig ist: Schon Kleinkinder handeln altruistisch und helfen sogar ihnen unbekannten Erwachsenen

Fünfjährige verfügen jedoch oft noch nicht über die erforderliche Selbstkontrolle, um dieser Einsicht auch immer zu folgen. Forscher haben gezählt, dass auf jede Szene, in der ein Vorschüler uneigennützig handelt und zum Beispiel freiwillig teilt, durchschnittlich acht Situationen folgen, in denen er aggressiv und selbstsüchtig agiert.

Diese fehlende Balance liegt vor allem daran, dass das junge Gehirn noch nicht genügend ausgereift ist: Kleine Kinder sind kognitiv oft nicht in der Lage, mehrere Aspekte einer Situation gleichzeitig im Kopf zu behalten. Vorschulkinder denken „eindimensional", wie Psychologen sagen: Sie sehen gewöhnlich nur das, was ihre Aufmerksamkeit in einem bestimmten Moment am meisten fesselt.

Fragt man etwa Fünfjährige, wer ungezogener ist – ein Junge, der versehentlich 15 Tassen zerbricht, oder einer, der eine einzige Tasse zerstört, als er Süßes aus dem Schrank stiehlt –, dann beeindruckt sie der Scherbenberg im ersten Beispiel meist so, dass sie diesen Jungen für schuldiger halten. Fragt man sie jedoch, ob Diebstahl böse ist, bejahen sie dies kategorisch – und vermuten im nächsten Moment wiederum, dass sich ein Kind gut fühlen muss, wenn es einem anderen Bonbons wegnimmt. Schließlich hat es nun Süßigkeiten.

Das heißt: Auch wenn Kinder von Natur aus keine Egomanen sind – wie lange gedacht –, handeln sie doch oft eigennützig, sehen sich also meist als Mittelpunkt des Geschehens. Denn die eigenen Wünsche und Bedürfnisse sind ihnen zwangsläufig die nächsten, sie

SOLANGE DIE POLIZEI ihn deshalb nicht einsperren kann, gibt Jerry Maffeo aus Boston zu, dass er zur Mafia gehört. Die kriminelle Vereinigung hat in den USA heute etwa 25 000 Mitglieder

Troy Black, Drill Sergeant der Marineinfanterie, dient jenem Apparat, mit dem Staaten Ziele durchsetzen. Er muss Befehlen folgen, sofern sie nicht gegen das Völkerrecht verstoßen

fühlen sich besonders unmittelbar und dringlich an – und können in der kindlich-eindimensionalen Gedankenwelt leichthin alles andere überdecken. Sie sind also sowohl empathisch als auch eigennützig.

Das allerdings ändert sich in der Regel, wenn sie in Kindergarten oder Schule mehr Kontakt zu Gleichaltrigen bekommen. Dieser Umgang markiert einen weiteren Meilenstein auf dem Weg zu reiferem moralischem Handeln. Denn im Verband lernen Mädchen und Jungen immer besser, ihr Verhalten mit ihren Moralvorstellungen abzustimmen.

Kinder geben spontan und gern ab: wohl, so glauben Forscher, eine angeborene Eigenschaft. Schon mit zwölf Monaten haben sie eine Vorstellung davon, was fair und was unfair ist

Geschwister und Kameraden sind dabei wichtige Übungspartner. Im Umgang mit ihnen fechten Kinder häufig die ersten großen Gewissenskonflikte aus. Sie fragen sich etwa, ob sie mit dem Klassenneuling spielen sollen, auch wenn sie ihre Zeit lieber mit den eigenen Freunden verbringen. Oder sie denken darüber nach, ob es richtig oder falsch ist, abzuschreiben oder den Sitznachbarn beim Test spicken zu lassen.

Mit der Zeit lernen Kinder nicht nur zu streiten und ihre Meinung vor Gleichaltrigen zu verteidigen, sondern auch Streit zu schlichten, Konflikte auszuräumen – und anschließend wieder Freundschaft zu schließen. Die Lösungen fallen anfangs jedoch häufig drakonisch aus, nach dem Prinzip „Auge um Auge, Zahn um Zahn".

„Als Kinder malten mein Bruder und ich einmal nebeneinander am Tisch, und ich stieß an seinen Ellbogen, sodass er einen Strich quer durch sein Bild zog", erinnert sich der irische Literat C. S. Lewis. „Wir haben die Sache dann gütlich so geregelt, dass er einen Strich gleicher Länge durch meines malen durfte."

Alle Menschen durchlaufen eine Art moralische Karriere

Doch auch in der Grundschulzeit sind es nicht nur Klassenkameraden und Freunde, an denen sich Kinder orientieren – der elterliche Einfluss bleibt ebenso wichtig. Vor allem ist entscheidend, was Vater und Mutter ihren Kindern vorleben.

„Mädchen und Jungen lernen auch über Modelle", erläutert die Entwicklungspsychologin Monika Keller vom Max-Planck-Institut für Bildungsforschung in Berlin. Lässt sich der Vater am Telefon verleugnen, obwohl er anwesend ist, folgern sie: Lügen ist nicht unbedingt falsch und hat auch keine negativen Folgen.

Beobachten Kinder dagegen, dass die Eltern anderen helfen, dass sie für ihre Fehler geradestehen und selbst dann ehrlich bleiben, wenn es unbehaglich ist, neigen sie dazu, ebendies zu verinnerlichen.

Mit dem Wechsel auf eine weiterführende Schule beginnt sich der kindliche Blick zu weiten. Umfasste die moralische Welt bis dahin vor allem die unmittelbaren Mitmenschen, beginnen Kinder nun, Interesse an Themen zu entwickeln, die fremde Menschen betreffen.

Sie denken beispielsweise über Armut in anderen Ländern nach und fühlen sich davon betroffen. Später setzen sich Jugendliche mit übergeordneten sozialen und moralischen Fragen auseinander: Wie muss eine faire Gesellschaft aussehen? Wie sollten Reichtum, Macht und Chancen verteilt werden?

Oft geht diese Lebensphase mit einem Gefühl „moralischer Gewissheit" einher, wie es Psychologen nennen. Allmählich haben sich die individuellen Wertvorstellungen gefestigt, hat sich der moralische Kompass kalibriert. Viele junge Erwachsene beginnen nun für diese Werte zu kämpfen, engagieren sich in gemeinnützigen Organisationen, nehmen an Demonstrationen teil, treten politischenVereinigungen bei.

Doch das bedeutet nicht, dass Erwachsene stets der Richtung folgen, die die Nadel ihres Moralkompasses anzeigt. Denn tatsächlich bleiben uns die eigenen Interessen ein Leben lang am nächsten, fortwährend streiten moralische Prinzipien und egoistische Motive um den Vorrang. So vermögen wir heute für Öko-Aktivisten zu spenden, um einen Beitrag gegen Umweltverschmutzung zu leisten, und morgen unsere Getränkedose achtlos ins Gebüsch zu werfen, weil wir zu bequem sind, sie weiter zu tragen.

Verstärkt wird diese Tendenz durch einen zweiten Prozess, der parallel zum Aufbau des moralischen Wertesystems verläuft. Es ist die immer stärker zunehmende Erkenntnis, dass die Welt häufig nicht so funktioniert, wie sie es gemäß unserer säuberlich sortierten Prinzipien von Gut und Böse sollte.

„Bis uns das aufgeht, dauert es eine Weile. Fünf- bis Siebenjährige erwarten noch, dass das Leben immer gerecht ist", so die Psychologin Claudia Dalbert von der

Universität Halle/Wittenberg. Zeigt man ihnen eine Bildergeschichte, in der ein Junge einen Apfel stiehlt und danach über eine Brücke läuft, die unter ihm zusammenbricht, sagen sie: „Das geschieht, weil er den Apfel geklaut hat."

Später erst merken die Heranwachsenden, dass Glück und Unglück, Strafe und Gerechtigkeit oft ganz zufällig eintreten – und dass Menschen häufig die eine Sache predigen, aber eine andere tun.

„Nicht selten reagieren sie dann desillusioniert", sagt die Max-Planck-Forscherin Monika Keller. Besonders deutlich zeigte sich diese Einstellung bei einem Experiment, das in der Ökonomie als „Diktatorspiel" bekannt ist.

Dabei bekommt ein Teilnehmer eine festgelegte Geldsumme, die er mit einer anderen, ihm unbekannten Person teilen kann, aber nicht muss. Monika Keller gab Dreiergruppen von Kindern und jungen Erwachsenen Beträge, die jeweils dem gängigen Wochentaschengeld entsprachen. Die Erwartung, dass die Jüngeren geiziger sein würden als die Jugendlichen, bestätigte sich nicht. Zwar gaben die Teilnehmer zumeist die Hälfte des Geldes ab, den geringsten Betrag allerdings leisteten im Durchschnitt die 17-Jährigen und die jungen Erwachsenen.

Diese beiden Gruppen erklärten ebenfalls, es sei am gerechtesten, die Hälfte des geschenkten Geldes abzugeben, doch sie hielten sich – im Vergleich zu den Jüngeren – weniger oft daran. Stattdessen nutzten sie ihre größere kognitive Reife, um die eigenen moralischen Werte geschickt zu umgehen und ihren Geiz zu verteidigen. „Vielleicht verschwenden die anderen das Geld nur", sagten einige. Oder: „Die anderen würden uns ebenfalls weniger geben." Oder: „So ist nun mal das Leben."

Die ungewöhnliche Begründung eines weiteren Probanden lautete: „Immerhin müssen wir uns jetzt mit unserem schlechten Gewissen herumschlagen."

Die moralische Identität eines Menschen hängt also nicht nur davon ab, welchen individuellen Wertekatalog er entwickelt hat, sondern auch davon, wie sehr er sich an sein moralisches System gebunden fühlt.

Diese Bindung, sagen Forscher, wird maßgeblich dadurch beeinflusst, wie anständig und fair sich Heranwachsende von ihren Mitmenschen behandelt fühlen. Haben Elternhaus und Schule das Vertrauen vermittelt, dass die Umwelt in der Regel gerecht mit einem umgeht, entspringt daraus gleichsam ein persönlicher Vertrag, eine tief empfundene Verpflichtung, andere ebenfalls gerecht zu behandeln.

Memo:
MORALENTWICKLUNG

- **Schon Dreijährige** unterscheiden zwischen sozialer Konvention und moralischem Gebot.
- **Der Wertekatalog** von Heranwachsenden hängt davon ab, wie sie sich behandelt fühlen.
- **In den Monaten** nach dem zweiten Geburtstag entwickeln sich Gefühle wie Scham und Betroffenheit von selbst.
- **Moralempfinden** wird durch viele Parameter geprägt – etwa durch Elternhaus, Kindergarten und Schule.

Untergraben Eltern dagegen das Gerechtigkeitsempfinden und Selbstwertgefühl eines Kindes, indem sie ihm ständig Wünsche verweigern, seine Interessen und Talente abwerten, ohne ersichtlichen Grund schimpfen oder gar zuschlagen, kann das die Moralentwicklung massiv stören. Unberechenbare Härte verunsichert Heranwachsende und kann in ihrer Psyche ein Gefühl der eigenen Nutzlosigkeit verankern.

Noch im Grundschulalter lösen Kinder Konflikte oft nach dem Motto »Auge um Auge, Zahn um Zahn«. Erst später lernen sie den Standpunkt des anderen besser verstehen

Die Welt wird in ihren Augen zu einem feindlichen, gefährlichen Ort. Dort ist kein Raum mehr, sich um andere zu kümmern. Die Empathie – jene angeborene biologische Grundlage moralischen Handelns – kann dann verzerren und verkümmern.

Vollends durcheinander geraten kann der Kompass für Gut und Böse, wenn ein Kind chronisch misshandelt oder missbraucht wird. Denn oft findet es nur eine Erklärung für die Demütigungen und Schmerzen: Es geht davon aus, selbst böse zu sein. Das aber kann dazu führen, dass es seine moralische Haltung verliert.

Ein tragisches Beispiel moralischer Fehlleitung zeigt das Schicksal der Britin Mary Bell. Ihre Mutter arbeitete als Prostituierte und vernachlässigte die Tochter. Früh begannen Freier das Mädchen sexuell zu missbrauchen. Mit der Zeit war sich Mary sicher, selbst eine verachtenswerte Person zu sein. Dies war vermutlich ein Grund, weshalb es ihr möglich war, ohne besondere Leidenschaft oder Hassgefühle unfassbare Taten zu begehen. Am 25. Mai 1968 erdrosselte sie einen vierjährigen Jungen, zwei Monate später einen Dreijährigen. Kurze Zeit später wurde sie verhaftet.

Mary Bell war erst elf Jahre alt. □

Ute Eberle, 39, ist Wissenschaftsjournalistin in Leiden, Niederlande.

Kaum eine andere Emotion ist derart verpönt wie der Neid, denn er offenbart auf beschämende Weise die Schwächen der eigenen Psyche: Die Missgunst lebt vom Vergleich mit den anderen und lässt Menschen seit jeher begehren, was ihnen nicht gehört. Forscher vermuten, dass sich das verachtete Gefühl bereits vor rund sieben Millionen Jahren entwickelt hat

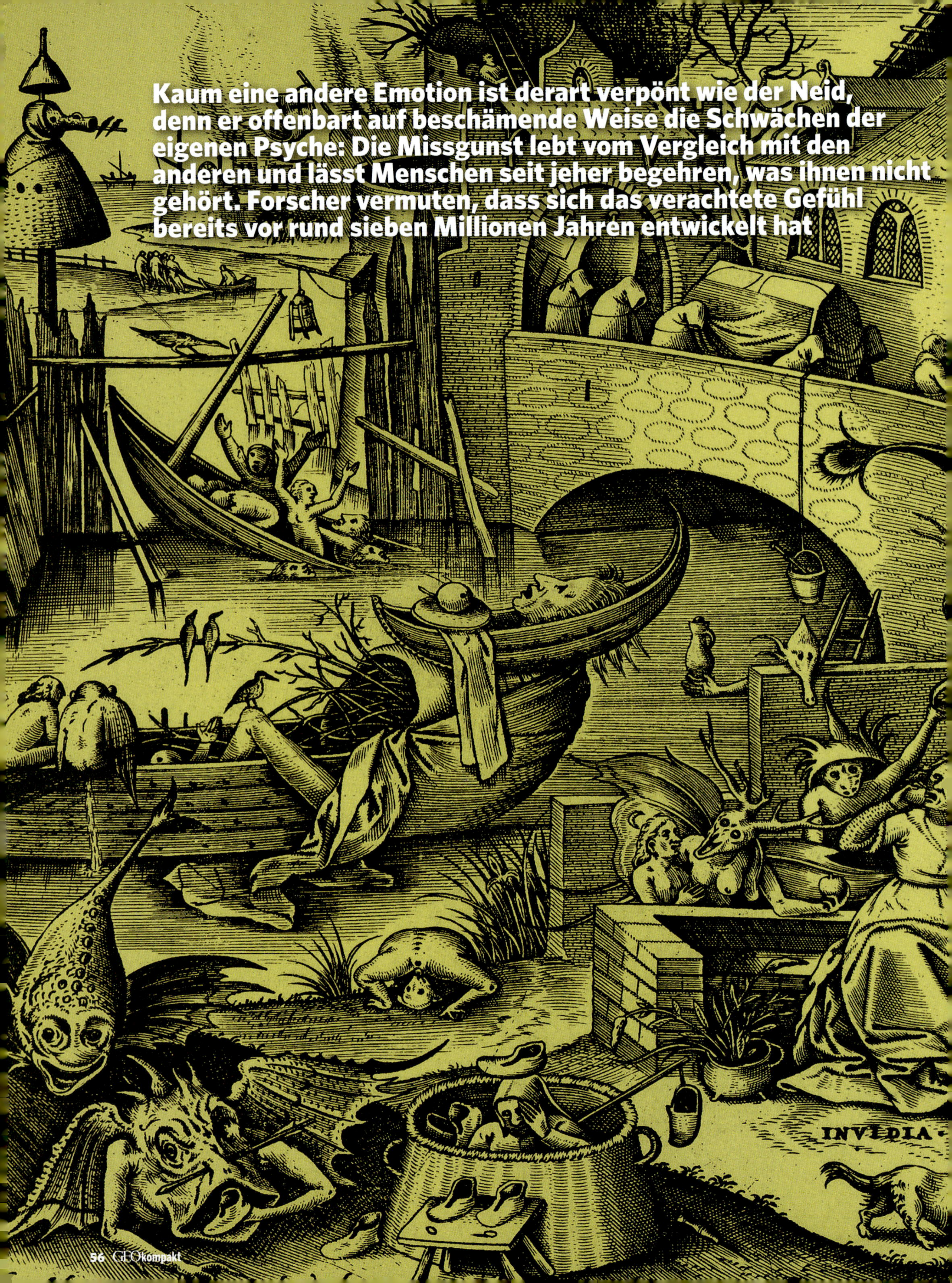

NEID

DAS GELBE GEFÜHL

Auf dem Kupferstich »Invidia« aus dem Jahr 1558 stellte der niederländische Künstler Pieter Bruegel der Ältere den Neid in Form dämonischer Gestalten dar – als hämische Fratzen und gierige Monster, die Menschen bedrängen, belästigen, peinigen

Text: Jens Schröder

Das gelbe Monster – wir haben es tatsächlich angelockt." Professor Andrew Oswald scheint noch immer ein wenig schockiert zu sein, wenn er von seinem Experiment erzählt.

Aber der Ökonom an der britischen University of Warwick ist auch begeistert: „Das Ungetüm ist uns mitten durchs Labor stolziert und hat eine Menge Geld vernichtet – mehr als wir alle ahnten."

Gemeinsam mit einem Kollegen hat er nichts Geringeres ins Licht der Wissenschaft gezerrt als die dunkle Seite der menschlichen Seele. Und das mit einem harmlosen Glücksspiel am Computer, bei dem alle Kandidaten Geld gewinnen – wenn auch unterschiedlich viel.

Die Regeln: Vier Teilnehmer treten gemeinsam an und sind durch Sichtblenden voneinander getrennt; von ihren Mitspielern erfahren sie nichts. Außer: wie viel die gewinnen. Dann darf jeder sein Geld nehmen und nach Hause gehen.

Oder er kann vorher noch schnell den Gewinn der Mitspieler verringern. Per Mausklick. Anonym. Aber gegen einen kleinen Einsatz: 25 Pence muss jeder von seinem eigenen Gewinn abzwacken, wenn er auf dem Konto eines anderen ein einziges Pfund löschen will.

„Zwei Drittel der Kandidaten haben sich an dieser Kapitalvernichtung beteiligt – und dabei die Hälfte aller Gewinne zerstört", erzählt Oswald. Immerhin waren hinterher einige der Probanden von ihrem eigenen Verhalten irritiert. „Warum haben wir uns gegenseitig nicht einfach in Ruhe gelassen?", fragte sich einer der Teilnehmer verwirrt.

Die Antwort: weil es offenbar der menschlichen Natur widerstrebt. Attackiert wurden vornehmlich die Konten jener Kandidaten, die beim Glücksspiel überdurchschnittlich gut abgeschnitten hatten. Denn von einem anderen übertroffen zu werden macht anscheinend neidisch.

Neid. Ein allerorten verpöntes Gefühl. Eine Emotion im Hinterhalt, ein Gemisch aus Wut, Angst, Verlangen und Traurigkeit in ewiger Lauerstellung.

Eine psychobiologische Reaktion unseres limbischen Systems auf einen Vergleich mit einem anderen Menschen, der zu unseren Ungunsten ausgefallen ist: weil der andere ein schnelleres Auto, ein volleres Konto, einen flacheren Bauch oder ein leichteres Schicksal hat.

Weil er mehr kann, mehr gilt oder mehr darf. Gesünder, klüger oder schöner ist als wir. Oder gesündere, klügere, schönere Kinder hat.

Und weil wir annehmen, dass er aus diesen Vorteilen eine Befriedigung zieht, die uns selbst verwehrt bleibt.

Seine bissige Kraft schöpft der Neid stets aus Vergleichen – und diese drängen sich umso machtvoller auf, je ähnlicher sich die Verglichenen sind; Detail aus Bruegels Kupferstich

Plausibel ist das nicht. Doch wer neidet, denkt nicht logisch. Und argwöhnt unbewusst hinter der eigenen Geringerwertigkeit ein Komplott des anderen.

Seine hinterhältige Macht bezieht der Neid nicht zuletzt aus seiner Ächtung. Deshalb versteckt, wer neidet, das oft sogar vor sich selbst – gesteht es sich gar nicht ein: Wer von Neid getrieben handelt, sabotiert, verleumdet und denunziert vielmehr aus dem Verborgenen.

Denn der Neid gilt als hässliche Krankheit des Gemüts, mit der viele Menschen zu kämpfen haben – und zwar immer die anderen.

Das aber ist eine fatale Unterschätzung. Vielmehr hat dieses vermeintliche emotionale Randphänomen die Geschichte der Menschheit mitgestaltet.

Neid verwandelt Nachbarländer in Kriegsgegner, Ideologien in Revolutionen, Mitgefühl in Schadenfreude, Entwicklungsländer in Möchtegern-Atommächte. Aber auch: Häuser in Paläste, Türme in Wolkenkratzer und Faulheit in Ehrgeiz und Produktivität.

Neid meuchelte römische Kaiser, lenkte Pflastersteine in jüdische Schaufenster und macht begabte Kollegen zu Opfern des Mobbings. Durch Neid werden Industriellenkinder zu Kidnapper-Geiseln und wechseln Designer-Jacken auf Schulhöfen vor gezückten Messern den Besitzer.

NEID UND MISSGUNST SIND WERKZEUGE DER EVOLUTION

leicht bei der Hand, tun sich schwer mit dem „gelben Monster". Wie es zeichnen? Oder mimen? Oder beschreiben?

William Shakespeare mag mit dieser Schwierigkeit gerungen haben, als er in seinem Drama „Heinrich VI." ein passendes Adjektiv für das Neidgefühl suchte – er beließ es bei: „schmalgesichtig". Und weil das noch nicht abwertend genug war, verbannte er den Neid zusätzlich in eine „ekle Höhle".

Ein israelisches Team der University of Haifa um die Neurowissenschaftlerin Simone Shamay-Tsoory hat entdeckt, dass ein benachbarter Teil des präfrontalen Kortex Menschen dabei hilft, Neid oder Schadenfreude im Gesichtsausdruck anderer Personen zu erkennen.

Patienten mit Verletzungen dieser Hirnregion hatten Probleme, die entsprechenden Gefühle bei ihrem Gegenüber zu deuten. Und offenbar, das fand

Die Erkunder der Missgunst tappen im Dunkel der menschlichen Seele nach einem beinahe unsichtbaren Forschungsobjekt – dem sie sich allenfalls sozusagen von hinten nähern können.

Auf der Suche nach den Wurzeln des Neides durchsuchen Anthropologen und Primatologen unsere Stammesgeschichte und unser Erbgut; Psychologen erfassen mit Experimenten und Denkmodellen, was er in unseren Köpfen anstellt; Ökonomen und Soziologen analysieren die Zeitläufte, um den Neid hinter ganz normalen Handlungen zu enttarnen. Künstler, sonst mit Metaphern so

Erst in den vergangenen Jahren ist es Wissenschaftlern gelungen, der Biologie des Neides auf die Spur zu kommen. So haben Forscher vom National Institute of Radiological Sciences im japanischen Chiba mithilfe von Magnetresonanztomographen festgestellt, dass offenbar ein bestimmter Teil der stirnnahen Großhirnrinde, der präfrontale Kortex, mit dem gelben Gefühl verknüpft ist: Je neidischer ein Mensch, desto höher die Aktivität in jenem Hirnareal.

die Forscherin heraus, verstärkt ein körpereigener Botenstoff die Neidgefühle: das als „Kuschelhormon" bekannte Oxytocin, das Psychologen und Molekularbiologen bisher eigentlich mit positiven Gefühlen in Verbindung gebracht haben.

Doch nicht nur *Homo sapiens* scheint von Neid geplagt. Die Kognitionsforscherin Friederike Range von der Universität Wien fand heraus, dass auch Hunde ein Empfinden für Ungerechtigkeit besitzen. Die Tiere reagieren zum Beispiel auffallend frustriert, so die Forscherin, wenn sie zusammen mit einem

Aus Scham gestehen wir uns oft selbst nicht ein, welches gierig-gelbe Monster unsere Seele aufwühlt und sich nichts sehnlicher wünscht, als das Glück der anderen zu verschlingen

anderen Hund eine Aufgabe (etwa „Pfote geben") ausführen – und anschließend nur der andere Vierbeiner zur Belohnung Futter bekommt.

Noch weit empfindlicher sprechen Primaten auf Ungleichbehandlung an. Das fanden US-Verhaltensforscher bei Versuchen mit Kapuzineraffen heraus: Belohnten sie einen Affen mit schmackhaften Weintrauben, den anderen jedoch mit faden Gurkenstückchen, streikte das benachteiligte Tier und wollte nicht mehr weiterspielen.

DA AFFE UND MENSCH einen Großteil ihrer Stammesgeschichte teilen, ist der Befund für den amerikanischen Primatenforscher und Anthropologen Christopher Boehm eindeutig: Der Neid prägt seit rund sieben Millionen Jahren das Zusammenleben bestimmter Affenarten – und hat somit auch auf die menschliche Entwicklung stärkeren Einfluss genommen als die meisten anderen Gefühle.

Der Neid, so Boehm, sei geradezu ein Werkzeug der Evolution: „Denn wenn eine Spezies in Gruppen lebt, erfordert das Zusammenarbeit. Damit aber die genetische Zuchtwahl weiter funktioniert, müssen die Mitglieder der Gruppe gleichzeitig miteinander konkurrieren."

Die Antwort der Natur auf dieses Dilemma ist eine Hierarchie, in der jeder seinen Platz hat. Nur eben nicht für immer – und hier kommt der Neid ins Spiel.

Boehm: „Neid ist der Antrieb, mit seinem Los unzufrieden zu sein: Seine Position verbessern zu wollen und die Hierarchie infrage zu stellen – sodass schließlich trotz aller Kooperation doch der Wettbewerb bestimmt, wer seine Gene verbreiten kann."

Natürlich, so Boehm, gelte dies nur für Arten, die eine so komplexe Emotion wie den Neid hervorbringen können. Bei unserer näheren Affen-Verwandtschaft finde sich neidische Rivalität um Futter und Status aber so häufig, dass die Vermutung naheliege, der Neid sei Menschen und Schimpansen bereits von einem gemeinsamen Vorfahren vererbt worden – als Teil der emotionalen Grundausstattung.

Nur die Gorillas passen nicht ins Muster: In ihren haremartigen Gruppen sind Statuskämpfe heute zumindest selten. „Aber das“, so Boehm, „muss diese Theorie des Neides nicht widerlegen: Die Linie der Gorillas hat sich vor rund neun Millionen Jahren vom gemeinsamen Stammbaum der großen Menschenaffen abgespalten – zwei Millionen Jahre, bevor Schimpansen und Menschen sich trennten. Der Neid als Motor menschlicher Rivalität ist vermutlich also irgendwann dazwischen entstanden.“

SO ALT IST SIE also schon, diese Stimme, die in allen von uns flüstert: „Sei besser als andere!“, „Mach Karriere!“ Und: „Lass dich nicht übertrumpfen!“

Ein unfehlbares Rezept zum Unzufriedensein hat die Evolution uns da mit auf den Weg gegeben. Denn irgendeiner ist schließlich immer besser. Und weckt im besten Fall damit unseren nicht selten von Neid getriebenen Ehrgeiz.

Daher, so vermuten Evolutionspsychologen, flüstert die innere Stimme nicht einfach: „Streng dich an, so gut du kannst!“ und überlässt alles Weitere dem Wettbewerb der Angestrengten. Denn ohne Vergleich mit anderen hätten wir überhaupt keinen Maßstab für unser eigenes Fortkommen.

Und in Zeiten der Knappheit genügt es zum Überleben oft nicht, sich nur leidlich angestrengt zu haben – man muss vielmehr zu den Ranghöchsten einer Gruppe gehören, die das bisschen Wasser, die spärliche Nahrung für sich verteidigen können.

DEN EIGENEN STATUS ZU ERHÖHEN IST EIN URALTER DRANG DES MENSCHEN

Die Orientierung am eigenen Rang und am Erfolg der anderen bietet auch in modernen Lebensumständen einen hilfreichen Indikator. Wer schon bei den Bundesjugendspielen immer als Letzter durchs Ziel läuft, wird vielleicht neidisch auf die Schnellsten sein. Aber gerade deshalb wird er sich die Mühe sparen, für Olympia zu trainieren – und stattdessen seine wahren Talente suchen.

Neid kann also ein weiser Ratgeber sein – auch wenn er seine Ratschläge recht unerbittlich aufdrängt, wie Forschungen an der University of California vermuten lassen: Der Drang, sich nicht übertrumpfen zu lassen, ist womöglich mit einem Anreiz für das Belohnungssystem, einer Region in unserem Hirn, ausgestattet, dem schwer zu widerstehen ist.

Denn in der Rückenmarksflüssigkeit von Grünen Meerkatzen (einer Affenart), die in ihrer Gruppe die Führungsposition innehatten, ermittelten Wissenschaftler eine stark erhöhte Konzentration des Neurotransmitters Serotonin – eines Stoffes, der bei Menschen das Wohlbefinden steigert.

Wurde ein solches Alphamännchen von seinen Untergebenen getrennt, büßte es seinen Status ein, und sein Serotoninwert sank auf ein normales Niveau. Gleichzeitig erhöhte sich die Konzentration dieses Stoffes nun im Gehirn desjenigen Affen, der den Rang des abgesetzten Alphamännchens übernommen hatte.

Dieser Zusammenhang zwischen Status und Serotonin ist auch bei Menschen nachgewiesen worden: Forscher fanden erhöhte Werte des Stoffes in den Gehirnen von erfolgreichen Sportlern – möglicherweise eine chemische Belohnung dafür, dass sie Konkurrenten hinter sich gelassen hatten.

Zu anderen aufblicken zu müssen ist dagegen nicht nur vielen unangenehm, sondern möglicherweise sogar gesundheitsschädlich. So jedenfalls lassen sich die Ergebnisse einer langfristig angelegten Studie deuten, bei der Forscher die Krankengeschichten von fast 30 000 Staatsangestellten im Londoner Regierungsdistrikt Whitehall verglichen haben.

Das eindeutige Resultat: Krankmeldungen, Herzinfarkte, sogar Krankheiten mit tödlichem Ausgang waren deutlich häufiger bei den niederen Beamten zu registrieren. Je höher die Angestellten hingegen in der Whitehall-Hierarchie aufgestiegen waren, je weniger Bessergestellte sie über sich dulden (und beneiden) mussten, desto gesünder waren sie.

Freilich: Solche Forschungsergebnisse begründen noch keine fundierte Psychobiologie des Neides. Aber sie geben immerhin einen Hinweis auf die möglichen Wurzeln dieser Emotion.

Unsere notorische Schwierigkeit, Vorteile bei anderen Menschen neidlos hinzunehmen, wird also möglicherweise von einer mehrere Millionen Jahre alten Sucht gespeist: von dem Verlangen nach dem Gefühl, selbst ganz oben auf der Leiter zu stehen – oder mindestens genauso weit oben wie derjenige, der gerade über uns steht.

Richard Smith versucht die verschlungenen Figuren des Neides in unseren Köpfen mithilfe von Videos begreifbar zu machen. Der Psychologe hat bei einem dieser Filme auf seine Töchter zurückgegriffen: Rosanna, acht, und Caroline, vier.

Beide sitzen in Schlafanzügen vor dem Fernsehgerät. Dann taucht Vater Smith auf und hält in jeder Hand eine Schüssel mit Popcorn – eine kleine für Caroline, eine große für Rosanna.

„Schauen Sie genau hin, wie automatisch die Reaktion abläuft", sagt Smith und deutet auf den Bildschirm. „Und wie unabhängig davon, dass noch genug Popcorn in der Küche ist."

Rosanna hat ihren Vorteil erkannt, hält die große Schüssel in den Händen und isst. Aber sie weiß genau, was kommt: Carolines Blick schießt ein paarmal wie ferngesteuert zwischen den Schüsseln hin und her – „und hier, jetzt wird sie sauer": Das Mädchen quietscht aufgebracht und wirft sich mit Wucht in seinen Sessel zurück, wo es mit seinem Schicksal und dessen elterlichem Handlanger hadert, bis die unerträgliche Ungleichheit durch einen Popcorn-Nachschlag ausgeglichen wird.

So scheinbar banal die Szene auch wirken mag, sie dient dem Psychologen als Argument gegen all jene, die den Neid als erlernten Charakterzug definieren wollen – und damit als ein durch Erziehung heilbares Übel: „Diese Bilder zeigen klar, dass es sich beim Neid um ein fundamentales Denkmuster in unseren Köpfen handelt, das man nicht einfach wegerziehen kann."

Es funktioniert etwa so: „Unser Gehirn", so Smith, „arbeitet mit Vergleichen. Zwischen warm und kalt, hell und dunkel, gut und schlecht – und immer wieder zwischen uns und anderen Menschen." Aus diesen sozialen Vergleichen ziehen wir Informationen für unser Selbstbild, lernen unsere Stärken und Schwächen kennen: „Wenn wir dabei schlecht abschneiden, dann kann das automatisch eine emotionale Reaktion auslösen: ein Alarmsignal, dass unser Selbstbild in Gefahr ist."

Bei Kindern schlage das oft sofort in neidisches Verhalten um, das schon von ein paar Gramm Popcorn ausgelöst werden könne. „Bei Erwachsenen läuft die gleiche Reaktion meist unter der Oberfläche ab."

Wie genau aus dem emotionalen Alarmsignal ein Neidgefühl entsteht, ist daher schwer zu erforschen. Aber die Wissenschaftler sind sich einig: Es kommt zunächst darauf an, ob der Unterlegene glaubt, seinen Nachteil aus eigener Kraft noch wettmachen zu können.

So ergaben Studien, dass Studenten im ersten Semester einen ungewöhnlich erfolgreichen Kommilitonen aus dem achten Semester kaum für dessen Leistungen beneiden: Mehr als 80 Prozent fühlten sich in einem versteckten Test von einem – fingierten – Zeitungsartikel über die akademischen Großtaten des Mitstudenten eher zu eigenen Anstrengungen motiviert. Dagegen empfanden von den Studenten im achten Semester nur sechs Prozent die Lektüre als Ansporn – für sie wäre er ohnehin reichlich spät gekommen.

BESONDERS HÄUFIG GEDEIHT NEID IM ENGSTEN FREUNDESKREIS

Waren die übrigen 94 Prozent sämtlich neidisch? „Vermutlich nicht", meint Richard Smith: „Wer den Vorteil eines anderen als uneinholbar einschätzt, muss noch längst nicht automatisch Neid entwickeln. Wenn der Fokus des Unterlegenen auf seiner eigenen Minderwertigkeit liegt, kann er sich angesichts des unschmeichelhaften Vergleichs auch depressiv oder beschämt fühlen."

Andererseits löst eine gute Leistung manchmal auch Bewunderung aus. Solange kein Konkurrenzverhältnis besteht, kann man sich sogar mit den Erfolgen eines anderen identifizieren – so wie sich Eltern in den Qualitäten ihrer Kinder sonnen oder Völker in den Siegen ihrer Nationalteams.

Ob und wie jemand in einer konkreten Situation Neid entwickelt, hängt vor allem mit seinem Selbstbewusstsein zusammen.

„Und", so Smith, „mit seinem Sinn für Gerechtigkeit."

Neid und Gerechtigkeit – das ist eine komplizierte Beziehung, deren Ausgangslage scheinbar ganz einfach ist: Der Neider ist im Unrecht. Grundsätzlich. Immer.

Er hat keinen moralischen Anspruch auf das Geld, das Ansehen oder das Glück, das er seinem Gegenüber missgönnt. Und er hegt gegen den anderen ausschließlich deshalb feindselige Gefühle, weil der ihm einen Vorteil voraushat – und diese empfundene Ungleichheit ihn in seinem Selbstwert bedroht.

Und wenn die Ungleichheit nun tatsächlich auf unfaire Weise zustande gekommen ist, der andere seinen Vorteil nur erschlichen hat?

„Dann empfindet der Unterlegene gar keinen Neid", sagt Smith. „Sein Gefühl ist dann Empörung. Eine völlig andere Emotion, die sich an allgemein akzeptierten Gerechtigkeitsnormen entzündet und die sich daher öffentlich Luft machen darf."

Der Neider darf dagegen keine Unterstützung für seinen Protest erwarten und muss mit seiner neidischen Feindseligkeit allein zurechtkommen – „es sei denn", so Smith, „er findet als Ausgleich eine Art Blitzableiter, etwa einen echten oder konstruierten Charakterfehler des

Neid ist eine Reaktion auf einen Vergleich, der zu unseren Ungunsten ausfällt. Weil wir annehmen, dass ein anderer Mensch aus seinen Vorteilen eine Befriedigung zieht, die uns selbst verwehrt bleibt

Beneideten, über den er sich offen empören kann. Das ist eine gängige Strategie der Neidbewältigung, nach dem Motto: Er hat es zwar weit gebracht, aber geht auch über Leichen."

Dabei hat, wer einen anderen beneidet, durchaus meist das Gefühl, ungerecht behandelt worden zu sein. Auch wenn das objektiv falsch ist – und das Unrecht viel zu vage, um sich mit Aussicht auf Zuspruch in empörtem Protest zu entladen. Die Schuld an der eigenen misslichen Lage gibt der Neider dem Schicksal, dem Leben – oder dem Beneideten selbst.

Und diese Denkfigur ist, so Smith, gar nicht so abwegig: „Abstrakt gesehen ist es tatsächlich die schiere Existenz des Überlegenen, die den Neider in die schlechte Position zwingt. Das ‚Bessersein' des anderen ist die Ursache für das ‚Wenigersein' des Neiders – dessen Nachteil ja erst im Vergleich überhaupt erkennbar geworden ist."

Dem Beneideten auch noch eine böswillige Absicht zu unterstellen ist dann nur noch ein kleiner Schritt: der letzte in einem komplexen Mechanismus, der Scham und Wut über die eigenen Mängel in Form von neidischer Feindseligkeit nach außen lenkt.

Ist der Neid also vor allem ein psychischer Schutzmechanismus, eine Art Depressionsabwehr?

Möglicherweise.

Aber wie viel Schutz ist von einem Gefühl zu erwarten, das aggressiv und belastend ist und dem die Forschung in jüngster Zeit immer mehr verstörende Eigenschaften nachgewiesen hat?

Richard Smith hat die Daten dazu griffbereit. Aus einer Schublade zieht der Psychologe einen Packen Papier hervor. Die losen Blätter sind Teil der wohl größten Sammlung authentischer Neid-Berichte, die je zusammengetragen worden ist. Mehr als 300 Studenten haben über die Jahre ihr stärkstes Neid-Erlebnis aufgeschrieben.

Da beklagen sich verhinderte Fußballstars, Klassensprecher und Fremdsprachengenies. Da beneiden Kinder aus Mittelklassefamilien die Kinder wohlhabender Eltern, zeigen Studenten mit harten Nebenjobs ihre Missgunst gegenüber finanziell geförderten Stipendiaten. Und manche bemängeln sogar, dass sie an dem Beneideten leider gar nichts Hassenswertes finden könnten, um sich so etwas Erleichterung zu verschaffen.

„Ist auch kein Wunder", meint Smith. „Denn in den meisten Berichten sind die Beneideten gute Freunde der Neider."

Gute Freunde? Tatsächlich entspringt Neid ja aus Vergleichen – und die sind umso mächtiger, wenn sich die Verglichenen ähnlich sind.

Ein Experiment hat vor einigen Jahren die These erhärtet, dass der Neid am besten dort gedeiht, wo er eigentlich am wenigsten zu suchen hat: im engsten Freundeskreis.

An der University of Georgia wurde eine angebliche Studie zum Thema „Freundschaft" ausgeschrieben – die freiwilligen Teilnehmer sollten einen engen Freund ins Testlabor mitbringen.

Man setzte drei von ihnen in kleine Kabinen, damit sie miteinander „Password" spielen: einen Assoziationstest, mit dem angeblich zunächst die sprachliche Intelligenz der Probanden gemessen werden sollte. Anhand von Hinweisen des Versuchsleiters sollte der erste Kandidat mehrere Begriffe erraten – und wurde dabei so gezielt in die Irre geführt, dass er klar unterdurchschnittlich abschnitt.

Das teilte ihm der Versuchsleiter vor den anderen Teilnehmern auch rücksichtslos mit. Damit war das Selbstbewusstsein des ersten Probanden beschädigt – und reif für die Neid-Attacke.

Nun tauschten die Kandidaten ihre Plätze, und der Gedemütigte war an der Reihe, einem der anderen Tipps zu geben. Dazu erhielt er Listen von je zehn möglichen Begriffen, mit denen er seinem Gegenüber auf die Sprünge helfen konnte. Die Hinweise waren nach Schwierigkeitsgrad geordnet – die härtesten Fragen standen unten.

Nach einigen Hundert Kandidaten steht fest: „75 Prozent der Teilnehmer hatten ihren Freunden deutlich schwerere Hinweise gegeben als den fremden Mitspielern", so das Fazit des Studienleiters. „Sie konnten nicht ertragen, dass ausgerechnet ihre Kumpel besser sein sollten als sie selbst."

VERMUTLICH MISCHT SICH in solche Neid-Vorsorge durch Sabotage eine weitere, ebenso verpönte Emotion: die Schadenfreude (siehe Seite 66).

Richard Smith hat auch diesen Zusammenhang untersucht – erneut mithilfe einer Täuschung seiner Studenten.

Die Lüge im Namen der Wissenschaft ging diesmal so: Eine Filmfirma habe die Fakultät gebeten, den Rohschnitt eines Videos für die Studienberatung zu testen; eine Gruppe von Studenten solle das Produkt beurteilen.

In dem Film wurde ein junger Mann porträtiert, der sich um einen Platz an der medizinischen Hochschule bemühte. Ein Schauspieler stellte den vermeintlichen Bewerber in zwei Varianten dar: einmal als Durchschnittsbegabten, der sich an einem mittelmäßigen College bewirbt, mit seiner Freundin Pizza aus Pappkartons isst und per Fahrrad zu einem langweiligen Nebenjob fährt. Und in der zweiten Version als Hochbegabten, den es an eine Elite-Uni drängt, der mit seiner hübschen Freundin Tennis spielt – und schon vor dem Studium in einem wissenschaftlichen Labor jobbt.

MENSCHEN MESSEN IHR WOHLBEFINDEN IMMER AN IHRER UMGEBUNG

Smith: „Damit der Test funktionierte, musste der Überflieger natürlich sympathisch sein, kein Strebertyp – aber eben begabt und auch sonst recht glücklich. Das allein sollte die Reaktionen auslösen."

Den Schluss des Films bildete ein Epilog, der die Entwicklung des jeweils Porträtierten seit den Dreharbeiten schilderte: Er habe sein Studium verschieben müssen. Auch hier gab es sowohl für den Überflieger als auch für den Durchschnittsstudenten jeweils zwei Versionen – in einer hatte der Bewerber Drogen gestohlen, in der anderen war er fälschlicherweise beschuldigt worden, Drogen gestohlen zu haben, und war später rehabilitiert worden.

In einem umfangreichen Fragebogen mussten die Probanden dann die Qualität des Films und die Auswahl des Protagonisten bewerten – und wurden damit nebenbei auf emotionale Reaktionen getestet.

Ergebnis: Die Überlegenheit des Hochbegabten schürte deutlichen Neid. Und diese Missgunst löste Schadenfreude aus über den Rückschlag des jungen Mannes – und zwar unabhängig davon, ob er sein Schicksal nun selbst verschuldet hatte oder nicht.

„Der Neid", so Smith, „hat sich in diesem Experiment als so mächtig gezeigt, dass er einen natürlichen Mechanismus offenbar überlagert – nämlich den, dass wir Schadenfreude normalerweise nicht empfinden, wenn jemand ohne eigenes Verschulden in Schwierigkeiten gerät."

Wie schnell Neid in Schadenfreude umschlägt und welche Bereiche dabei in unserem Gehirn beteiligt sind, untersuchte auch die Forschergruppe aus dem japanischen Chiba. Je glühender die Teilnehmer einer Studie einen anderen Menschen beneideten, umso intensiver überkam die Testpersonen auch das Gefühl der Schadenfreude, sobald der Beneidete einen unerwarteten Misserfolg hinnehmen musste.

Die dabei aufkommende Befriedigung ließ sich mithilfe der Magnetresonanztomographie messen: Schadenfreude aktiviert das ventrale Striatum, ein Nervennetz, das Teil des Belohnungszentrums im Hirn ist.

NEIN, DER ANRUFER möchte seinen Namen nicht nennen. Ob das Gespräch mitgeschnitten werde, fragt er. Als dies verneint wird, legt er los: „Mein Nachbar hat sich ein neues Auto gekauft, einen Sportwagen. Angeblich hat er im Lotto gewonnen. Das glaubt ihm doch kein Mensch. Prüfen Sie das bitte."

Diese telefonische Anzeige bei einem Hamburger Finanzamt ist nur einer von Tausenden von Fällen, in denen hierzulande alljährlich mutmaßliche Steuerhinterzieher angeschwärzt werden.

Geprellte Geschäfts- und Ehepartner sinnen auf Rache. Bei Erbschaften Übergangene wollen den tatsächlichen Erben zumindest die Nachversteuerung für das Schwarzgeld des Verblichenen aufdrücken.

„Und bei etwa jeder fünften Anzeige", so Daniel Stricker, Sprecher der Hamburger Finanzbehörde, „sind Nachbarn oder Kollegen der Stein des Anstoßes – weil sie in den Augen des Anzeigers über ihre Verhältnisse leben und sich so verdächtig machen."

Natürlich, so Stricker, seien die Motive der Informanten für die Fahnder ohne Bedeutung. „Aber manchmal drängt sich schon der Gedanke auf, dass hier Missgunst am Werk ist. Schließlich gibt es keine Belohnung für den Anzeigenden, keine Entschädigung, keine echte Genugtuung: Das Verfahren wird geheim abgewickelt, und der Informant erfährt nicht einmal den Ausgang."

So offen wie in den Büros der Steuerfahndung zeigt sich der Neid im Alltag nur selten. Doch vieles spricht dafür, dass solche kaum verhüllt missgünstigen Aktionen nur die Spitze des Phänomens sind – und dass andere, weniger feindselige Formen des Neides unsere täglichen Entscheidungen stärker durchdringen, als wir glauben.

Mit welchem Ergebnis? Darüber gehen die Meinungen auseinander.

Nach Ansicht des Philosophen Peter Sloterdijk befeuert die gelbe Emotion ein „Neidkraftwerk", das die Habgier ins Endlose steigert und so die Wirtschaft in Schwung hält.

In den Augen mancher Politiker hingegen lähmt die „Neidgesellschaft" die gesamte Ökonomie – da sie den Leistungsträgern durch „missgünstige" Steuern den Anreiz zur Leistung nehme.

Wer die Wirkung von Neid in unserer Gesellschaft etwas konkreter untersuchen will, muss sich, paradoxerweise, in die Irrgärten der ökonomischen Theorie begeben. Das ist das Metier von Robert H. Frank, Wirtschaftsprofessor an der Cornell University im US-Bundesstaat New York.

Frank wirft der etablierten Ökonomie erhebliche Mängel vor – zum Beispiel die Vernachlässigung des Neides.

„Dieses Gefühl wird von der Wirtschaftswissenschaft leider fast immer ignoriert", erklärt der Professor. „Die Menschen in den ökonomischen Modellen handeln immer rational, sie maximieren ihren Nutzen auf allen Märkten des Lebens – und Gefühle lassen sie völlig kalt."

Das sei natürlich unrealistisch: „Menschen ohne Gefühle gibt es in Wirklichkeit nur selten – und die leiden an einem Gehirnschaden."

Das Gefühl, auf das Frank seine Kollegen aufmerksam machen möchte, nennt er „Sorge um die relative Position". Er erklärt das so: „Menschen messen ihr Wohlbefinden immer an ihrer Umgebung. Zum Beispiel schätzen wir die eigene Lebenszufriedenheit höher ein, sobald eine behinderte Person im Raum ist. Genauso fühlen wir uns unzufriedener angesichts von Menschen, die uns überlegen sind. Rang ist ein Gut wie jedes andere. Daher sind wir sogar bereit, dafür zu bezahlen, dass andere nicht besser abschneiden als wir selbst."

Probanden einer Studie wurde zum Beispiel angeboten, in einer Welt zu leben, in der sie selbst 100 000 Dollar und alle anderen 85 000 Dollar im Jahr verdienen würden.

Alternativ konnten sie eine Welt wählen, in der sie 110 000 und ihre Mitmenschen 200 000 Dollar erhielten (um das Beispiel überschaubar zu halten, wurde dabei wider die ökonomischen Gesetze angenommen, dass die Preise und die Kaufkraft eines Dollars in beiden Welten exakt gleich bleiben).

Ein Großteil wünschte sich ohne zu zögern die erste Variante – ließ sich im Rahmen dieses theoretischen Modells einen akzeptablen Rang also 10 000 Dollar kosten.

Aber auch reale Feldstudien belegen die Wirksamkeit neidischer Vergleiche – die Wissenschaftler müssen oft nur ihre Messinstrumente anders justieren.

Zum Beispiel so: Weil klassische Verhaltensmodelle nicht erklären, weshalb so viele verheiratete Frauen auf den Arbeitsmarkt drängen, erweiterten Forscher an der University of Pennsylvania den Fokus ihrer Erhebung. Sie analysierten nicht nur die Entscheidungen einzelner Frauen, eine bezahlte Arbeit aufzunehmen, sondern erfassten gleichzeitig Daten aus den Familien der Schwestern dieser Frauen.

Das Ergebnis war erstaunlich: Ausbildung, Durchschnittslohn sowie die Chancen, einen Job im eigenen Beruf zu finden – all das spielte bei der Entscheidung für einen Eintritt in den Arbeitsmarkt nur eine geringe Rolle. Große

Bruegels Allegorie des Neides: Der Blick des Benachteiligten richtet sich sehnsuchtsvoll auf die edlen Stiefel, während das Schicksal ihn ins billigere Schuhwerk zwingt

Bedeutung dagegen hatte die Frage, ob der Ehemann der Schwester mehr verdiente als der eigene Gatte – und ob eine Erwerbstätigkeit der Frau das Einkommen der eigenen Familie über jenes der schwesterlichen anheben konnte.

War dies der Fall, erhöhte sich die Wahrscheinlichkeit, dass eine verheiratete Frau sich um einen Job bemühte, um bis zu 25 Prozent.

WAS ALSO SOLLEN wir tun? Aus den Genen steigt uns der Neid in die Köpfe und sickert von dort unablässig in unsere täglichen Entscheidungen ein. Ist dieses allgegenwärtige Gefühl überhaupt zu kontrollieren?

Ja, antwortet Christopher Boehm, der US-Anthropologe, und ergänzt, dass dieses Gefühl vermutlich schon mindestens 40 000 Jahre alt ist.

Damals sei es dem menschlichen Gehirn erstmals gelungen, den Neid mit Willenskraft an die Kette zu legen.

„Eine große Revolution muss damals durch die Gemeinschaften der Jäger und Sammler gefegt sein", vermutet Boehm. „Die erste politische Massenbewegung, die alle Alphamännchen entmachtet und unzählige kleine egalitäre Gemeinschaften geschaffen hat. Von da an akzeptierten die Menschen für Tausende von Generationen einen Anführer allenfalls noch als Vermittler kollektiver Entscheidungen."

Was löste diese Revolution aus? Boehm: „Das menschliche Gehirn hatte eine komplexe Sprache hervorgebracht – und so konnten sich die Jäger und Sammler wohl erstmals über abstrakte Ziele und über die Organisation ihrer Gruppen verständigen. Immer bessere Waffen für die Großwildjagd gaben ihnen die Möglichkeit, auch körperlich überlegene Anführer in die Schranken zu weisen."

Und überdies hätte schon die Größe der Beutetiere die Menschen zu mehr Kooperation gezwungen: bei der Jagd selbst und auch bei der Verteilung der großen Fleischmengen, die danach zur Verfügung standen. Die konnten nur effizient genutzt werden, wenn man sie partnerschaftlich aufteilte.

Das menschliche Gehirn war da schon hinreichend leistungsfähig, um

DIE SCHWESTER DES NEIDES

Das schmerzhafte Gefühl der Missgunst kann rasch umschlagen in eine nehme Emotion: Schadenfreude. Der Sozialphilosoph Dieter Thomä über

GEOkompakt: *Herr Dr. Thomä, weshalb reizt es Menschen, über die Missgeschicke anderer zu lachen?*

Dieter Thomä: Wir versuchen, uns selbst zu finden, indem wir uns mit anderen vergleichen. Und da genießt man es, wenn es anderen schlechter geht als einem selbst, wenn sie sich lächerlich machen. Man wächst sozusagen an der Kleinheit des anderen.

Es geht um das Vergleichen mit anderen?

Ja, es gibt bei uns eine regelrechte „Wut des Vergleichens", wie ich es nenne. Und nach diesem Prinzip funktioniert auch der Neid, ein interessanter Parallelfall zur Schadenfreude: Man merkt, jemand anderem geht's gut und deshalb geht es einem selber schlecht. Bei der Schadenfreude ist es genau umgekehrt: Einem anderen geht es schlecht, und dann geht es einem selber gut.

Was charakterisiert diese Empfindung?

Das Besondere an der Schadenfreude ist, dass der andere Schaden erleidet, man selbst aber materiell keinen Vorteil davon hat. Es ist ein rein geistiger Genuss an der Benachteiligung des anderen. Zur Schadenfreude gehört - anders als beim Neid - auch ein Gefühl der Fremdheit. Zwar kommt sie selbst nahen Menschen gegenüber auf, doch am besten funktioniert sie bei Fremden. Und in dem Maße, in dem in unserer Gesellschaft Fremdheit und Anonymität anwachsen, wird der Boden für Schadenfreude gut gedüngt.

Ist Schadenfreude generell schlecht?

In bestimmten Fällen kann man vermutlich sogar Verständnis für die Schadenfreude haben. So verloren zum Beispiel im Zuge der Finanzkrise 2009 einige reiche Menschen ein Vermögen. Da haben viele Schadenfreude empfunden nach dem Motto: Jetzt hat es die auch mal erwischt. Hinter diesem Gefühl steckt der Verdacht: Die Milliarden, die dieser Mensch vorher besaß, kann er gar nicht rechtmäßig angehäuft haben. Insofern wird es wie eine ausgleichende höhere Gerechtigkeit empfunden. Da bekommt Schadenfreude einen Hauch von Legitimation.

Gibt es da Grenzen?

Ich glaube, dass es so etwas wie einen Reality-Check für Schadenfreude gibt. Zunächst hat sie ja durchaus etwas Nonchalantes, Leichtfertiges, weil man einem anderen nicht wirklich Böses tut. Doch wenn man sieht, wie sich jemand bei einem Unglück ernsthaft verletzt, empfindet man keine Schadenfreude mehr, sondern versucht, ihm zu helfen.

Menschen genießen es seit jeher, wenn anderen Missgeschicke passieren, wenn diese sich lächerlich machen. Die Schadenfrohen (wie hier Max und Moritz von Wilhelm Busch) wachsen gleichsam an der Kleinheit ihres Gegenübers

Ist die Schadenfreude in manchen Kulturen besonders stark ausgeprägt?

In Gesellschaften, deren Weltbild sehr vom Wettbewerb geprägt wird, ist sie stärker entwickelt. Von der „Freude am Unglück anderer" sprach schon Aristoteles. Doch es gibt viele Belege dafür, dass diese „Wut des Vergleichens" in den modernen westlichen Gesellschaften seit dem 18. Jahrhundert noch drastisch zugenommen hat. Der amerikanische Soziologe Thorstein Veblen beispielsweise sprach 1899 von einer Karriere des „gehässigen Vergleichs".

**ndte, doch äußerst ange-
tiefst menschliche Regung**

Immer, wenn man auf Gedeih und Verderb davon abhängt, dass man täglich prüft: Steh ich jetzt besser oder schlechter da als der andere?, schlägt die Stunde der Schadenfreude. Dann werden Gegenreaktionen, etwa Mitleid, eher ausgemerzt. Deshalb trifft die Schadenfreude in kapitalistischen Gesellschaften besonders günstige Umstände an.

Gibt es auch bei Tieren Schadenfreude?

Forscher haben hochinteressante Untersuchungen zum Unterschied zwischen menschlichen Babys und Menschenaffen gemacht. Wenn zum Beispiel jemand etwas fallen lässt oder erkennbar leidet, dann reagiert das menschliche Baby viel schneller und viel früher als ein Affenbaby. Diese Fähigkeit des Menschen, sich in einen anderen hineinzuversetzen, ist auch die Voraussetzung dafür, dass wir Schadenfreude empfinden können. Wir stellen uns dann nämlich vor, wie dreckig es dem anderen geht - und ergötzen uns daran. Da diese Empathiefähigkeit bei Tieren weniger stark ausgeprägt ist, gibt es auch eine geringere Grundlage für Schadenfreude.

Wann ist Schadenfreude harmlos?

Wenn ich jemanden „auf den Arm nehme". Das Schöne daran ist, dass es den nächsten Schritt schon mitenthält: die Auflösung und Versöhnung. Eigentlich ist es so eine Art Probehandeln, in dem Konflikte durchgespielt werden. Man sagt etwa: „Ich habe nichts zum Geburtstag für dich." Wenn dann doch die große Überraschung kommt, war dies ein Moment der Krise, zu der die Bewältigung gleich mitgeliefert wurde. Das ist das Lustvolle daran.

Also Schadenfreude ohne Schaden?

Genau. Ihr Sinn ist nicht der Schaden, sondern der gemeinsame Genuss: das Auflösen der Irritation und die Freude daran, dass jetzt doch noch überraschend das Glück um die Ecke biegt.

Interview: *Henning Engeln*

aus dieser Erfahrung eine abstrakte Güterabwägung vorzunehmen, die den Neid neutralisierte: Wäre es nicht angenehmer, so die revolutionäre Überlegung, wenn wir uns alle mit dem gleichen Status zufriedengäben, unseren Wunsch nach Dominanz zurückstellten – im Austausch für die Garantie, nicht mehr neidisch zu ranghöheren Gruppenmitgliedern aufschauen zu müssen?

„Diese Lösung des Neidproblems, die ja schon eine Moralvorstellung voraussetzt, verbreitete sich schnell", sagt Boehm. „Wer sich über die Gruppe erheben wollte, wurde gemeinschaftlich zur egalitären Vernunft gebracht." So gezähmt, könnte der Neid als stabilisierendes Moment einer Gesellschaft von Gleichen gewirkt haben.

Bis heute beruhen nach Ansicht Boehms alle Forderungen nach sozialer Gerechtigkeit im Grunde auf jenem Denkmodell des Egalitarismus, das seit mehr als 40 000 Jahren die Ungleichheit und somit das Neidpotenzial mehr oder weniger in Schach hält. „Eigentum verpflichtet" – heißt es in der Sprache des Grundgesetzes.

Dass der Neid aber auch in egalitären Gesellschaften nie ganz verschwindet, belegen Berichte über das Leben der letzten Jäger und Sammler auf Erden – zum Beispiel der !Kung in der südafrikanischen Kalahari-Wüste, die den Neid als ständige Bedrohung des Status quo empfinden.

„Die !Kung", so Boehm, „können natürlich nichts daran ändern, dass manche ihrer Jäger erfolgreicher sind als andere – und deshalb aus der Gruppe herausragen." Doch um die Ungleichheit zu begrenzen, rede dieses Volk die größten Jagderfolge systematisch klein. Von den besten Jägern werde ein Höchstmaß an Großzügigkeit und Demut erwartet. Nicht einmal das Recht des Gastgebers bei der Verteilung der Beute dürfe der erfolgreiche Schütze beanspruchen; diese Ehre falle an den Eigentümer des ersten Pfeils, von dem das Tier getroffen wurde – und der war bei der Jagd oft gar nicht dabei.

Gänzlich ausgeschaltet ist der Neid indes auch bei den !Kung nicht. Boehm: „Die Jäger und Sammler haben ihm bloß eine andere Zielrichtung gegeben, ihn als kollektiven Neid der Gruppe auf den Vorteil eines Ausreißers gemünzt."

Und selbst dieses uralte egalitäre Modell hat in seiner archaischen Form fast nirgendwo überlebt: Mit größeren, sesshaften Gesellschaften und zunehmender Arbeitsteilung bildeten sich wieder hierarchische Strukturen, mit der Ungleichheit kam der Neid zurück, und in dessen Gefolge entstanden wieder Ehrgeiz und Missgunst. Überall auf der Welt finden wir noch heute jenes uralte Denkmuster, das Menschen dazu bringt, einen Bessergestellten für die eigene Misere verantwortlich zu machen – und ihm deshalb zu schaden.

„Es gibt irgendetwas in der menschlichen Natur, das es uns leicht macht, diesem Gedanken zu folgen", sagt Christopher Boehm. „Die Konsequenz ist: Wir müssen lernen, damit umzugehen. Mit unserem eigenen Neid – und dem der anderen." □

Memo: **NEID**

- **Missgunst gehört** zum natürlichen Gefühlsrepertoire jedes Menschen.
- **Den Neid haben** Mensch und Schimpanse von einem gemeinsamen Vorfahren geerbt.
- **Oftmals ist** Neid ein Alarmsignal, dass unser Selbstbild in Gefahr ist.
- **Missgunst äußert** sich in einem Gemisch aus Wut, Angst, Verlangen und Traurigkeit.
- **Es ist erwiesen,** dass die jeweilige Kultur beeinflusst, in welchem Maße Menschen Neid verspüren.
- **Wenn dem Beneideten** ein Missgeschick geschieht, schlägt die Missgunst des Neiders in Schadenfreude um.

Jens Schröder, 37, ist Stellvertretender Chefredakteur von GEO. Pieter Bruegel der Ältere (um 1525–1569) war einer der bedeutendsten Künstler der niederländischen Renaissance.

Literaturempfehlung: Rolf Haubl, „Neidisch sind immer nur die anderen - Über die Unfähigkeit, zufrieden zu sein", C. H. Beck; spannendes Psychogramm des oft unterschätzten Gefühls.

Rache

Das Streben nach Vergeltung

Text: Alexandra Rigos
Fotos: Nikos Economopoulos

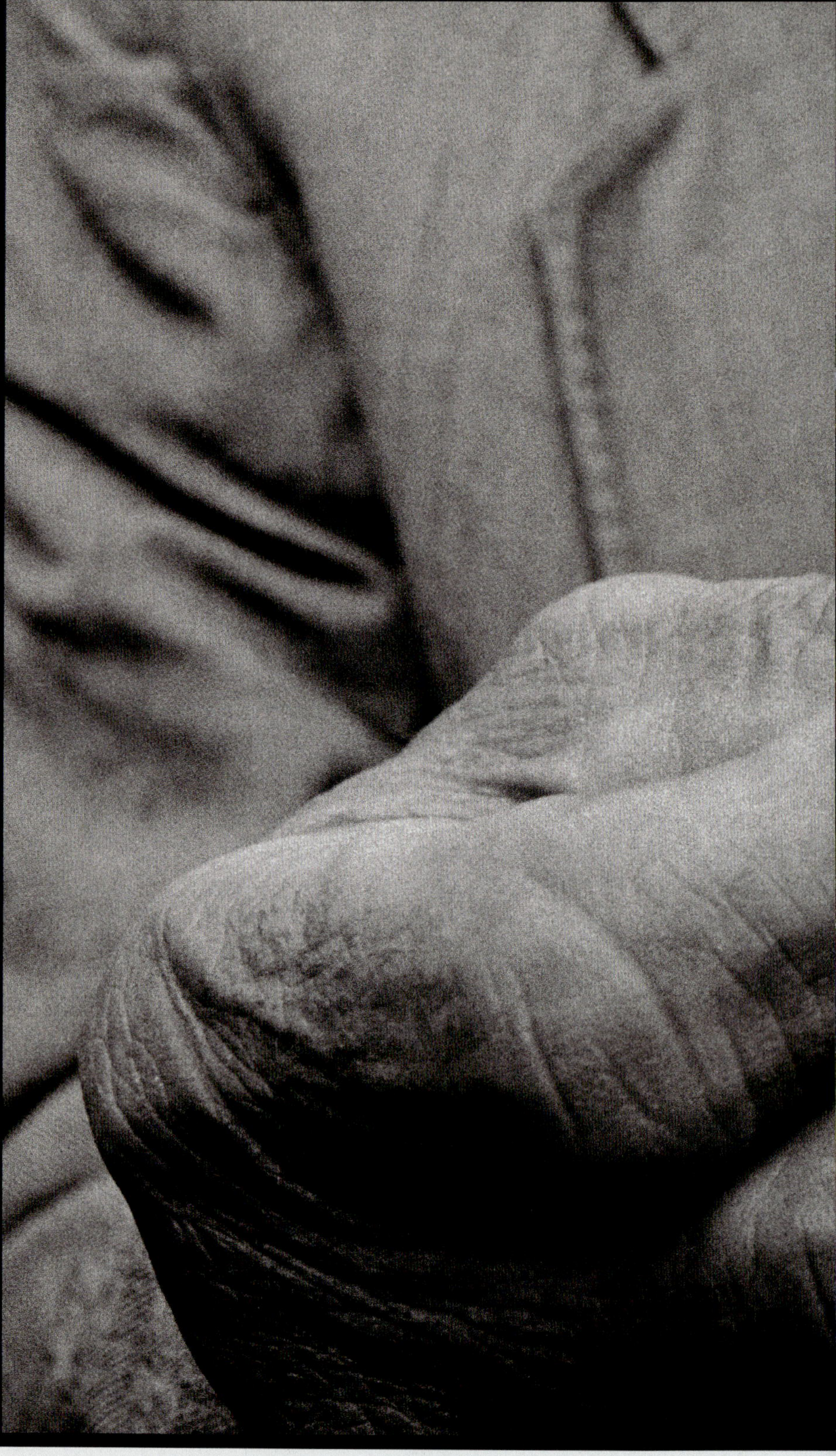

Es ist ein dunkles, kaum zu kontrollierendes Verlangen, das jeden heimsuchen kann: Der Wunsch nach Rache bewegt Menschen zuweilen dazu, alles zu riskieren, sogar das eigene Leben aufs Spiel zu setzen – wie in Albanien, wo ein seit Jahrhunderten gültiger Kodex immer neue Morde provoziert. Was hinter all dem steckt, versuchen Forscher in Experimenten zu ergründen. Und stoßen auf eine erstaunliche soziale Logik

Eine Kugel hat Armand Donda aus dem Dorf Perlat getötet, nun sinnt sein Vater auf Rache. In abgelegenen Regionen Albaniens kam es im Machtvakuum nach dem Untergang des kommunistischen Regimes zu einem Wiederaufleben jenes Kodexes, nach dem Familien das Recht selbst in die Hand nehmen und bis heute jeden Mord mit Mord vergelten

Auch die Familie Nikoli hat ihren Sohn Andre durch die Blutrache verloren. Und plant nun Vergeltung

Dué Nikoli (oben rechts) soll die Blutschuld begleichen, indem er einen der Männer der mit seinem Clan verfeindeten Familie tötet. Sein Vater hat ihn dafür eigens aus Griechenland in die Heimat gerufen. Jedes Jahr sterben in Albanien etwa 500 Menschen bei Fehden

An der Universität Zürich spüren Wissenschaftler seit einiger Zeit der wohl düstersten und destruktivsten Regung nach, zu der Menschen fähig sind. Wie gieriges Feuer lodert dieses Verlangen aus den Tiefen der Seele empor und brennt sich ins Bewusstsein: der Wunsch nach Rache. Er treibt Menschen dazu, Wochen, Monate oder gar Jahre finsteren Gedanken nachzuhängen, perfide Intrigen zu spinnen – ja, mitunter andere Menschen zu töten.

Für den Moment der Vergeltung setzen Betroffene oft alles aufs Spiel: ihren Ruf, ihre Freiheit, ihr Leben. Und zuweilen investieren sie ein Vermögen, um sich an ihrem Peiniger zu rächen.

Dieses Szenario jedenfalls simulieren die Züricher Forscher in ihren Laboren. Dort spielen Menschen um Geld. Während des Experiments liegen die Testpersonen in einem speziellen Tomographen (PET), der ihre Köpfe in der entscheidenden Minute scannt und so Sekunde um Sekunde die Aktivität bestimmter Hirnareale misst.

Über einen Monitor handeln jeweils zwei Versuchsteilnehmer miteinander. Die Regeln des Spiels sind einfach: Zu Beginn einer Runde erhalten beide Probanden (A und B) eine identische Geldsumme. A kann im ersten Zug einen frei gewählten Betrag seines Vermögens auf das Konto von B überweisen. Daraufhin wird das transferierte Geld vervierfacht. Nun ist B an der Reihe.

Das Gesamtvermögen der beiden Spieler könnte sich also – theoretisch – immer weiter mehren. Gesetzt den Fall, beide kooperierten.

Doch in den Versuchsreihen kommt es für einen der beiden zu einer überaus unerfreulichen Situation: Sein Gegenspieler ist so dreist, den gesamten Profit selbst einzustreichen. Er überweist also kein Geld mehr an seinen Mitstreiter, sondern behält den multiplizierten Kredit einfach für sich.

Der Betrogene hat nun – das gehört zu den Spielregeln – die Option, sich an dem unfairen Partner zu rächen. Das allerdings kostet ihn Geld: Er kann zum Beispiel eine bestimmte Summe investieren, damit dem anderen ein noch größerer Betrag abgenommen wird.

Objektiv betrachtet erscheint das als schlechter Tausch. Immerhin steht der Rächer anschließend mit weniger Geld da als zuvor. Zudem kennt er seinen Gegenspieler nicht einmal – und er weiß, dass er ihm auch nie begegnen wird.

Und doch: Fast alle Versuchsteilnehmer entscheiden sich bei den Experimenten für den teuren Racheakt.

Der Drang zu diesem scheinbar widersinnigen Verhalten hat möglicherweise eine biologische Ursache. Das jedenfalls offenbaren die Bilder aus dem Tomographen: Als den Betrogenen das Verhalten des anderen Probanden mitgeteilt wird und sie sich zum Vergeltungsschlag entscheiden, flackert tief in den Hirnen dieser Rächer ein Areal auf, das Menschen Hochgenuss beschert: das Erwartungssystem – jener Bereich des Gehirns, der auch dann aktiv wird, wenn Menschen sich auf Sex, Süßes oder Drogen freuen.

Die Nervenzellen der miteinander vernetzten Hirnzentren schütten biochemische Botenstoffe aus, die uns Lust empfinden lassen und den Geist in Wohlbehagen tauchen. Diese angenehmen Empfindungen nutzt der Körper als natürliches Signal: Die wonnigen Gefühle lassen ein Wesen deutlich spüren, dass ein bestimmtes Verhalten seinem Überleben oder der Weitergabe seiner Gene förderlich ist.

Dass dies auf gutes Essen oder Sex zutrifft, leuchtet ein. Doch weshalb belohnt uns das Hirn für ein so kostspieliges oder gar gefährliches Verhalten wie Rache – eine Regung, die keinen greifbaren Vorteil bringt? Und unter welchen Bedingungen ergreift der Wunsch nach Vergeltung von uns Besitz?

Rachsucht treibt Menschen seit jeher um. Ohne dieses Motiv gäbe es weite Teile der Weltliteratur nicht – von Homers Epos über den Trojanischen Krieg bis zu Shakespeares „Hamlet". In vielen dieser Dramen, aber auch in der Vorstellung der meisten Menschen haftet der Rache etwas Maßloses, Übersteigertes und zutiefst Bösartiges an: Eine betrogene Ehefrau vergiftet ihren Mann, ein Bestohlener brennt das Anwesen des Diebes nieder, ein gekränkter Fürst überzieht ein Land mit Krieg.

Solche unberechenbaren Auswüchse von Rachsucht gibt es durchaus, doch typisch – da stimmen Psychologen überein – sind derartige Eskalationen nicht: Umfangreiche Befragungen haben ergeben, dass die meisten Menschen einem etwaigen Peiniger entweder genau das zufügen wollen, was er ihnen zuvor angetan hat, oder etwas Vergleichbares. Nicht mehr und nicht weniger.

Wer sich rächt, will vor allem sein Selbstwertgefühl wiederherstellen

So handelt es sich bei den meisten Racheakten um eher unspektakuläre Vorgänge nach dem Prinzip „Wie du mir, so ich dir": der Angestellte, der dem arroganten Kollegen Informationen vorenthält; die Nachbarin, die sich mit boshaftem Tratsch für ein Ärgernis revanchiert; das Kind, das die Sandburg des Spielgefährten zerstört, weil dieser ihm die Schaufel weggenommen hat.

Das Hauptmotiv jeder Racheaktion ist, für Gerechtigkeit zu sorgen und seine Würde wiederzuerlangen. Und in den meisten Fällen löst weniger ein konkreter Schaden den Wunsch nach Vergeltung aus als vielmehr die mit der Tat verbundene Kränkung.

Dieses schmerzhafte Gefühl keimt besonders dann, wenn sich der Täter über sein Opfer erhebt, wenn der Peiniger selbstherrlich, arrogant, respektlos auftritt und sich der Geschädigte dadurch herabgesetzt und erniedrigt fühlt. Die Beule im Auto verärgert Menschen meist weniger als die Unverschämtheit,

Nachdem Dué Nikoli den Mord an seinem Verwandten gerächt hat, verschanzen sich die Söhne der Nikoli-Familie in einem Haus. Und warten auf den nächsten Angriff

Blutfehden haben Zehntausende albanische Männer aus den Dörfern in die Berge vertrieben – wie bei dieser Familie, in der nun die Frauen den Hof bewachen

mit der ihnen jemand die Vorfahrt genommen hat. Zudem muss der andere in den Augen des Opfers bewusst gehandelt haben: Lässt sich dem Täter keine Absicht unterstellen, kommen auch keine Rachegedanken auf.

Die Studien lassen darauf schließen, dass Rächer vor allem dann Genugtuung empfinden, wenn es ihnen gelingt, dem Gegenüber eine Botschaft der Art „Nicht mit mir!" zu übermitteln – und sich dadurch wieder auf Augenhöhe zu bringen, die eigene Souveränität wiederherzustellen.

Dem Übeltäter dagegen anonym Schaden zuzufügen, etwa durch eine Anzeige beim Finanzamt, scheint nicht sonderlich beglückend zu sein. Vielmehr drohen dem Rächer Gewissensbisse und Selbstzweifel, ob er nicht auf das Niveau des Gegners herabgesunken ist.

Rächer möchten bestrafen. Und so sind aus Sicht der Wissenschaft die beiden Begriffe „Rache" und „Strafe" kaum voneinander abzugrenzen. Wenn ein Lehrer einen frechen Schüler vor die Tür schickt oder wenn wütende Eltern ihrem aufsässigen Kind zur Strafe Fernsehverbot erteilen, spielt neben der Erziehung wohl auch ein wenig Rache mit. Und manche Rechtsexperten sehen gar die Todesstrafe als Rache der Gesellschaft für den Mord an einem der ihren.

Denn als ebenso kränkend wie Angriffe auf die eigene Person empfinden viele Menschen Handlungen, die gemeinsame Normen und Werte verletzen – und damit das Selbstverständnis einer ganzen Gruppe. So führten etwa Karikaturen, die den Religionsstifter Mohammed abbildeten, in vielen islamischen Ländern zu gewalttätigen Protesten; ein Muslim fühlte sich in seiner Ehre derart verletzt, dass er versuchte, einen der Zeichner zu ermorden.

Besonders unversöhnlich zeigen sich Narzissten – also Menschen mit einer überhöhten, aber instabilen Selbstwertschätzung – und solche Menschen, die großen Wert auf Status und Autorität legen. Denn der Durst nach Rache quält den Gedemütigten umso stärker, je tiefer das empfundene Unrecht sein Selbstwertgefühl oder gar seine Identität erschüttert: wenn der Betroffene also mit der Schande leben muss, sein Gesicht verloren zu haben.

Viele Psychoanalytiker sehen denn auch den einzigen Zweck der Rache in der Katharsis – in der Beseitigung übermächtiger negativer Gefühle. Vergeltung stellt gleichsam eine seelische Gerechtigkeit her; durch sie findet der Rächer zu innerer Balance zurück.

Auf den ersten Blick scheinen die Befunde der Züricher Wissenschaftler diese Sicht zu bestätigen. Immerhin zeigen sie, dass der Gedanke an Abrechnung erhebende Glücksgefühle weckt. Befragt man Menschen, ob sie erwarten, sich nach der Revanche endlich wieder besser und psychisch stabil zu fühlen, bejahen sie diese Frage zumeist.

Tatsächlich aber währen die Wohlgefühle, die unser Gehirn hervorruft, nicht lange. Die beglückenden Hormone werden nur kurz ausgeschüttet, das Hochgefühl fällt ab, sobald die Konzentration der Botenstoffe sinkt. Und ebenso wie sich nach dem Genuss einer Sahnetorte oft Missbehagen einstellt, scheint auch Rache meist nicht dauerhaft zu befriedigen.

Ein Experiment mit US-Studenten, das dem Züricher Laborversuch ähnelte, ergab sogar, dass sich Rächer später schlechter fühlten als Menschen, die nicht strafen durften. Forscher vermuten, dass die Rächer auch nach erfolgreichem Vergeltungsschlag weiterhin über die erlittene Schmach nachgrübeln und so ihre negativen Gefühle über lange Zeit lebendig halten.

Hat der Gedemütigte dagegen überhaupt keine Möglichkeit zur Rache, neigt er dazu, das unangenehme Erlebnis vor sich selbst kleinzureden und schließlich ganz aus seinem Bewusstsein zu verdrängen – er denkt einfach nicht mehr daran.

Es scheint also, dass Menschen, die Rache üben, sich häufig über ihre wahren Erwartungen im Unklaren sind. Fast wie Marionetten werden sie von ihrem Gehirn zu einer Reaktion verlockt, die fast immer Nachteile und Risiken mit sich bringt, im schlimmsten Fall sogar selbstzerstörerisch ist – und oft nicht einmal auf Dauer die ersehnten guten Gefühle beschert.

Rache kann daher wohl nicht allein ein Akt der Selbstjustiz sein. Etliche Wissenschaftler sehen in ihr vielmehr das Gegenteil, ein Anzeichen für Selbstlosigkeit: Der Rächer trägt die Kosten, den Nutzen haben andere. Die Züricher Forscher sprechen gar von „altruistischem Bestrafen".

Denn so sinnlos Rache mitunter erscheinen mag, liegt ihr vermutlich doch ein evolutionärer Nutzen zugrunde: Sie hält menschliche Gemeinschaften zusammen.

Schließlich sind Polizei und Justiz relativ junge Errungenschaften der Menschheit; in manchen Gegenden der Welt ist die öffentliche Gerichtsbarkeit bis heute machtlos. Menschen sind jedoch hochsoziale Wesen, die normalerweise nur in der Gruppe zu überleben vermögen. Und sie sind darauf angewiesen, dass alle Mitglieder der Gemeinschaft kooperieren und sich an die Regeln des Zusammenlebens halten.

In einer Gesellschaft ohne jede Sanktion, also gewissermaßen einer rachelosen Kultur, würden Egoisten ungestraft die Gutwilligen ausnutzen. Unter solchen Bedingungen schwindet mit der Zeit die Kooperationsbereitschaft der Mitglieder, jeder wirtschaftet für sich – die Gruppe zerfällt. Im Verlauf der Evolution vermochten sich, wie Forscher vermuten, solche Sippen nicht zu behaupten. Denn in Krisenzeiten waren Menschen stets darauf angewiesen, sich gegenseitig zu unterstützen.

Der im menschlichen Hirn verwurzelte Rachetrieb hat sich demnach womöglich deshalb entwickelt, weil er ein machtvolles Instrument ist, widerspenstige Gruppenmitglieder zu disziplinieren. Allein das Wissen darüber, dass Regelverstöße geahndet werden, reicht oft bereits, um Menschen zu Wohlverhalten zu motivieren.

Und die erschreckende Tatsache, dass Rache mitunter exzessiv ausarten kann, dass ihr etwas Unberechenbares innewohnt, erhöht die Abschreckungswirkung noch.

Ein grausames Beispiel dafür sind die „Ehrenmorde", zu denen es heute noch in stark religiös geprägten, patriarchalischen Stammesgesellschaften kommt. Ihr Auslöser ist etwa, dass eine Frau (selten ein Mann) die rigide Sexualmoral verletzt. Diese Rachedelikte sind keine impulsiven Gewalttaten, sondern werden kühl geplant und vom Familienrat beschlossen. Dabei steht die Sippe unter hohem Druck, denn falls sie den archaischen Regeln nicht nachkommt, wird sie sozial geächtet. Deshalb nehmen Angehörige oft lieber Gefängnisstrafen in Kauf, als aus ihrem sozialen Umfeld ausgeschlossen zu werden.

Vor allem in Ländern, in denen die staatliche Gerichtsbarkeit schwach ist, greifen Menschen zu gewalttätigen Sanktionen. In Albanien und im Kosovo beispielsweise war die Blutrache vor 1990 so gut wie verschwunden. Doch in der rechtlichen Unsicherheit nach dem Untergang der kommunistischen Regime erlebte eine verzerrte Auslegung des „Kanun", des uralten Ehrenkodexes, eine Renaissance.

Seither kosteten Familienfehden fast 10 000 Menschen das Leben. Immer noch wagen sich aus Angst vor Vergeltung Tausende von Männern und zum Teil sogar minderjährige Jungen nicht aus dem Haus. Zielscheibe der Rächer sind oft gar nicht die Täter selbst, sondern unschuldige Mitglieder der gegnerischen Sippe. Mitunter liegen die Auslöser der Clanstreitigkeiten Jahrzehnte zurück, und die Fehden setzen sich über Generationen hinweg fort.

Über Jahre leben die Mitglieder der Familie Nikoli – auch die Enkel – im Schutz von 20 Häusern. Keiner der Jungen geht zur Schule, denn seit einiger Zeit sind sie nicht mehr durch den Kodex geschützt. Dessen uralte Regeln werden heute derart verzerrt ausgelegt, dass viele von ihnen ihre Gültigkeit verloren haben, darunter die über den Schutz Minderjähriger

Rache ist selten impulsiv, sondern wird meist kühl geplant

Auf weitaus harmlosere Weise, doch nach dem gleichen Prinzip, rächen sich Gruppen überall auf der Welt an

Wann hat das alles angefangen? Die Blutfehden in Albanien sind mitunter jahrzehntealt und werden von Generation zu Generation tradiert – die Familie Donda aus dem Dorf Perlat hat dabei bisher sechs ihrer Söhne verloren

unbotmäßigen Mitgliedern: Ein Schulmädchen, das mit seiner neuen teuren Kleidung protzt, wird geschnitten; ein Autofahrer, der auf dem Gehsteig parkt,

Memo: **RACHE**

- **Evolution:** Vermutlich hat sich die Rache als Sanktionsmittel von Clans etabliert, die so erfolgreicher kooperierten als Gemeinschaften ohne Strafe.
- **Biochemie:** Das Hirn eines Rächers schüttet Botenstoffe aus, die ihm ein Lustgefühl verschaffen.
- **Hauptmotiv:** Vergeltung stellt die Balance zwischen dem Rächer und seinem Gegenüber sowie die alte Souveränität wieder her.
- **Soziale Bedeutung:** Indem sie Fehlverhalten sanktioniert, hält Rache die Gesellschaft zusammen.

findet einen Aufkleber auf seiner Windschutzscheibe – oder vielleicht sogar einen Kratzer im Lack. Auf diese Weise verhindern menschliche Gemeinschaften, dass Einzelne sich über die Regeln der Gruppe erheben und deren Zusammenhalt sprengen.

Paradoxerweise ermöglicht also erst die Rache – diese destruktive Verhaltensweise –, dass Menschen zivilisiert zusammenleben und kooperieren. Und vor die Wahl gestellt, ziehen sie es offenbar sogar vor, sich einer Rache praktizierenden Gemeinschaft anzuschließen.

Das jedenfalls ergab ein Experiment an der Universität Erfurt. Im Gegensatz zu den Züricher Versuchsreihen spielten hier nicht zwei, sondern mehrere Partner um Geld. In jeder Runde durften alle Teilnehmer jeweils einen frei gewählten Betrag in einen gemeinsamen Topf geben. Anschließend wurde der Gesamtbetrag mit einem Faktor multipliziert und dann zu gleichen Teilen an jeden Mitspieler überwiesen – gleichgültig, wie viel Geld der Einzelne zum gemeinsamen Topf beigesteuert hatte. Nicht alle spielten gleich: Mancher gab die Hälfte seines Vermögens, andere gaben gar nichts.

Nach jeder Spielrunde konnten die Versuchspersonen zwischen zwei Gruppen hin- und herwechseln. In der einen Gruppe durfte jeder Spieler Regelverstöße auf eigene Kosten rächen, in der anderen hingegen durfte jeder ungestraft in die eigene Tasche wirtschaften.

Zunächst versammelten sich die meisten Versuchsteilnehmer in der Gruppe, in der Straflosigkeit herrschte. Doch da es bei dem Spiel auf Kooperation ankam, fielen die Gewinne dort mager aus.

Und so fanden sich nach wenigen Runden fast alle in den Reihen der Rächer wieder. □

Alexandra Rigos, 43, ist Wissenschaftsjournalistin in Berlin und hat für GEOkompakt zuletzt über die Besiedelung Amerikas geschrieben. Der griechische Fotograf **Nikos Economopoulos**, geboren 1953, hat für diese Dokumentation in abgelegenen Regionen Albaniens recherchiert.

GEOkompakt-Autoren

Eine Wildnis des Wissens

Expeditionen in die Welt der Forschung

Bei jeder Recherche versetze ich mich in die Rolle eines Entdeckers", sagt Bertram Weiß. „Es ist, als würde ich ein fremdes Land betreten. Eine Wildnis des Wissens, in der ich mich orientiere, Fakten sammle und über die Fülle der Details staune." Seit vier Jahren begibt sich der Autor, der Biologie und Journalistik studiert hat, für GEOkompakt auf Reisen in den Kosmos der Forschung.

Der Journalist Bertram Weiß, 27, lebt in Hamburg

Er erkundete unter anderem das Zeitalter der Saurier, beschrieb, wie die riesige Landmasse Pangaea auseinanderbrach, oder schilderte, weshalb Insekten und Blütenpflanzen vor vielen Jahrmillionen eine verblüffende Allianz eingingen, bei der die Sechsbeiner die Pollen der Gewächse verbreiten und im Gegenzug von diesen nahrhaften Nektar erhalten. Auf seinen Streifzügen durch die Wissenschaft lassen ihn vor allem jene Forscher nicht los, die den Mut hatten, über das Wissen ihrer Zeit hinauszudenken – und mit ihren Erkenntnissen die Sicht auf die Welt revolutionierten.

So porträtierte er den Astronom Nikolaus Kopernikus, der im 16. Jahrhundert die Erde aus dem Zentrum des Universums rückte. Oder den Navigator James Cook, der Mitte des 18. Jahrhunderts die erste wissenschaftliche Expedition überhaupt leitete. „Diese Forscher erinnern mich immer aufs Neue daran, dass sich Wissen ständig wandelt und erweitert", sagt Weiß.

Dass Wissenschaftler sich noch heute nicht immer auf die gleiche Erklärung für ein Phänomen einigen können, zeigte sich auch, als Weiß für diese Ausgabe dem Thema Altruismus nachging (siehe Seite 84).

BILDNACHWEIS/COPYRIGHT-VERMERKE

Anordnung im Layout: l. = links, r. = rechts, o. = oben, m. = Mitte, u. = unten

Titel: F1online
Editorial: Katrin Trautner f. GEOkompakt: 3 o.; Andrew Szabados 3 u.
Inhalt: Marion Poussier/Picturetank/Ag. Focus, Isabel Muñoz/laif, Howard Schatz, Mark Laita/gallery stock, Granger Collection/Ullsteinbild, Nikos Economopoulos/Magnum /Ag. Focus: S. 4 v. l. o. n. r. u.; David Maupilé f. GEOkompakt, James Nachtwey, Benno Kraehahn f. GEOkompakt, Corbis: S. 5 v. o. n. u.
Die helle und die dunkle Seite: Sebastião Salgado/Agentur Focus: 6/7; Lauren Greenfield/Institute: 8 o.; Daniel Müller/Ag. Focus: 8 u.; Nimai Chandra Ghosh: 8/9; Stephanie Sinclair/VII: 10/11; Apichart Weerawong/AP Photo: 11 o.; Christopher Morris: 11 u.; Jerry Lampen/Reuters: 12/13; Olivier Coulange/Agence VU: 13; Guillaume Herbault/Institute: 14 o.; Jocelyn Bain Hogg/VII Network: 14 u.; Paolo Pellegrin/ Magnum/Ag. Focus: 14/15; Tom Fecht/The New York Times/Redux/laif: 16 o.; Eve Arnold/Magnum/Ag. Focus: 16 u.; Lauren Greenfield/Institute: 16/17; Ian Berry/Magnum/Ag. Focus: 18/19; Patrik Giardino/Corbis: 19 o.; Tom Pilston/Panos: 19 u.; Claudine Doury/Agence VU/laif: 20/21; Marion Poussier/Picturetank/Ag. Focus: 21 o.; Laura Letinsky, Courtesy of the Artist and Yancey Richardson Gallery: 21 u.; Abbas/Magnum/Ag. Focus: 22/23 ; Alex Webb/ Magnum/Ag. Focus: 23 o. ; Pereira/Wong/4See/laif: 23 u.
Das düstere Erbe: Isabel Muñoz/laif: 25–33
Der Spiegel in uns: IN CHARACTER: ACTORS ACTING by Howard Schatz © Schatz Ornstein 2007 (Published by Bulfinch Press): 36–41
Der Mensch und die Moral: Mark Laita/gallery stock: 42–49, 52, 53; Rob Levine/Tetra Images/Corbis: 51; Oredia/Bildstelle: 54; Frank Sorge/Caro Foto: 55
Das gelbe Gefühl: Granger Collection/Ullsteinbild: 56–65; alimdi: 66
Das Streben nach Vergeltung: Nikos Economopoulos/Magnum/Ag. Focus: 68–74
Die Macht der Zuversicht: Rick Gayle Studio/Corbis: 78/79; Maciej Toporowicz/Flickr/Getty Images: 81
Altruismus: David Maupilé f. GEOkompakt: 84–95
Im Herz der Finsternis: David Maupilé f. GEOkompakt: 101–107 + 110
Unser zweites Gesicht: James Nachtwey: 112–120
Das Leben danach: Benno Kraehahn f. GEOkompakt: 124–136
Die Kunst der Täuschung: Bettmann/Corbis: 138; Corbis: 139; Imke Lass/laif: 140
Das Antlitz des Bösen: Corbis: 143; ullstein bild: 145; Friedrich Franz Bauer/bpk-images: 147; Hulton-Deutsch Collection/Corbis: 148; Scherl/SV Bilderdienst/ullstein bild: 151 l.; bpk-images/Bayerische Staatsbibliothek/Archiv Heinrich Hoffmann: 151 r.; Bettmann/Corbis: 152
Vorschau: Brian Christie Design: 154/155; Philippe Plailly/Eurelios/LookatSciences: 155 m.; Giorgia Fiorio/Contrasto/laif: 155 r.

GEOkompakt

Gruner + Jahr AG & Co KG, Druck- und Verlagshaus, Am Baumwall 11, 20459 Hamburg. Postanschrift der Redaktion: Brieffach 24, 20444 Hamburg, Telefon 040/37 03-0, Telefax 040/37 03 56 47, Telex 21 95 20. Internet: www.GEOkompakt.de

CHEFREDAKTEUR
Michael Schaper
KONZEPT DIESER AUSGABE
Rainer Harf
ART DIRECTOR
Torsten Laaker
TEXTREDAKTION
Jörn Auf dem Kampe, Dr. Henning Engeln
BILDREDAKTION
Lars Lindemann
Freie Mitarbeit: Susanne Gargerle, Roman Pawlowski, Katrin Trautner
VERIFIKATION
Susanne Gilges, Bettina Süssemilch
Freie Mitarbeit: Regina Franke, Kirsten Milhahn, Stefan Sedlmair
TEXTE
Malte Henk, Jens Schröder
Freie Mitarbeit: Dr. Ralf Berhorst, Ute Eberle, Esther Göbel, Dirk Liesemer, Mathias Mesenhöller, Marco Mewes, Martin Paetsch, Jasmin Paul, Alexandra Rigos, Johannes Schneider, Martin Skoeries, Prof. Dr. Dieter Thomä, Bertram Weiß, Sebastian Witte
CHEFS VOM DIENST
Dirk Krömer
Rainer Droste (Technik)
SCHLUSSREDAKTION
Ralf Schulte
REDAKTIONSASSISTENZ: Ursula Arens, Sabine Stünkel
HONORARE: Angelika Györffy
Verantwortlich für den redaktionellen Inhalt: Michael Schaper
HERAUSGEBER: Peter-Matthias Gaede
GESCHÄFTSFÜHRENDE REDAKTEURE
Martin Meister, Claus Peter Simon
VERLAGSLEITUNG: Dr. Gerd Brüne, Thomas Lindner
GESAMTANZEIGENLEITUNG: Heiko Hager, G + J Media Sales
VERTRIEBSLEITUNG: Ulrike Klemmer, Deutscher Pressevertrieb
MARKETING: Antje Schlünder (Ltg.), Patricia Korrell
HERSTELLUNG: Oliver Fehling
ANZEIGENABTEILUNG: Anzeigenverkauf: G + J Media Sales/Direct Sales: Sabine Plath, Tel. 040 / 37 03 38 89, Fax: 040 / 37 03 53 02; Anzeigendisposition: Anja Mordhorst, Tel. 040 / 37 03 23 38, Fax: 040 / 37 03 58 87
Es gilt die GEO-Sonderhefte-Anzeigenpreisliste Nr. 6/2010

Der Export der Zeitschrift GEOkompakt und deren Vertrieb im Ausland sind nur mit Genehmigung des Verlages statthaft. GEOkompakt darf nur mit Genehmigung des Verlages in Lesezirkeln geführt werden.
Bankverbindung: Deutsche Bank AG Hamburg, Konto 0322800, BLZ 200 700 00
Heft-Preis: 8,50 Euro (mit DVD: 15,90 Euro)
ISBN 978-3-570-19928-2 (978-3-652-00047-5)

ISSN 1614-6913
Litho: 4mat Media, Hamburg
Druck: Mohn Media Mohndruck GmbH, Gütersloh
Printed in Germany

GEO-LESERSERVICE

FRAGEN AN DIE REDAKTION
Tel.: 040/37 03 20 73 Fax: 040/37 03 56 48, E-Mail: briefe@geo.de

ABONNEMENT- UND EINZELHEFTBESTELLUNG

KUNDENSERVICE UND BESTELLUNGEN
Anschrift:
GEO-Kundenservice
20080 Hamburg
pers. erreichbar:
Mo.-Fr. 7.30 bis 20.00 Uhr
Sa. 9.00 bis 14.00 Uhr
E-Mail: geo-service@guj.de
Tel. innerhalb Deutschlands: 01805/861 80 00*
Tel. außerhalb Deutschlands: +49/1805/861 00 00
Telefax: +49/1805/861 80 02
24-Std.-Online-Kundenservice: www.meinabo.de/service
Preis Jahresabonnement 31,00 € (D) / 35,80 € (A) / 64,00 CHF (CH)
Preise für weitere Länder auf Anfrage erhältlich

BESTELLADRESSE FÜR GEO-BÜCHER, GEO-KALENDER, SCHUBER ETC.

KUNDENSERVICE UND BESTELLUNGEN
Anschrift: GEO-Versand-Service, Werner-Haas-Straße 5, 74172 Neckarsulm
Tel.: +49/1805/06 20 00*
Fax: +49/1805/08 20 00*
E-Mail: service@guj.com
*14 Cent/Min. aus dem deutschen Festnetz, Mobilfunkpreis max. 42 Cent/Min.

die neuen GEO-Kalender 2011.

EO SAISON-Kalender »Deutschland«

lder zum Verlieben: In einem prachtvollen Kalender versammeln ch romantische deutsche Landschaften mit schneebedeckten Gipfeln, ühenden Wiesen und weiten, weißen Stränden – Sehnsuchtsziele gleich benan.

rmat: 50x45 cm, Preis: € 29,– / € 29,30 (A) / CHF 44.50
st-Nr.: G 692500

GEO SAISON-Kalender »Schottland«

Wo die Geister der schottischen Sagenwelt hausen.
Das Kalender-Schmuckstück fängt Szenarien von schroffer Schönheit ein: Burgen, Seen, hohe Berge und üppig blühende Heidelandschaften.

Format: 50x45 cm, Preis: € 29,– / € 29,30 (A) / CHF 44.50
Best-Nr.: G 692600

eich Coupon ausfüllen nd absenden an:

EO Shop
unden-Service
0080 Hamburg

och schneller geht's per elefon:
18 05/06 20 00**

ax:
18 05/08 20 00**

tte Kennziffer 700272 angeben.

Diese Rabattaktionen sind nicht miteinander kombinierbar.

14 Cent/Min. aus dem dt. Festnetz, max. 42 Cent/Min. aus dem dt. Mobilfunknetz.

GEO Shop
Das Beste von GEO

Ihr GEO-Kalender-Bestellcoupon

Ja, ich bestelle folgende GEO-Kalender (versandkostenfrei ab € 100,– Bestellwert, sonst € 3,32 Versandkostenanteil).

Menge***	Bestellnummer	Einzelpreis	Kalenderbezeichnung	Gesamtpreis
	G 692300	€ 29,– / € 29,30 (A) / CHF 44.50	Special-Kalender »Amerikas Küsten«	
	G 691900	€ 99,– / € 99,90 (A) / CHF 149.–	Panoramakalender »Lichte Weiten«	
	G 692400	€ 29,– / € 29,30 (A) / CHF 44.50	Special-Kalender »Meerestupfer«	
	G 692500	€ 29,– / € 29,30 (A) / CHF 44.50	SAISON-Kalender »Deutschland«	
	G 692600	€ 29,– / € 29,30 (A) / CHF 44.50	SAISON-Kalender »Schottland«	

***Solange der Vorrat reicht. Summe

Meine Adresse:

Name

Vorname

Geburtsdatum 19

Straße/Nr.

PLZ

Wohnort

Telefon-Nr.

E-Mail-Adresse

☐ Ja, ich bin damit einverstanden, dass GEO und Gruner+Jahr mich künftig per Telefon oder E-Mail über interessante Angebote informieren.

Ich bin Abonnent eines GEO-Titels und erhalte 10 % Rabatt.
Meine Abonnenten-Nummer:

Der GEO-Abonnentenrabatt ist nicht mit dem 10%-Rabatt kombinierbar.

☐ Ich zahle bequem per Bankeinzug:

Bankleitzahl

Kontonummer

Geldinstitut

Datum

✗ Unterschrift

☐ Ich zahle per Rechnung.
Rückgaberecht: Wenn Ihnen ein Artikel nicht zusagt, können Sie ihn innerhalb von 14 Tagen an uns zurücksenden.

Kennziffer: 700272

Optimismus

Die Macht der Zuversicht

Text: Dirk Liesemer

Voller Ungeduld wartet Martin Seligman auf einen Telefonanruf, als er am 14. August 1996 durch die Rocky Mountains fährt. An diesem Tag entscheidet sich, ob der 54-Jährige zum Vorsitzenden der American Psychological Association (APA) gewählt wird, einer Vereinigung von 150 000 Psychologen. Endlich klingelt sein Mobiltelefon. „Die Abstimmung war nicht…", hört er. Dann bricht die Verbindung ab. Obwohl Seligman nicht weiß, wie der Satz endet, verliert er jede Hoffnung.

Seit Jahrzehnten beschäftigt sich Seligman da bereits mit Menschen, denen der Lebensmut fehlt – die nicht mehr daran glauben, ihr Schicksal werde sich zum Guten wenden. Nun spürt er selbst, wie Zweifel jede Zuversicht ersticken.

Schließlich ruft er einen Kollegen an. Und erfährt, dass seine Befürchtungen grundlos waren – der Psychologenverband hat beschlossen, ihn zum Präsidenten zu ernennen. Und mehr noch: Nie zuvor hat ein Kandidat die Wahl mit so großem Vorsprung gewonnen.

Dieses Erlebnis, so berichtet der Wissenschaftler später, gibt ihm einen weiteren Anstoß, sich für ein neues Forschungsfeld innerhalb der Psychologie einzusetzen. Denn lange schon ist Seligman davon überzeugt, dass seine Kollegen sich zu sehr darauf konzentrieren, die Ursachen seelischer Schwächen zu ergründen, den Wurzeln von Traumata und Ängsten, Depressionen und Neurosen nachzuspüren.

Psychologen würden, so Seligman, kaum je nach den positiven Kräften der Psyche fragen, sondern vor allem danach, weshalb es uns schlecht gehe, woran unsere Seele leide. Allzu häufig würden sie erst dann aktiv, wenn jemand bereits seelisch erkrankt sei.

Immerhin wissen Forscher damals schon, dass manche Menschen über erstaunliche Fähigkeiten verfügen, die sie fast immun gegen Schwermut und Pessimismus machen – Kinder etwa, die unter schwierigsten Bedingungen aufwachsen und dennoch stabile Persönlichkeiten entwickeln. Menschen, die trotz Vernachlässigung, Streit und Gewalt in der Familie (mitunter sogar nach einem Missbrauch) keinerlei Traumata zeigen. Und die später weder besonders aggressiv, misstrauisch oder feindselig gegenüber anderen auftreten noch kriminell werden.

Offenbar besitzen diese Menschen eine besondere Widerstandsfähigkeit – Wissenschaftler sprechen von Resilienz (von lat. *resilire* = abprallen).

Kurz nach seinem Amtsantritt fordert Seligman daher vor der APA, seine Zunft solle endlich die Stärken der Seele, die natürlichen Heilkräfte der Psyche, das Positive, die Quellen der Zuversicht erforschen.

„Positive Psychologie" nennt er die neue Disziplin. Sie soll Antworten auf grundlegende Fragen finden: Weshalb blicken manche Menschen zuversichtlicher als andere in die Zukunft? Warum verlieren einige trotz aller Schicksalsschläge nie ihre positive Weltsicht?

Worin wurzelt dieser unerschütterliche Glaube an das Gute? Was fördert oder schwächt ihn – und wie prägt er unsere Biografie? Hat er einen positiven Einfluss auf unser Leben? Und lässt er sich erlernen?

Kurz: Was verbirgt sich hinter dem Phänomen „Optimismus"?

INZWISCHEN SUCHEN nicht nur Psychologen, sondern auch Sozialwissenschaftler und Hirnforscher nach den Kraftquellen der Zuversicht. Um Optimisten von Pessimisten zu unterscheiden, benutzen die Forscher zumeist ein einfaches Instrument: Sie bitten Menschen, auf einer Skala (etwa von eins bis fünf) einzuschätzen, in welchem Maße sie damit rechnen, dass die Zukunft für sie Gutes oder Schlechtes bereithält.

Mit differenzierten Fragebögen loten die Wissenschaftler anschließend aus,

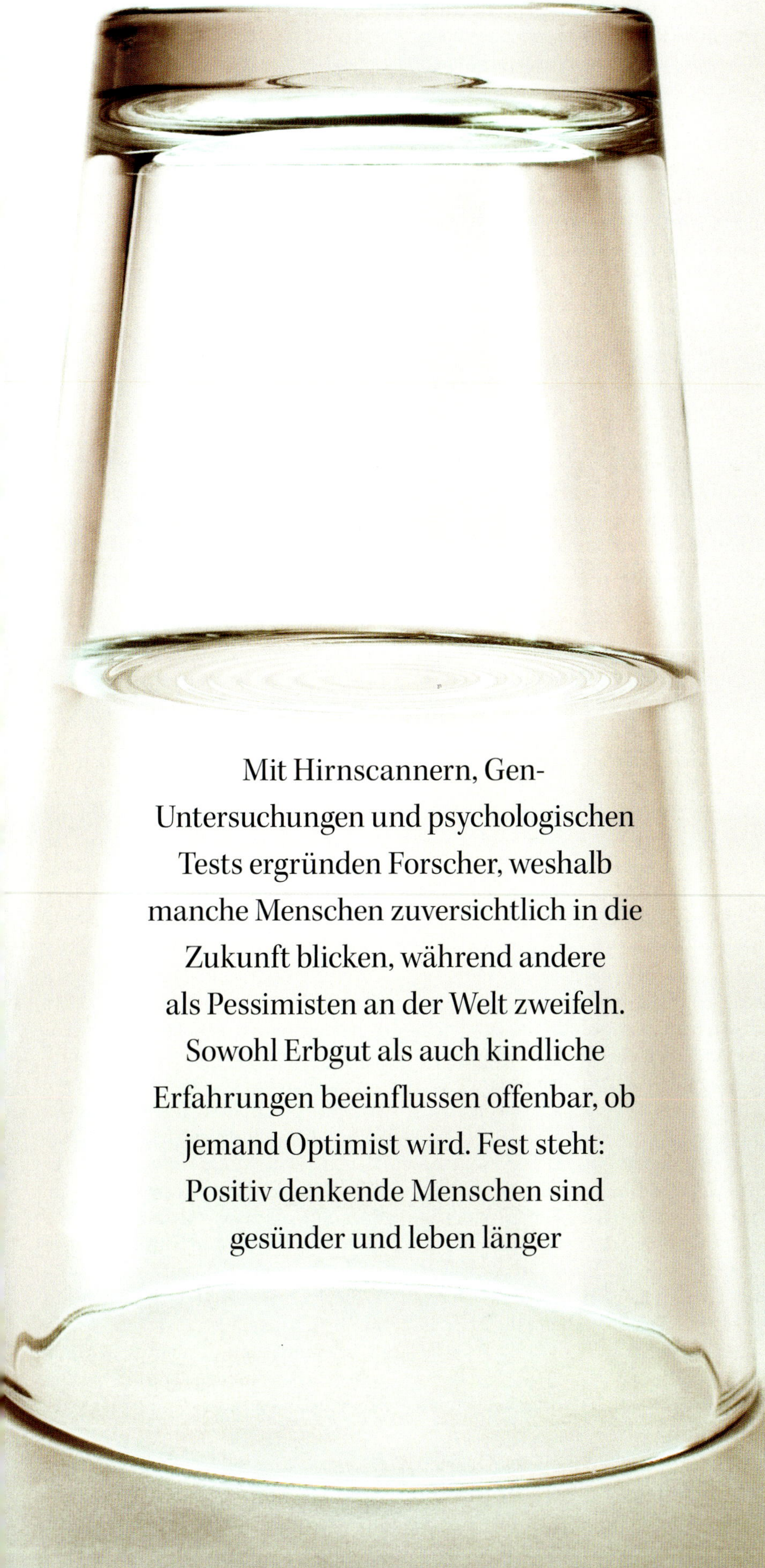

Mit Hirnscannern, Gen-Untersuchungen und psychologischen Tests ergründen Forscher, weshalb manche Menschen zuversichtlich in die Zukunft blicken, während andere als Pessimisten an der Welt zweifeln. Sowohl Erbgut als auch kindliche Erfahrungen beeinflussen offenbar, ob jemand Optimist wird. Fest steht: Positiv denkende Menschen sind gesünder und leben länger

wie stark die jeweilige Lebenshaltung variiert: bei der Arbeit, in Partnerschaften, der Freizeitgestaltung.

Auf diese Weise haben sie herausgefunden, dass es offenbar weit mehr Optimisten als Pessimisten gibt (zumindest nach Selbsteinschätzung der Befragten). So ließen sich in einer US-Studie mehr als zwei Drittel der Befragten als „optimistisch" einstufen, und die jährlichen Erhebungen des Deutschen Instituts für Wirtschaftsforschung in Berlin zeigen gar, dass etwa 90 Prozent der Deutschen positiv in die Zukunft blicken.

Untersuchungen haben zudem gezeigt, dass jeder Zweite schmerzhafte Erlebnisse überwindet, ohne seelische Wunden davonzutragen und ohne seine Lebenszuversicht zu verlieren. Selbst dann nicht, wenn ein geliebter Mensch bei einem Unglück oder nach längerer Krankheit ums Leben kommt.

Zuversicht und Misstrauen werden, wie weltweite Studien ergeben haben, erstaunlicherweise kaum von der jeweiligen Kultur und den Lebensumständen im Erwachsenenalter beeinflusst. Stärker, so scheint es, prägen zwei andere Faktoren, wie lebensbejahend wir sind:

- unser Erbgut;
- all die Erfahrungen, die wir im Laufe unseres Lebens sammeln, vor allem in der Kindheit und Jugend – jener Zeit, in der unser Gehirn heranreift.

DEN FAKTOR GENETIK leiten Forscher unter anderem aus Zwillingsstudien ab. So gleichen eineiige Geschwister einander in Eigenschaften, die Psychologen als Merkmale optimistischer oder pessimistischer Grundhaltungen deuten. Selbst wenn die Zwillinge getrennt aufwachsen, zeigen sie sich ähnlich aufgeschlossen, selbstbewusst und kreativ – oder aber schüchtern, skeptisch und missmutig.

Nach Ansicht des Neurobiologen Gerhard Roth von der Universität Bremen hängen bestimmte Persönlichkeitsmerkmale wie etwa Aufgeschlossenheit, Zutrauen oder Kreativität nur in geringem Maße von der Umwelt ab. Welche grundlegenden Charakterzüge wir entwickeln, wird demnach zu einem wesentlichen Teil von unseren Genen gesteuert, ist uns also gewissermaßen in die Wiege gelegt und verankert sich nach und nach in unserem Gehirn.

So haben Forscher vor wenigen Jahren zwei Bereiche im Gehirn ausgemacht, in denen neben anderen Emotionen auch der Optimismus entsteht: die sogenannte Amygdala, die unter anderem Angst und Aggression steuert und Verstand und Gefühle miteinander verbindet, sowie eine stirnnahe Region des Denkorgans – der anteriore cinguläre Kortex, der ebenfalls eine wichtige Rolle bei der Verarbeitung und Regulation von Emotionen spielt.

Mithilfe von Magnetresonanztomographen haben die Wissenschaftler die Gehirne von Probanden durchleuchtet. Die Scans zeigen deutlich, dass diese beiden Hirnareale immer dann aktiv werden, wenn Menschen positive Erwartungen hegen, wenn sie mit Zuversicht an zukünftige Pläne denken und guter Hoffnung sind, ihre Ziele zu erreichen. Negative Aussichten oder pessimistische Gedanken an vergangene Ereignisse führen umgekehrt dazu, dass die entsprechenden Areale stumm bleiben. Bei depressiven Menschen, die jeden Lebensmut verloren haben, stellen sie ihre Funktion sogar gänzlich ein.

Wie genau sich die Grundhaltung vererbt, welche Gene daran beteiligt sind und wie stark sich Zuversicht oder Skepsis von den Eltern auf die Kinder übertragen, ist bisher unklar. Noch fehlen Langzeitstudien, die zeigen, in welchem Maße Optimismus und Pessimismus von Generation zu Generation weitergegeben werden.

Eines allerdings steht fest: Nicht allein Gene bestimmen, wie sich die Nervenzellen in unserem Gehirn miteinander verknüpfen. Die Entwicklung des Denkorgans wird ebenso maßgeblich von kindlichen Erfahrungen beeinflusst. Die Psychologen sprechen vom „emotionalen Lernen".

UND DAS BEGINNT offenbar bereits während der Schwangerschaft: Vom sechsten Monat an vermag das Ungeborene den Herzschlag seiner Mutter zu hören und sogar deren Gefühle wahrzunehmen. Denn je nachdem, ob die Mutter eher gelassen ist oder sich ängstigt, zirkulieren Hormone in unterschiedlicher Konzentration in ihrem Körper. Wenn eine Schwangere also unter Dauerstress leidet, schütten ihre Nebennieren Adrenalin und Noradrenalin aus; diese Hormone lösen wahrscheinlich auch beim Fötus Stress und Ängste aus und vermitteln ihm dadurch, dass die Umwelt unbehaglich ist.

Fühlt sich die werdende Mutter dagegen geborgen und blickt zuversichtlich ins Leben, überträgt sich diese Grundhaltung auch auf das Ungeborene – das zumindest vermuten etliche Forscher.

Während der ersten Lebensjahre trägt die Bindung zu den Eltern dann wesentlich zur Ausbildung einer eher positiv-vertrauensvollen oder skeptisch-misstrauischen Lebenssicht bei. Manche Kinder treten schon früh selbstbewusst, interessiert und abenteuerlustig auf.

Doch selbst der Charakter jener Kinder, die – möglicherweise aufgrund ihrer genetischen Veranlagung – eher schüchtern sind, die zurückhaltend und grübelnd auf ihre Umwelt reagieren, ist besonders in jungen Jahren formbar. Vor allem dann, wenn Eltern die Interessen und Talente ihrer Nachkommen fördern, sie verlässlich umsorgen und ihnen das Gefühl von Geborgenheit vermitteln, entwickeln die Kinder eine natürliche Zuversicht: Sie vertrauen auf ihre Stärken und erfahren, dass sie tatsächlich in der Lage sind, ihre Ziele zu erreichen.

Zudem fördert eine liebevolle, warmherzige Atmosphäre innerhalb der Familie die Selbstwahrnehmung von Mädchen und Jungen und die Gewissheit, dass das Leben Gutes bereithält. So können verantwortungsbewusste Eltern ihre Kinder durchaus dabei unterstützen, die natürlichen Widerstandskräfte der Psyche zu aktivieren, also ihre Resilienz zu stärken.

In zahlreichen Studien haben Forscher herausgefunden, dass die meisten Heranwachsenden, die trotz widrigster

Umstände ihre Zuversicht nicht verlieren, unter anderem eines gemein haben: Sie kennen mindestens einen Menschen, dem sie sich anvertrauen können – ein Elternteil, die Großmutter, ein Lehrer oder Schulkamerad. Eine Bezugsperson, die sie um Rat fragen können und die ihnen vorlebt, wie man Probleme löst.

Dieser sichere Halt außerhalb des problematischen Umfeldes festigt ihre Zuversicht und den Glauben daran, das Leben positiv beeinflussen zu können.

Wenn Kinder dagegen die Erfahrung machen, in bestimmten Situationen von ihren Eltern alleingelassen zu werden, oder wenn sie ihre Sorgen mit niemandem teilen können, keimt Misstrauen gegenüber der Welt. Dann birgt die Zukunft in ihren Augen vor allem Böses. Diese negativen Gefühle prägen die innere Haltung, machen die Kinder trübsinnig und pessimistisch.

Auf diese Art entwickelt jeder Heranwachsende eine „höchst individuelle Zufriedenheits-Norm", wie Gerhard Roth die Einstellung eines jeden Menschen zu seinem Leben und der Umwelt nennt. Sie verfestigt sich mit dem Erwachsenwerden und erweist sich in der Tendenz ein Leben lang als robust – gleichgültig, ob sie eher optimistisch oder pessimistisch gefärbt ist.

Denn ist die Grundhaltung einmal geformt, hält sie sich bei den meisten gewissermaßen selbst aufrecht.

DIESES PHÄNOMEN hat auch die Optimismus-Forscherin Suzanne Segerstrom von der Universität Kentucky beobachtet. Seit Jahren untersucht die Psychologin, wie stark sich zuversichtliche Menschen von Skeptikern unterscheiden, wenn es darum geht, den Alltag zu gestalten und sich auf eine neue Lebenssituation einzustellen – beispielsweise das erste Semester an der Universität zu meistern.

In der Bewältigung jener Lebensphase offenbare sich beispielhaft das Erfolgsrezept der Optimisten, so Suzanne Segerstrom. Denn gerade in Zeiten des Umbruchs wird die Zuversicht eines jeden auf die Probe gestellt. Die meisten Erstsemester stehen vor ähnlichen Herausforderungen: Sie müssen sich nach einem Umzug in einer fremden Stadt zurechtfinden, neue Freunde suchen und ihren Stundenplan organisieren.

Suzanne Segerstrom hat festgestellt, dass fast alle Studenten – Optimisten wie Pessimisten – zu Beginn ihres Studiums ähnliche Ziele verfolgen: Sie wollen Kommilitonen kennenlernen, Sport treiben und sich möglichst gewissenhaft auf die anstehenden Prüfungen vorbereiten.

Doch bereits kurz nach der Immatrikulation folgen sie gänzlich unterschiedlichen Methoden. Das zeigt sich schon bei kleineren Herausforderungen, wie etwa dem Anfertigen einer Seminararbeit oder ersten Zwischenprüfungen. Erreichen Pessimisten ihre Ziele nicht gleich, beginnen sie zu grübeln, denken immer wieder über eigene Unzulänglichkeiten nach und schieben die Arbeit auf. Ihnen mangelt es schlicht an Durchhaltevermögen.

Optimisten dagegen suchen beständig nach Lösungen. Wenn sie Schwierigkeiten haben, holen sie sich zur Not Rat, konzentrieren sich auf die ihnen gestellten Aufgaben, lassen sich nicht durch störende Gedanken ablenken.

Und vor allem: Sie geben nicht auf.

Das heißt nicht, dass Optimisten stets zu den besten Studenten gehören. Doch sie stellen sich weitaus effektiver dem Wettbewerb an der Universität.

So lassen sie sich eher inspirieren, wenn Kommilitonen bessere Noten erzielen, während sich Pessimisten von leistungsstärkeren Mitstreitern oft eingeschüchtert fühlen. Und wenn sich Optimisten mit schlechteren Studenten vergleichen, erkennen sie ihre persönlichen Stärken umso mehr – während sich die Gedankenwelt der Pessimisten oft nur um die eigenen Schwächen dreht und sie selbst Erfolge häufig nicht ihrem eigenen Können zuschreiben, sondern auf den Zufall zurückführen.

Nach dem ersten Jahr an der Universität brechen pessimistische Studenten daher mit doppelt so hoher Wahrscheinlichkeit ihr Studium ab wie ihre zukunftsgläubigen Kommilitonen.

ZUNÄCHST MÖGEN es also nur Gedanken sein, die Optimisten und Pessimisten voneinander trennen. Doch den Gedanken folgen Taten und darin offenbart sich das vermutlich wichtigste Phänomen der unterschiedlichen Ansichten: Die jeweilige Lebenseinstellung schafft ihre eigene Realität – und bestätigt sich damit oftmals selbst.

Schon im Mutterleib werden **Menschen emotional geprägt**

Suzanne Segerstrom spricht vom „Dynamo des Optimismus", der sich selbst am Laufen hält: Ein zuversichtlicher Mensch handelt, und je stärker er daran glaubt, dass die Zukunft Gutes bereithält, desto weniger lässt er sich von möglichen Problemen entmutigen, desto zielorientierter kann er also an seinen Plänen arbeiten. Das wiederum erhöht die Wahrscheinlichkeit, dass er seine Ziele wirklich erreicht. Hat er Erfolg, bestärkt dies den Optimisten wiederum in seinem Glauben an das Gute.

Bei Pessimisten dreht sich der Dynamo genau umgekehrt.

„**Ein Jahrhundert** lang waren Vokabeln wie ‚Eignung' und ‚Begabung' die Schlüsselwörter für akademischen Erfolg", sagt Martin Seligman, „ich aber bin überzeugt davon, dass der Begriff der Begabung ohne den Begriff des Optimismus sehr wenig Bedeutung hat."

Selbst Stress empfinden Optimisten und Pessimisten höchst unterschiedlich. Menschen, die für ihre Zukunft schwarzsehen, erleben Stressphasen als anstrengend und zermürbend, ja selbst nach erfolgreicher Arbeit fühlen sie sich mitunter entmutigt und energielos.

Umgekehrt erleben viele Optimisten in Belastungsphasen geradezu das Gegenteil: Sie verspüren vor allem unter Leistungsdruck Erfüllung und Genugtuung. Die Arbeit gibt ihnen mehr Energie, als sie ihnen raubt.

In diesen Momenten höchster Konzentration identifizieren sich Menschen so stark mit ihrer Tätigkeit, dass sie völlig darin aufgehen, an nichts anderes mehr denken und oftmals ein Gefühl des Fließens erleben. Bergsteiger spüren, wie ihre Finger scheinbar mit dem Fels verschmelzen. Geigenspieler fühlen sich von einem Strom aus Tönen mitgerissen. Mathematiker versinken in einer Welt aus Zahlen.

Es ist der Rausch einer perfekten Choreografie. Mihaly Csikszentmihalyi, renommierter Psychologe an der Universität Chicago, hat für das positive Stresserleben den mittlerweile in Fachkreisen geläufigen Begriff „Flow" (engl. „fließen") geprägt.

Eine Kollegin des Forschers hat untersucht, was im Gehirn von Menschen geschieht, die Flow-Erlebnisse haben. In einer umfangreichen Labor-Studie sollten sich Probanden auf Töne oder künstlich erzeugte Lichtblitze konzentrieren. Währenddessen wurde gemessen, wie die Großhirnrinde die optischen und akustischen Reize verarbeitet.

Das frappierende Resultat: Je intensiver sich jene Testpersonen, die schon häufig Flow-Erlebnisse gehabt hatten, konzentrierten, desto stärker sank die Aktivität in der Großhirnrinde – jenem Teil des Denkorgans, der unter anderem das menschliche Bewusstsein erzeugt.

Diese Versuchsteilnehmer waren offenbar fähig, die geistige Aktivität in fast allen Informationskanälen herunterzufahren – bis auf ebenjenen, der die Lichtblitze oder die Töne verarbeitete, so Csikszentmihalyi.

Die Gehirne jener Probanden dagegen, die angaben, nur selten ein „Gefühl des Fließens" erlebt zu haben, offenbarten ein ganz anderes Bild. Während des Experiments arbeitete ihre Großhirnrinde weitaus stärker als bei den optimistischen Kandidaten. Sich zu konzentrieren verlangte ihnen demnach mehr geistige Arbeit ab. Man könnte also durchaus schlussfolgern, dass Optimisten energiesparend denken.

Optimisten neigen zu Problembewusstsein **– aber auch zur Selbstüberschätzung**

Dennoch erweist sich ein optimistisches Gemüt nicht in jedem Fall als Vorteil. So neigen manche Menschen dazu, die Realität zu positiv zu sehen und ihre Fähigkeiten zu überschätzen – Forscher sprechen von „Über-Optimisten".

Solche Menschen, das haben Wirtschaftswissenschaftler der Duke-Universität in North Carolina herausgefunden, gehen eher finanzielle Risiken ein, sie sparen weniger Geld, investieren mehr in unsichere Aktien, treffen leichtfertiger wichtige Lebensentscheidungen und verschulden sich oft.

Zudem unterschätzen sie gesundheitliche Risiken: Sie rauchen häufiger und ignorieren die Gefahr, an Lungenkrebs zu erkranken. Sie trinken Alkohol, ohne sich allzu sehr darum zu sorgen, süchtig zu werden.

Jene Optimisten dagegen, die ihre Fähigkeiten nicht überschätzen, sondern wissen, wo ihre Grenzen liegen, leben im Durchschnitt gesünder als Schwarzmaler. Denn der Glaube an das Gute hält nicht nur geistig, sondern auch körperlich fit.

So zeigen US-Studien, dass zuversichtliche Patienten Herzoperationen besser überstehen. Sie vermögen eher aus dem Bett aufzustehen als Pessimisten und sorgen aktiv für ihre Genesung.

Sie bewegen sich beispielsweise besonders viel, um so Thrombosen vorzubeugen, und treiben schon nach wenigen Monaten leichten Sport.

Pessimistisch gestimmte Menschen dagegen werden im Durchschnitt später aus dem Krankenhaus entlassen, suchen anschließend weit seltener neue Beschäftigungen – und erleben dreimal häufiger erneute Herzerkrankungen.

Eine Studie von Martin Seligman belegt die heilsame Kraft der Zuversicht. Zusammen mit Kollegen hat der Psychologe mehr als 200 Fragebögen aus dem Jahr 1946 ausgewertet. Darin berichteten Absolventen der Universität Harvard über ihre Kriegserlebnisse. Anhand aufwendiger Textanalysen untersuchten die Wissenschaftler, ob in den Antworten optimistische oder pessimistische Untertöne mitschwangen.

Anschließend prüften die Forscher empirisch, ob die Ergebnisse der Analysen Aufschluss über den späteren Gesundheitszustand der Befragten gaben (über den Lebensweg der ehemaligen Studenten lagen bis zum Rentenalter ausführliche Informationen vor).

Das Ergebnis: Zwar zeigte sich, dass alle Veteranen bis zum 45. Lebensjahr ähnlich gesund waren. Danach aber wiesen die Optimisten im Durchschnitt eine deutlich bessere Konstitution auf.

Aus einer Arbeit der Universität Kentucky geht gar hervor, dass Menschen mit positiver Haltung länger leben. Psychologen analysierten die selbst verfassten Lebensläufe von 180 amerikanischen Ordensschwestern (die Nonnen glichen einander in ihrer Lebensführung und boten sich daher für eine vergleichende Studie an).

Das Fazit: Von jenen Schwestern, die als besonders optimistisch bewertet wurden, erreichten 90 Prozent ein Alter von mindestens 85 Jahren. Unter den pessimistischen Schwestern erlebten nur 34 Prozent den 85. Geburtstag.

Wenn der Glaube an das Gute zu mehr Tatendrang, Lebensfreude und Enthusiasmus führt als der Glaube an das Schlechte, dann lassen sich Optimisten möglicherweise sogar an ihrer Mimik erkennen – das jedenfalls nehmen Wissenschaftler der Universität von Kalifornien in Berkeley an.

Die Forscher betrachteten die Porträts von 141 Mädchen im Jahrgangsbuch einer College-Abschlussklasse und versuchten allein anhand der Momentaufnahme des Lächelns (bis auf drei Mädchen lachten alle auf den Fotos) auf die jeweilige Lebenshaltung der Absolventinnen zu schließen.

Nach Jahren kontaktierten sie die ehemaligen Schülerinnen und erfuhren: Jene Frauen, welche die Wissenschaftler als lebensmutig eingeschätzt hatten, waren tatsächlich häufiger und länger verheiratet und führten ein zufriedeneres Leben.

Was die Optimistinnen verraten hatte, war das besondere Zusammenspiel zweier Gesichtsmuskeln, das der französische Neurologe Guillaume-Benjamin Amand Duchenne bereits Mitte des 19. Jahrhunderts entdeckt hatte: das des Großen Jochbein- und des Augenringmuskels.

Wenn die sich anspannen, ziehen sich unsere Mundwinkel nach oben, und in den Augenwinkeln bilden sich strahlenförmige Falten, die sogenannten Krähenfüße. Willentlich lässt sich

Memo: **OPTIMISMUS**

- ▶ **Im Gehirn** gibt es bestimmte Areale, die bei Optimisten aktiv sind, bei Pessimisten hingegen nicht.
- ▶ **Das Erbgut** beeinflusst, ob ein Mensch zur Zuversicht neigt.
- ▶ **Erfolgserlebnisse** in der Kindheit stärken die Selbstwahrnehmung und das Vertrauen in die Zukunft.
- ▶ **Kultur und Lebensumstände** im Erwachsenenalter haben weniger Einfluss darauf, ob jemand Optimist ist.
- ▶ **Optimismus** stärkt das Selbstwertgefühl und dies die Zuversicht – eine positive Rückkopplung.

dieses wahre Lachen, das aus dem Inneren kommt und von Zuversicht kündet, nur schwer imitieren.

UND DOCH KÖNNEN Menschen, wie Forscher in den vergangenen 15 Jahren herausgefunden haben, auch als Erwachsene ihre Grundhaltung verändern. Denn das Gehirn bleibt ein Leben lang plastisch und formbar, selbst bei älteren Menschen bilden die Neuronen ständig neue Verknüpfungen. Das heißt: Auch Erwachsenen bietet sich ein Spielraum, ihre Sicht auf die Welt zu wandeln, umzudenken, die Zuversicht zu fördern.

Psychologen haben verblüffend einfache Methoden entwickelt, mit denen sich Optimismus trainieren lässt. Die Psychologin Madelon Peters etwa untersucht an der Universität von Maastricht die Wirkung von Visualisierungstechniken: Dabei schreiben Probanden auf, was sie sich für ihre Persönlichkeit, ihre Beziehungen, ihr Arbeitsleben wünschen.

Anschließend werden diese Wünsche auf Tonband aufgezeichnet, und die Testpersonen müssen diese Aufnahmen abends kurz vor dem Einschlafen anhören und sich währenddessen ihre Wünsche bildlich vorstellen.

Erste Ergebnisse zeigen, dass die Methode durchaus funktioniert: Schon nach wenigen Tagen denken Menschen, die sich regelmäßig ihre Träume vor Augen führen, deutlich optimistischer als zuvor.

Suzanne Segerstrom hat ein ähnliches Trainingsprogramm entwickelt: Die Wissenschaftlerin fordert Menschen auf, eine Art „Optimismus-Tagebuch" zu führen, in dem sie positive Gedanken, Wünsche und Erlebnisse festhalten.

In einer ihrer Studien sollten sich HIV-Patientinnen beim Verfassen ihrer Einträge vorstellen, dass sie künftig statt etlicher Medikamente nur noch eine Tablette am Tag einnehmen müssten.

Es war nur ein Gedanke, der Wunsch nach einer angenehmeren Therapie. Und doch: Allein die Idee, der in Worte gefasste Traum, bewirkte, dass selbst die Pessimistinnen unter den Patientinnen binnen vier Wochen deutlich optimistischer dachten.

Manchmal helfen schon kleine Notizen, damit Menschen überhaupt wieder aufmerksamer für positive Alltagserfahrungen werden, so Suzanne Segerstrom. Jeden Tag sollte ein Mensch, der Zuversicht erlernen wolle, in einem „Protokoll der guten Dinge" mindestens drei Erlebnisse festhalten, die er als angenehm, inspirierend und motivierend empfindet.

Es können scheinbar nebensächliche Erfahrungen sein: eine kurze, aber herzliche Begegnung, ein beiläufiges Lob für die Arbeit oder eine auffallend schöne Blüte, die man zufällig am Wegesrand sieht.

Wenn unsere Aufmerksamkeit auf die positiven Ereignisse verlagert wird, verschiebt sich mit der Zeit unser Blick auf die Welt. So vermögen wir auch im Erwachsenenalter noch eine optimistischere Einstellung zum Leben zu gewinnen.

Zwar mögen die Trainingsmethoden der Optimismusforscher banal anmuten, doch das Entscheidende ist: Sie wirken. Und allein diese Erkenntnis der „Positiven Psychologie" – dass es nie zu spät ist, an seiner Lebenshaltung zu arbeiten – sollte Pessimisten bereits ein wenig zuversichtlicher stimmen. □

Dirk Liesemer, 33, ist Wissenschaftsjournalist in Münster.
Fachberatung: Prof. Arvid Kappas, Jacobs University Bremen.

Literaturempfehlungen: Mihaly Csikszentmihalyi, „Flow – Das Geheimnis des Glücks", Klett-Cotta. Martin E.P. Seligman, „Der Glücks-Faktor: Warum Optimisten länger leben", Bastei Lübbe; beide Autoren zeigen, wie es uns gelingen kann, positiver zu denken, um uns dabei glücklicher zu fühlen.

Altruismus,

der (Selbstlosigkeit; von lat. *alter* = der andere)

Text: Bertram Weiß
Fotos: David Maupilé

Die Natur begünstigt die Starken und die Erfolgreichen. Das ist spätestens seit Charles Darwin und der Idee des »survival of the fittest« bekannt. Nach den Gesetzen der Evolution dürfte es deshalb keinen Grund geben, sich altruistisch zu verhalten. Dennoch handeln Lebewesen häufig selbstlos, Menschen helfen gar völlig Fremden und riskieren ihr Leben für die Rettung Unbekannter. Forscher versuchen die Regeln dahinter zu entschlüsseln – und kommen zu erstaunlichen Erkenntnissen

Herbert Breker, 71
Köln

Jeden Donnerstag behandelt Herbert Breker in Köln Menschen, die keinen Anspruch auf ärztliche Versorgung haben: Studenten, Künstler oder Handwerker ohne Versicherung, aber vor allem Ausländer ohne Papiere und gültige Aufenthaltserlaubnis. Wer seine Patienten sind, erfährt der pensionierte Chefarzt zumeist nicht. Breker behandelt ehrenamtlich und anonym, speichert weder Adressen noch Telefonnummern. So muss niemand seiner bisher rund 3000 Patienten eine Entdeckung fürchten – und damit etwa eine Abschiebung. „Ich kann nicht begreifen, dass es für diese Menschen in unserer Gesellschaft keinen Platz geben soll", sagt Breker. „Wir brauchen sie doch eigentlich."

Ursula Graetsch, 71
Hamburg

Ursula Graetsch ist Rentnerin, doch ihr Arbeitstag beginnt früh am Morgen. Dann nimmt die Hamburgerin den Bus in die Innenstadt, wo sie Obdachlosen hilft. Benötigt einer eine warme Decke, eine Matte zum Schlafen oder ein Zelt, fährt sie zu einem Outdoor-Ausstatter und bittet um Sachspenden, fast immer erfolgreich. Wird neue Kleidung gebraucht, treibt sie säckeweise Jacken, dicke Socken, Thermohemden, Pullover und Unterwäsche auf. „Ich besorge alles und versuche alles“, sagt Ursula Graetsch. Und zu Weihnachten organisiert sie Bankette, um Hunderte mittellose Menschen zu versorgen. Seit mehr als 45 Jahren setzt sie sich für Bedürftige ein.

e

Es sind Momente, in denen kaum Zeit für Überlegungen bleibt: Im U-Bahnhof wirft sich ein Fahrgast auf die Gleise, um einen Fremden vor dem nahenden Zug zu retten; am Badestrand springt ein Spaziergänger ins Wasser, um einen Ertrinkenden herauszuziehen; in einer Fußgängerzone überwältigt ein Passant einen bewaffneten Attentäter.

Wie ein instinktiver Impuls ergreift die Helfer in diesen Augenblicken der Wille zur guten Tat. Kaum ein Gedanke schiebt sich zwischen den Drang zu helfen und den Schritt zu handeln.

Wird Altruismus erlernt? Oder hat er evolutionäre Wurzeln?

Diese Eigenschaft des Menschen, sich uneigennützig für andere einzusetzen, ja sogar sein eigenes Leben in Gefahr zu bringen, bezeichnete wohl erstmals der französische Philosoph Auguste Comte um 1850 als „Altruismus" (von lat. *alter* = der andere). Derart selbstlose Taten sind der Inbegriff des Guten, Ausdruck der Menschlichkeit. Doch gemäß den Gesetzen der Evolution dürfte es altruistisches Verhalten eigentlich nicht geben: Denn die Natur begünstigt stets die Tüchtigen und Starken, die Erfolgreichen und Mächtigen, und im Kampf ums Dasein siegt, wer an seinen eigenen Nutzen denkt – das ist eine Grundregel im evolutionären Wettstreit.

Nach den Erkenntnissen, die zuerst Charles Darwin vor rund 150 Jahren gewonnen hat, müssten also Selbstsucht und Habgier, Missgunst und Rücksichtslosigkeit den Menschen eigentlich weiter bringen als Nächstenliebe.

Darwin konnte keine Erklärung für das Phänomen Altruismus finden. Und seither debattieren Wissenschaftler darüber, ob Selbstlosigkeit erlernt werden muss – also das Ergebnis von

Schon unsere Vorfahren kooperierten – um zu überleben

Erziehung und Kultur ist –, oder ob sie in der Stammesgeschichte wurzelt, also ein biologisches Vermächtnis unserer Vorfahren ist.

UM DIESES PROBLEM zu lösen, suchen Forscher seit Jahrzehnten in der Natur nach Belegen dafür, dass nicht der Mensch allein sich uneigennützig verhält. Und tatsächlich: Die Bereitschaft, sich für andere aufzuopfern, reicht weit über die Gattung Homo hinaus.

Die Liste der Tierarten, deren Vertreter zumindest zeitweilig das Wohl ihrer

Karin Müller, 54
Köln

Eines Tages lässt sich Karin Müller Blut abnehmen, um es für die Deutsche Knochenmarkspenderdatei erfassen zu lassen. Drei Monate später erfährt die Vertriebsangestellte, dass ihre Stammzellen für eine an Leukämie erkrankte US-Bürgerin infrage kommen. Sie recherchiert im Internet, liest Broschüren, wägt die Risiken des Eingriffs ab – und lässt sich schließlich rund 1,3 Liter Knochenmarksflüssigkeit entnehmen. Zwei Jahre lang bleiben Spender und Empfänger anonym – so regelt es das Gesetz. Doch nach 100 Tagen teilt man Karin Müller mit, dass die Transplantation erfolgreich verlaufen ist. Der Amerikanerin geht es gut. „Ich würde es wieder tun", sagt Karin Müller, „obwohl sich die Frau nie bei mir gemeldet hat."

Dirk Faßbender, 27
Siegen

Immer wieder zieht der Sog das Mädchen unter Wasser. Der Nebenfluss des Rheins führt an diesem Januartag Hochwasser und hat sich in einen reißenden Strom verwandelt. Dirk Faßbender, damals 24, Soldat, steht am Ufer und weiß: Nur er kann helfen. Zieht Pullover, Schuhe und Hose aus. Springt in das fünf Grad kalte Wasser. Kämpft sich Hunderte Meter vorwärts. Bis er das Mädchen packen und zu einem Brückenpfeiler ziehen kann, an dem er festen Grund findet. Eine Viertelstunde muss sich Faßbender gegen die Flut stemmen. Dann lassen Feuerwehrleute eine Leiter herab. Ohne ihn hätte die heute 19-Jährige nicht überlebt.

Gefährten höher schätzen als das eigene, ist verblüffend umfangreich. Eisvögel unterstützen Artgenossen bei der Pflege ihrer Brut. Elefanten stützen verletzte Herdenmitglieder mit ihren Stoßzähnen und mühen sich mit aller Kraft, die tonnenschweren Leiber alter und kranker Tiere aufzurichten. Pottwale riskieren mitunter gar das eigene Leben, um Gefährten gegen angreifende Haie und Orcas zu verteidigen.

Besonders gut dokumentiert ist der tierische Altruismus bei dem Belding-Ziesel, einem kleinen, in der nordamerikanischen Prärie heimischen Nager. Nähert sich ein Kojote der Kolonie, richtet sich ein Ziesel auf den Hinterbeinen auf und stößt einen trillernden Alarmschrei aus. Die Artgenossen sind gewarnt und gehen in Deckung. Der Rufer jedoch hat die Aufmerksamkeit des Angreifers auf sich gezogen – und droht deshalb selbst zur Beute zu werden.

Wir sind auch deshalb selbstlos, weil es uns guttut

So paradox dieses Verhalten auch anmutet: Biologen vermögen ihre Beobachtungen heute meist ebenso einfach wie elegant zu erklären. Und liefern damit Hinweise darauf, wie unsere Fähigkeit zum Altruismus entstanden sein muss.

Denn sobald die Forscher genauer hinschauen, zeigt sich oftmals: Tiere helfen vor allem ihren nächsten Verwandten. Sie sind bereit, sich aufzuopfern, weil ihre eigenen Gene von Familienmitgliedern weitergegeben werden – denn einen Teil der Erbanlagen tragen die Anverwandten ja in sich.

Wenn ein Lebewesen also durch sein Opfer dazu beiträgt, dass Geschwister, Tanten oder Cousins ihre Nachkommenzahl steigern, vermehrt es gewissermaßen die eigene Erbsubstanz.

Mithilfe dieser Einsicht versuchen Forscher inzwischen mathematisch zu bestimmen, wie wahrscheinlich es ist, dass ein Lebewesen einem anderen hilft. Dafür berechnen sie den Verwandtschaftsgrad unter den Individuen. Dabei gilt: Je enger die Blutsbande sind, desto eher verwandeln sich zumeist selbstsüchtige Individualisten in gütige Partner – denn je näher Organismen miteinander verwandt sind, desto mehr Gene stimmen bei ihnen überein.

Nach dieser theoretischen Überlegung dürfte ein Belding-Ziesel seine Artgenossen nur dann vor einem Angreifer warnen, wenn sich nahe Verwandte in der Nähe befinden. Etwa einige Geschwister: Das Erbgut von Brüdern und Schwestern ist nämlich statistisch gemittelt zu 50 Prozent identisch. Sobald also ein Ziesel mit Warnschreien Geschwister vor dem Tod rettet, hat es gleichsam auch einen Teil seiner eigenen Gene in Sicherheit gebracht.

Und tatsächlich beobachten Biologen, dass Ziesel erst dann Alarm schlagen, wenn eine Mindestzahl naher Familienangehöriger in der Nähe ist.

Wer anderen Menschen hilft, lebt vermutlich länger

Sabine Rave, 42
Hamburg

Einmal pro Woche trifft Sabine Rave im Hospiz „Hamburg Leuchtfeuer" Menschen, die wissen, dass sie bald sterben werden. Mit manchen geht sie ins Theater, andere wollen nur reden oder wissen, dass sie am Bett wacht. Angefangen hat Rave als ehrenamtliche Helferin im Küchendienst des Hospizes, sie deckte die Tische, servierte die Speisen, räumte auf. Beim gemeinsamen Essen kam sie in Kontakt mit den Bewohnern. Und absolvierte schließlich eine sechsmonatige Ausbildung zur Sterbebegleiterin.

Nach dieser Logik ist es manchmal sogar evolutionär sinnvoll, die eigene Fortpflanzung zugunsten anderer gänzlich aufzugeben – wie es etwa Termiten, Ameisen und Bienen tun, die in Staaten zusammenleben. Tausende unfruchtbarer Tiere sorgen dort für das Wohl ihrer Kolonie. Und schützen im Inneren des Nestes ihre Mutter, die Königin, die Tag für Tag Hunderte Eier legt. Die Unfruchtbaren unterstützen das mitunter einzige fruchtbare Tier im Staat – und fördern so ihre eigenen Erbanlagen.

GILT DIE FÜRSORGE einmal nicht den Verwandten, so folgt der Altruismus im Tierreich einem anderen Prinzip: dem Austausch von Gefälligkeiten. Im Jargon der Wissenschaftler muss das Verhalten auf Dauer also „reziprok" sein.

Das bedeutet: Manche Tiere verhalten sich nur dann selbstlos, wenn sie damit rechnen können, dass sie irgendwann für ihren Einsatz belohnt werden. Nur wenn sich Aufopferung und eigener Vorteil auf längere Sicht die Waage halten, erweist sich Altruismus als eine brauchbare Überlebensstrategie.

Ist der Heldenmut vielleicht nur ein Irrtum der Natur?

Schimpansen und Paviane etwa verbringen viel Zeit damit, Artgenossen von Zecken zu befreien, ihr Fell zu reinigen und an juckenden Insektenstichen zu kratzen. Wenige Minuten nach einem solchen Akt erwarten die Primaten dann, dass ihnen der gleiche Dienst entgegengebracht wird (oder etwa Futter mit ihnen geteilt wird).

Raoul Wirz, 44
Köln

Am Silvesterabend 2009 ist Raoul Wirz auf einer Autobahn unterwegs, als ihn ein Sportwagen mit hoher Geschwindigkeit überholt und auf die mittlere Spur wechselt. Sekunden später sieht Wirz vor sich Funkenschlag und Rauch auf der Fahrbahn. Am Unfallort steht ein Kleinwagen in Flammen. Er ist mit dem Sportwagen kollidiert. Während andere den Fahrer des Kleinwagens befreien, kümmert Wirz sich um den Beifahrer, der in seinem Gurt hängt. Ein Arm und die Beine des jungen Mannes haben bereits Feuer gefangen. Und obwohl die Flammen auch Wirz zu ergreifen drohen, zieht er das Opfer aus dem Wrack, während ein anderer Helfer den Beckengurt mit einem Messer zerschneidet. Der Unfallverursacher ist da bereits geflüchtet.

Es sind diese beiden uralten Prinzipien der Natur – die Hilfsbereitschaft unter Verwandten und der reziproke Altruismus –, in denen, so die Evolutionsforscher, auch der menschliche Altruismus wurzelt.

Doch vor Jahrmillionen beförderte bei unseren Urahnen wohl noch ein weiterer Faktor den Hang zur Selbstlosigkeit: die Gefahr.

Das zeigt sich bereits bei unseren nächsten Verwandten, den Schimpansen. In Wäldern an der Elfenbeinküste beobachtete der Primatologe Christophe Boesch vom Max-Planck-Institut für evolutionäre Anthropologie in Leipzig, wie Mitglieder einer Affenhorde einander aufopferungsvoll, mitunter über Wochen pflegten.

Stundenlang leckten und säuberten die Schimpansen die Blessuren verletzter Artgenossen, verscheuchten Fliegen und pulten Eier von Parasiten aus den Wunden. Zog die Horde weiter, ließ sie einen Verletzten nicht zurück, sondern verringerte ihr Tempo, damit der Geschwächte mithalten konnte – und schließlich wieder zu Kräften kam.

Zugleich nahmen sich die Schimpansen auch der Waisen an, die Verstorbene zurückließen. Zwar adoptierten meist Tanten oder Onkel die Kleinen, doch mitunter kümmerten sich auch Fremde um den Nachwuchs.

Und das alles, so die Erklärung des Forschers, weil die Gruppe in permanenter Gefahr schwebte: Die Schimpansen teilen ihren Lebensraum mit einer großen Leopardenpopulation. Einzig der Zusammenhalt bietet Schutz vor den Raubkatzen. Denn wenn die Affenhorde schrumpft, haben die Angreifer leichtes Spiel. Jedes weitere starke und gesunde Gruppenmitglied ist also für einen Altruisten – auch dann, wenn es nicht mit ihm verwandt ist – keineswegs nur Konkurrenz, sondern auch: Lebensversicherung.

Ähnliches müssen unsere Vorfahren einst erlebt haben: Als die Ahnen des modernen Menschen vor mehr als 2,5 Millionen Jahren die schwindenden Wälder verließen, betraten sie Afrikas gefährlichsten Lebensraum – die Savanne. Die Nahrung dort war knapp. Kaum ein Baum bot Schatten vor der brennenden Sonne. Und allenthalben lauerten Löwen, Säbelzahnkatzen, Leoparden, Hyänen.

Memo: **NÄCHSTENLIEBE**

- **Vor 2,5 Millionen Jahren** besiedelten unsere Urahnen die offenen Savannen Afrikas und konnten nur in Horden überleben, deren Mitglieder sich gegenseitig unterstützten.
- **Diese Solidarität** hat sich bis heute erhalten, aber auch die Intoleranz gegenüber Menschen, die nicht zur bekannten Gruppe gehören.
- **In Notlagen** schwindet die Bereitschaft für altruistisches Verhalten: Sind mehrere Menschen vor Ort, setzt sich oft der Egoismus durch.

Immer wieder war die Menschheit in dieser frühen Phase vom Aussterben bedroht. Klimaschwankungen veränderten die Natur so radikal, dass unsere Ahnen darum kämpfen mussten, sich zu behaupten. Überleben konnten nur Horden, in denen die Mitglieder nicht allein auf ihr eigenes Wohl bedacht waren, sondern sich füreinander einsetzten. Deshalb waren jene Urmenschen erfolgreicher, die ihren natürlichen Egoismus gelegentlich zurückstellten – und ihre Kraft anderen schenkten.

Der US-Verhaltensökonom Samuel Bowles geht zudem davon aus, dass es in diesem urzeitlichen Szenario wichtig war, sich gegenüber Gruppenfremden misstrauisch und feindlich zu verhalten. Das konnte Bowles sogar mit einer Computersimulation nachweisen. Er ließ Menschen über Tausende von Generationen unter den Lebensbedingungen unserer Steinzeitvorfahren in Gruppen miteinander konkurrieren. Auf Dauer setzten sich jene Clans durch, deren Mitglieder in ihrer eigenen Gruppe besonders selbstlos, gegenüber anderen Gruppen dagegen intolerant waren.

Das hat sich bis heute nicht geändert. Solidarität und Hilfsbereitschaft, aber auch Intoleranz gegenüber Gruppenfremden nehmen in einer Gesellschaft nachweislich zu, wenn Gefahren drohen. Im Krieg, bei Terrorangriffen, Naturkatastrophen, Hungersnöten.

Selbstlosigkeit widerspricht also keineswegs der Darwin'schen Lehre vom Kampf ums Dasein.

Wie Menschen heute das rechte Maß zwischen Egoismus und Selbstlosigkeit finden, unter welchen Umständen wir der Gutwilligkeit den Vorzug geben oder unser Eigeninteresse verfolgen, versuchen auch Sozialpsychologen und Verhaltensökonomen zu ergründen. Bei ihren Experimenten verkleinern die Wissenschaftler die Welt dafür häufig auf eine Spielsituation. Denn auf diese Weise können sie alle Bedingungen genau kontrollieren.

Sie lassen Probanden etwa zum sogenannten Ultimatumspiel antreten. Dabei erhält ein Freiwilliger einen Geldbetrag – unter einer Bedingung: Er muss die Summe mit einem ihm unbekannten Mitspieler teilen. Wie viel er abgibt, darf er selbst entscheiden. Stimmt der Mitspieler der vorgeschlagenen Aufteilung zu, wird das Geld entsprechend ausgezahlt. Lehnt er aber ab, weil er den Vorschlag als ungerecht empfindet, bekommt keiner der Probanden etwas.

Wäre der erste Spieler ein Egoist, würde er den größtmöglichen Betrag selbst einstreichen. Dabei ginge er natürlich auch das Risiko ein, womöglich leer auszugehen. Tatsächlich aber hat sich in Hunderten Studien herausgestellt, dass die Spieler weitaus mehr abgeben, als sie eigentlich müssten.

Oftmals teilen sie die Summe brüderlich in zwei Hälften. Offenbar fühlen sich die Spieler in ihr Gegenüber ein. Sie versuchen zu erspüren, welcher Betrag sie selbst in der Lage des anderen zufriedenstellen würde. Und sichern sich so auch selbst die größte Chance auf einen angemessenen Teil der Gesamtsumme.

Es ist wohl vor allem der Sinn für Gerechtigkeit, der die Menschen zu diesem Verhalten antreibt. Und die Gabe, sich in andere einzufühlen, also ihre Empathie (siehe Seite 36).

Und nicht nur das: Im Augenblick des Schenkens geht es den altruistischen Spielern auch körperlich besser.

Der US-Anthropologe James Rilling hat die Gehirnaktivität von Frauen aufgezeichnet, die an einer Variante des Ultimatumspiels teilnahmen: Sobald sich die Probandinnen großzügig zeigten, registrierte der Hirnscanner eine erhöhte Aktivität jener Regionen des Denkorgans, die Forscher „Belohnungssystem" nennen. Dieses Geflecht von Nervenzellen regt den Körper an, Glückshormone freizusetzen, die uns Lust empfinden lassen.

Wir sind also auch deshalb altruistisch, weil es uns guttut. Weil wir auf diese Weise unsere Laune heben und uns selbst eine Freude machen können.

Die guten Gefühle, die den Menschen zum Edelmut verlocken, wirken wie ein raffinierter Trick der Natur. Zwar wendet sich der Organismus für einen Augenblick einem anderen zu, doch zugleich fördert und stärkt er sich selbst.

Weitere Studien belegen überdies: Wer häufig anderen hilft, scheint besonders optimistisch zu sein. Wer Arme oder Kranke, Behinderte, Verschuldete oder Gestrauchelte unterstützt, ist offenbar seltener körperlich krank, depressiv oder ängstlich. Es gibt nach Meinung einiger Wissenschaftler sogar Hinweise darauf, dass selbstlose Menschen im Durchschnitt länger leben als Egoisten.

DOCH TROTZ all dieser positiven Auswirkungen auf den Organismus schwindet der Sinn für Altruismus oft gerade dann, wenn andere ihn am meisten brauchen: in Notfallsituationen – etwa bei einem Hausbrand, einem Verkehrsunglück oder einem Raubüberfall.

Dann setzt sich offenbar der Egoismus durch. Die meisten Menschen bleiben passiv und bringen sich selbst in Sicherheit, denken vor allem an ihr eigenes Wohl.

Überraschenderweise sind Menschen jedoch eher bereit, einem Notleidenden beizustehen, wenn keine anderen Zeugen vor Ort sind. Je mehr Beobachter ein Unglück miterleben, desto geringer ist die Wahrscheinlichkeit, dass jemand freiwillig dem Opfer hilft. Dutzende von Studien untermauern inzwischen diese Beobachtung.

Seit Jahrzehnten erforschen Wissenschaftler das Phänomen des „Zuschauer-Effekts". Noch konnten sie sich auf keine allgemeingültige Deutung einigen, fanden jedoch zwei Mechanismen, die zur unterlassenen Hilfeleistung führen können:

- pluralistische Ignoranz;
- Verantwortungsdiffusion.

Sehen Menschen etwa einen Obdachlosen zusammengesunken auf der Straße liegen, versuchen sie zunächst herauszufinden, ob es sich tatsächlich um einen Notfall handelt. Anwesende verlassen sich auf das Urteil der anderen: Wenn keiner einschreitet, scheint es nicht nötig zu sein, zu helfen (pluralistische Ignoranz).

Ist jedoch klar, dass es sich um einen Notfall handelt, schreitet ein Zeuge eher ein, wenn er allein ist. In der Masse dagegen sinkt das Verantwortungsgefühl eines jeden – die Bereitschaft zu helfen nimmt ab. Der Einzelne überträgt seine Verantwortung gleichsam auf die Umstehenden (Verantwortungsdiffusion).

In der Masse sinkt das Verantwortungsgefühl für andere

Bei einem wirklichen Notfall kommt hinzu, dass diese Situation für die meisten Menschen völlig neu ist. Sie wissen nicht genau, was sie tun sollen – und selbst wenn sie die Dringlichkeit spüren, hält sie die Angst, zu versagen oder sich vor den anderen zu blamieren, davon ab, zu handeln.

Und dennoch gibt es Helden. Menschen, die sich selbst aufopfern, die ihr eigenes Leben aufs Spiel setzen, die sich in Todesgefahr bringen: einzig und allein, um einen Fremden zu retten.

Hier scheinen sämtliche Erklärungsversuche der Forscher zu scheitern. Wohl niemand erkennt dabei auch nur einen Funken Eigennutz oder einen biologischen Zweck.

Womöglich offenbart sich im selbstlosen Heldenmut eine Kapriole der Natur. Das jedenfalls vermutet der britische Biologe Richard Dawkins, der wohl bekannteste Verfechter einer Evolutionstheorie, die auf „egoistischen Genen" beruht.

Anders als in der Urzeit leben Menschen heute in einer Welt voller Fremder, so Dawkins. Der uralte, biologisch verankerte Impuls, Verwandten und Nahestehenden zu helfen, ist allerdings geblieben. Und so mag sich – wie der Forscher vermutet – die Nächstenliebe in manchen Situationen auf Irrwege begeben und einem gänzlich Unbekannten zuwenden.

Vielleicht löst sich der Mensch in solchen Augenblicken tatsächlich aus Versehen von dem evolutionären Zwang, Altruismus und Egoismus stets miteinander zu verknüpfen.

Und gelangt so zur vollkommenen Selbstlosigkeit. □

Der Hamburger Wissenschaftsjournalist **Bertram Weiß**, 27, schreibt regelmäßig für GEOkompakt. **David Maupilé**, geboren 1980, lebt ebenfalls in Hamburg.

Literaturempfehlungen: Stefan Klein, „Der Sinn des Gebens", S. Fischer; neueste Forschung populärwissenschaftlich umgesetzt. Heinz Harbach, „Altruismus und Moral", Westdeutscher Verlag. John Alcock, „Animal Behavior", Elsevier; umfassendes Lehrbuch zum Verhalten der Tiere. In englischer Sprache mit Übersetzungshilfen.

Im Herz der Finsternis

Text: Malte Henk
Fotos: David Maupilé

Weshalb nimmt ein Mensch einem anderen auf niederträchtige Weise das Leben? Spielt das Erbgut eine Rolle, die Erziehung, Missbrauch in der Kindheit oder der schlechte Einfluss von Freunden? Warum hat der Kleinkriminelle Guido Sawallisch aus Wuppertal auf unfassbar brutale Art getötet? Weshalb verspürt er bis heute kein Mitgefühl mit seinem Opfer? Ist er ein gefühlskalter Psychopath? Und kann man ihn nach 19 Jahren Gefängnis als resozialisiert entlassen?

Die Geschichte eines Mörders

Z

Zwei Jahrzehnte später steht Guido Sawallisch im kargen Unterrichtsraum eines Gefängnisses in Rheinland-Pfalz und redet von der Menschenwürde. Und Sawallisch kann gut reden. Er studiert jetzt Jura.

Eigenwert des Lebendigen, Artikel 1 Grundgesetz. Guido Sawallisch jongliert mit Rechtsprinzipien und abstrakten Argumenten, als seien es Spielbälle.

So wie er dasteht, 45 Jahre alt, 1,98 Meter groß, in seinen Knastklamotten von Adidas, mit tiefblau schimmernden Augen hinter der Franz-Beckenbauer-Brille, denkt man an einen Boxer im Ruhestand auf der Suche nach neuen Karriereoptionen.

Sawallisch absolviert eine Rhetorikübung; er darf einen Politiker darstellen und ist erfüllt von eifrigem Glück. Sauber getipptes Manuskript, die Stuhllehne als Redepult im Bundestag.

Das Publikum: ein paar Lebenslängliche sowie Roland Herbst, der Leiter des Studienzentrums für die Weiterbildung der Gefangenen in der Justizvollzugsanstalt Diez.

Die Stimme des Vortragenden ein Dahintuckern, mechanisch wie ein Motor, mit einer Spur von Lispeln: „Ist Ihr Leben etwa unerheblich? Oder meins? Oder unser aller Leben zusammen? Ich frage das in aller Deutlichkeit. Vielen Dank, meine Damen und Herren."

Roland Herbst möchte wissen: „An wem hast du dich orientiert? So Richtung Schäuble?"

„Schäuble", sagt Guido Sawallisch, „dat is' doch ein Anfänger."

Später sitzen alle beim Studienleiter und lutschen Bonbons. Seit Ewigkeiten beschäftigt sich Roland Herbst mit der Erziehung von Mördern – ein gemütlicher Althippie im Freizeithemd, dem das Verbrechen schon längst keine schlaflosen Nächte mehr bereitet.

Herbst glaubt an die Lebensfreude. Der Ganove muss auch mal Ganove sein dürfen. Und Sawallisch ist sein bester Student, „da gibt's nix". Die Fernuniversität wird einen positiven Bericht über ihren Studenten Guido Sawallisch erhalten.

„Ich kann ihn mir als Referenten an der Volkshochschule vorstellen", sagt Herbst.

Der ehrenamtliche Betreuer Hans-Josef Schulte urteilt: „Gut bedient, wer diesen Menschen zum Nachbarn hätte."

Und Alois Diebold, sein Therapeut: „Das Opfer war ja auch nicht der Tollste."

Ginge es nach den Menschen, die regelmäßig Umgang mit ihm pflegen, dann hat Guido Sawallisch, der einem ahnungslosen Mann den Schädel zertrümmerte und die Leiche in der Ruhr versenkte, mittlerweile genug unter der Gerechtigkeit gelitten.

So wichtig wie die Frage, was das Böse sei, ist die Frage, wie lange das Böse andauert. Blitzt es auf in einer Tat, einer Handlung, um danach wieder zu verschwinden? Oder setzt es sich fest – lebt es fort im Täter, ein Parasit im Wirtstier?

Erste Begutachtung im April 2008. Dr. Stephan Bork, forensischer Psychiater an der Universitätsklinik Tübingen, kommt in die JVA Diez. Zu klären ist nach Paragraf 454 Absatz 2 der Strafprozessordnung die Frage, „ob bei dem Verurteilten keine Gefahr mehr besteht, dass dessen durch die Tat zutage getretene Gefährlichkeit fortbesteht".

> Die Richter attestieren Sawallisch eine besondere Schwere der Schuld

Kann die Justiz es wagen, Guido Sawallisch die Freiheit zurückzugeben?

Der Mensch, schrieb der Dichter Georg Büchner, sei ein Abgrund, es schwindle einem beim Hinabsehen. Im Vermessen dieser Tiefe liegt Dr. Borks Aufgabe. Er redet achteinhalb Stunden lang mit Sawallisch; vor allem redet Sawallisch mit ihm. Der Arzt, ein freundlicher Wuschelkopf, spürt das Befremdliche: Dieser Mann ist intelligent und höflich, denkt er, aber auch dominant und selbstverliebt.

Jede Tat ein Mysterium, jeder Fall ein Einzelfall, in diesem Bewusstsein tasten Gutachter psychische Schäden ab, wiegen sie Schuldgefühle. Aber die Strafjustiz verlangt von ihnen, heute mehr denn je, das Rätselwesen Mensch berechenbar zu machen.

Und so füllt Dr. Bork die „Psychopathie-Checkliste" aus, kurz PCL-R, das weltweit beste Instrument zur Vorhersage jener Gefahr, die einer für andere sein kann. Wer hier schlechte Werte erlangt, den erwartet womöglich die Sicherungsverwahrung – er wird vielleicht bis ans Ende seines Lebens eingesperrt.

Aktenstudium, Interviews, in dieser Liste fließen sämtliche Erkenntnisse des Sachverständigen zusammen. Sie umfasst 20 Wesenszüge.

Das Auftreten: Ist es oberflächlich, lügnerisch, manipulativ?

Das Gemüt: Mangel an Empathie, Mangel an Schuldbewusstsein, Mangel an Verantwortung?

Der Lebensstil: Ist er asozial und parasitär? Neigt der Untersuchte zu einem häufigen Wechsel des Partners, hat er einen Hang zur Kriminalität, fehlen ihm langfristige realistische Ziele?

Zu vergeben sind Punkte, 0 für nein, 1 für vielleicht oder ein wenig, 2 für ja.

Und je höher die Summe dieser Seelenarithmetik, desto verbürgter die Gewaltprognose und desto klarer weiß der Gutachter, dass er auf einen Psychopathen gestoßen ist.

Grenzwert für eine eindeutige Psychopathie: 25 von 40 möglichen Punkten. Durchschnittswert der Bevölkerung nach Tests in Nordamerika: 2,67 Punkte. In Berliner Gefängnissen: zwölf Punkte. In der Sicherungsverwahrung: 23,2 Punkte.

Es steht nicht fest, ob „Psychopathie" als eigenes Krankheitsbild gelten darf. Möglicherweise treffen im Psychopathen völlig normale Eigenschaften, verstärkt ausgeprägt, in einer Art seelischer Sonnenfinsternis unheilvoll zusammen. Dann trüge jeder den Kern der Psychopathie in sich. Der Erfinder der PCL-R, Robert Hare, spricht deshalb auch von „erfolgreichen Psychopathen", die im sozialen Ordnungsrahmen bleiben, als Spitzenmanager etwa.

Hauptzüge des Psychopathen: Narzissmus, also Selbstverliebtheit, sowie das Unvermögen, den Mitmenschen zu „spüren".

Als Kind ist Guido Sawallisch, heute 45, unauffällig. Er wächst kleinbürgerlich auf, verdient sein Taschengeld mit Autowaschen. Und wird doch zum Mörder

Psychopaten sind furchtlos. Ihr Herz schlägt langsam. Sehen sie Bilder, die bei anderen Abscheu erregen, bleibt ihr Nervensystem stumpf. Wenn sie töten, dann eher Männer als Frauen. Aber nicht krankhaft wie Hannibal Lecter. Sondern klinisch rein, wie beim Klatschen einer Fliege; ihre Gewalt dient stets egoistischem Zweck.

Ich bin gesund, frei, stark, sagen Psychopathen, und wenn die Menschheit seit ewigen Zeiten Geschichten erzählt, in denen das Böse als Versuchung erscheint – und das Gute als mühsam zu erklimmender Gipfel –, dann womöglich mit Blick auf diesen Archetyp brutaler Eigenliebe.

Guido Sawallisch erhält zwölf Punkte von Dr. Bork. Nicht viel. Das Risiko für erneute Gewalt erscheine niedrig, so der Arzt.

Zu diesem Zeitpunkt, im Sommer 2008, büßt Sawallisch bereits seit knapp 15 Jahren für sein Verbrechen – einen Mord von solcher Heimtücke und Kaltblütigkeit, dass die Richter eine „besondere Schwere der Schuld" attestierten.

Dies bedeutet, nach dem Ablauf von 15 Jahren lebenslänglicher Haft kann ein Täter nicht mit vorzeitiger Entlassung rechnen, so wie die anderen Lebenslänglichen. Sondern ein Gericht entscheidet nach einem forensisch-psychiatrischen Gutachten über die weitere Dauer der Strafe.

Im November 2008 beschließt der 2. Strafsenat des Koblenzer Oberlandesgerichts auf Grundlage von Dr. Borks Prognose, dass Guido Sawallisch mindestens vier weitere Jahre einsitzen muss. Frühestens im Winter 2012 wird er wieder Auto fahren dürfen, eine Arbeit suchen, samstags durch Fußgängerzonen bummeln, ein Mensch wie andere Menschen.

Es hätte schlimmer kommen können; Sawallisch sieht nun eine Perspektive. Niemand wird ihn länger als diese vier Jahre in Diez halten wollen, nicht mit diesem Gutachten im Rücken; er sieht sich schon als Freigänger.

Aber dann verfasst die Psychologierätin Uta Beck eine Art Gegengutachten. Uta Beck, schmal und vergeistigt wirkend, erlebt Sawallisch seit gut zehn Jahren in Diez und greift auf die Personalakte zurück, Nr. 165/99-3, ein Archiv des Häftlingsverhaltens. Neue Gespräche.

Sawallisch, schreibt die Psychologierätin danach, beeindrucke „durch ein fast völliges Aus- ...

bleiben an emotionalen Regungen". Die Suche nach Gründen und Auswegen mündet in Ratlosigkeit. „Es wäre zu fragen, was ihn so kalt gemacht hat." 22 Punkte.

Seitdem ist „Empathiedefizit" zum Schlagwort geworden, wiederholt in Schriftstücken, verjuxt in den Witzen der Häftlinge und ihrer Wärter. Sawallisch gilt jetzt als Psychopath, Entlassungsdatum ungewiss, und der Verdacht steht im Raum, der Schein seiner Harmlosigkeit könnte viele zielgenau geblendet haben, den Studienleiter Herbst, den Therapeuten Alois Diebold, den Psychiater Dr. Bork.

Guido Sawallisch sagt dazu Folgendes: „Ich habe an einem bestimmten Tag, zu einer bestimmten Zeit, einen Mord begangen. Darüber hinaus bin ich ein Mensch wie jeder andere."

Aus dem Manuskript zu dem autobiografischen Roman „Das Leben des Guido S.", verfasst von Sawallisch: „Am 11. Juli 1965, einem sonnigen Sonntagmorgen, um zehn Minuten vor zehn wurde ich geboren. Das sollte eigentlich reichen, um ein Leben unter guten Sternen zu garantieren."

Die früheste Erinnerung: Ferien an der Ostsee, Meer, Sommer. Ein Strandpavillon. Der sich im Kreis drehende Reitelefant. Das Kind plärrt so lange, bis es hinaufdarf. Dann wieder Vorwelt, Schleier des Werdens.

In der nächsten lichten Szene ein Mietshaus in Wuppertal, grau verputzte Nachkriegszeit, zweieinhalb Zimmer im zweiten Stock rechts. Der Vater, als 13-Jähriger aus Pommern geflohen, schuftet für eine Lackfirma, die Mutter, erzkatholisch auf dem Dorf aufgewachsen, umsorgt das Kind, das einzige.

Deutsches Kleinbürgertum. Die Eltern tun, was man tut in ihrer Welt, um dem Sohn Anständigkeit einzuprägen, er muss sein Taschengeld mit Autowaschen verdienen und im Winter früher nach Hause kommen, und wenn man heute das Geschehen rückwärts abspult, dann stößt man auf keinen Nullpunkt, der erklären könnte, weshalb Guido Sawallisch als Heranwachsender von einer Art innerem Navigationssystem Richtung Verbrechen gelenkt worden ist.

Der erste Regelbruch: in der Schule Stinkbomben am Heizkörper verstecken; anschließend den blauen Brief öffnen und Unterschriften fälschen. Dann: Schwarzfahren in der Schwebebahn. Guido, 13 Jahre alt, langt regelmäßig ins Portemonnaie der Mutter und erlebt zum ersten Mal die Peinlichkeit des Erwischtwerdens.

Mit 13 begeht Sawallisch erste Straftaten: Er fälscht Unterschriften, stiehlt der Mutter Geld – Beginn einer Karriere, die in der JVA Diez endet

Mofazeit, Drangphase, Geldknappheit. Guido klaut Helme und Motorteile, er zieht einen Handel auf, dafür benutzt er Schließfächer am Bahnhof. An der Tankstelle füllt er stets heimlich nach. Vor Jugendrichtern gibt er sich wohlerzogen und zerknirscht. Als ein Kumpel ihm die Freundin ausspannt, manipuliert er dessen Mofabremse. Der Junge rast beinahe in ein Auto.

Oft ist ihm langweilig. Er hält Ausschau nach Kneipen, Mädchen, Abenteuern, aber ohne rebellischen Glanz. Als Einziger aus der Straße geht er aufs Gymnasium, ein ebenso aufgeweckter wie überlegter Teenager mit Aknehaut, der wirklich alles besser weiß. Guido frisst Bücher, er schaut Filme, die seine Kumpels nicht verstehen.

Freundschaften auf Dauer knüpft er nicht. Mädchen und Bekannte ziehen einfach so vorüber, oder Sawallisch an ihnen. Mit 18 schmeißt er die Schule und verlegt sein Leben zu einer älteren Freundin. Als er deren Ehemann, einen Kollegen seines Vaters, aus dem Haus wirft, sieht er zum ersten Mal eine Tätowierung.

Dasein im Augenblick. Sawallisch klappert mit dem Opel Kadett Baustellen ab und lädt heimlich Euro-Paletten ein, oder er reißt gut gefüllte Zigarettenautomaten aus der Verankerung. Er geht zur Bundeswehr, dort lernt er Uwe Wörz* kennen, ichschwach, feist, jähzornig: der perfekte Kumpan. Sie verplempern ihre Wochenenden in Hamburg auf dem Kiez, und als Sawallisch genug hat, knacken sie ein Auto und fahren nach Südfrankreich.

Begreift man Sawallischs Leben als fortgesetzten Versuch eines Menschen, die Welt seinem Willen zu unterwerfen, dann gehört dieser Moment zu den herrlichen. Ich bin frei wie ein Vogel, denkt er, und ähnelt doch einem Blatt, traurig umhergewirbelt vom Wind.

Versuchte Einschiffung nach Manila. Fremdenlegion. Erneute Flucht. Irgendwann kehrt Sawallisch in einem gestohlenen R16 nach Wuppertal zurück. Die Feldjäger der Bundeswehr schnappen ihn schnell.

Die Welt ist aus dem Nichts entstanden. Wir alle tragen die Spuren dieses Nichts in uns, einer mehr als der Nächste. Nicht ein einziger von Sawallischs Jugendfreunden war kriminell. Wenn sie heute zurückdenken, dann an die Stille, die die Zweieinhalbzimmerwohnung beherrschte: Dort wurde man, wenn man zu Besuch war, nie zu Tisch gebeten; niemals schienen Vater, Mutter und Sohn miteinander zu sprechen. Wie Polarforscher, die eine Eislandschaft durchqueren.

* Name geändert

Nach der Entlassung vom Bund besorgen ihm die Eltern eine Wohnung. Er verspricht zu arbeiten. Bald holt er seinen Kumpan Wörz zu sich, und sie fangen mit den Einbrüchen an.

DIE ERSTEN GESPRÄCHE mit dem Häftling Sawallisch finden im Gewusel des Besuchsraums statt, an einem Resopaltisch zwischen Resopaltischen, umgeben von russischen Großfamilien und elegischen Ehepaaren. Manche Forscher sagen, der Körper reagiere sofort auf Psychopathen; unter deren stechendem Blick sträubten sich die Nackenhaare, ein instinktiver Fluchtreflex. Man trifft Sawallisch mit Erwartungen, die nach Einlösung verlangen.

Als Erstes fallen die Hände auf. Sie sind zierlich und passen nicht zu den wuchtigen Unterarmen, die ständig im Einsatz sind, jede Aussage herausarbeiten. Nach oben hin gewinnt die Gestalt an Ruhe. Das Gesicht maskenhaft, der Blick sicher. Manchmal lacht Guido Sawallisch. Dann spürt man den Zwang zum Mitlachen, als habe ein Vorgesetzter einen Witz gemacht, aber im Nacken regt sich wenig.

Der Plan war gewesen, niemals mit diesem Mann allein in einem Raum zu sein. Man schämt sich bald dafür und denkt an Scheinriesen. Vertraulichkeit entsteht, doch sie bleibt brüchig.

Einmal, als Blut aus einer winzigen Wunde, selbst zugefügt mit dem Brotmesser im Hotel, auf den Notizblock tropft, beugt sich Sawallisch vor: „Dat bin ich aber nicht gewesen." In solchen Momenten kriecht dann doch Angst in den Körper, ohne dass man sagen könnte, man wird bedroht.

Mit Sawallisch kann man über alles reden. Er spricht von Menschen, Handlungen, Konstellationen mit der Analysekraft eines Schachmeisters, der sein Spielfeld überblickt. Zu jedem Thema legt er mit breitem bergischen Dialekt die Fakten und Optionen dar, wobei die Idee wächst, so viel Ausführlichkeit sei unbegabt zum Lügen. Sawallisch wirkt berechenbar. Bald stellt sich Erschöpfung ein.

Wenn die Mutter hier mit ihm sitzt, sie ist Ende 70 und trägt zwei Hüftgelenke aus Titan, sind die Justizbeamten befremdet von dem formellen Auftreten der beiden. Wie im Kaiserreich, denken die Beamten. Bis heute haben Mutter und Sohn die Tat nur in Andeutungen berührt.

Einmal lag die Klageschrift bei ihr zu Hause, die war voller Details, doch ob sie darin gelesen hat, behält sie für sich – heute wie damals, als der Darmkrebs ihren Mann getötet hatte und ihren Sohn im Landgericht seiner Heimatstadt Wuppertal der Mordprozess erwartete. Die Beamten von der Gesprächskontrolle rätselten damals, 1993, wie es diesem Paar gelingen konnte, nur über Nachbarn und Alltägliches zu plaudern.

In seiner Jugend zieht der Wuppertaler einen Handel mit gestohlenen Helmen und Mofa-Ersatzteilen auf. Mit Mitte 20 muss er erstmals ins Gefängnis

Bei der Kripo gilt Guido Sawallisch zu jener Zeit als arrogantes Arschloch. In der Untersuchungshaft hat er sich auf Staatskosten die Zähne richten lassen und einen Selbstmordversuch inszeniert, um Fluchtwege zu erkunden.

Während der Verhandlung errichtet er absurd wirkende Thesengebäude, die seine Unschuld stützen sollen. Als er am 8. September 1994 verurteilt wird, ist die Mutter auf Kur. Sawallisch hat ihr den Prozesstermin verschwiegen.

In den folgenden Jahren setzt er seinen Widerstand fort. Tatleugnen. Hungerstreik. Einzelhaft. Dann, im Juli 1999, kommt er in die JVA Diez. Und dort: die Verwandlung.

Sawallisch spricht den Oberpsychologierat Diebold an. Er habe nachgedacht, die Tat aufgearbeitet, der Therapeut möge ihm dies bescheinigen. Diebold, ein spitzbübischer Herr mit weißen Stoppelhaaren, der schon ähnlich lange im Knast arbeitet wie der Studienleiter Herbst, macht Sawallisch klar, dass es so einfach nicht geht.

Sawallisch bleibt dennoch am Ball. Drei Jahre lang, pünktlich dienstags um 14 Uhr, erscheint er bei Diebold. Der Mörder wächst dem Oberpsychologierat ans Herz. „Der hat mich nie betrogen", sagt Diebold. „Ein lebenstüchtiger Mann."

Es ist nicht klar, wie Psychopathen, Menschen ohne Leidensdruck, therapiert werden können – und ob überhaupt. Einer (umstrittenen) These zufolge wird ein Psychopath dabei sogar noch gefährlicher, weil er vom Therapeuten die Sprache der Gefühle erlernt und für seine Zwecke ausnutzt. Sawallisch sagt heute, Alois Diebold habe ihm sein wahres Ich präsentiert. „Ein schmerzhafter Prozess der Selbstbetrachtung."

Die „Suche nach Ursachen und Gründen" lief darauf hinaus, dass sich der junge Sawallisch von der Gesellschaft abgelehnt gefühlt hatte, weil ihn die Bundeswehr nicht als Kampfpiloten wollte. Er litt unter Komplexen, entwarf eine Existenz des Scheins, so kam eins zum anderen.

Sawallisch, nach 100 Besuchen bei Diebold fertig therapiert, spricht heute von der „Hybris", die darin liege, einem Menschen das Leben zu nehmen. Und: Er bereue seine Tat.

Man steht vor der Frage, wie tief diese Reue reicht, wie gut sie vor einem Rückfall schützt. ...

„Fühlt" Sawallisch sein Verbrechen, oder „weiß" er nur darum? Hat er seine Schuld nur mit dem Verstand erfasst, oder empfindet er echte Scham? Sollte die Justiz dieser Unterschied kümmern? Was ist Schuld?

Guido Sawallisch überlegt. „Schuld fühlt sich immer gleich an. Unabhängig davon, ob man seiner Mutter fünf Mark klaut oder einen Mord begangen hat."

Was ist Liebe? Sawallisch überlegt. „Könnte ich nicht beschreiben. Ist bei mir wie bei allen anderen auch."

Und Angst? „Wenn ich ein tolles Produkt habe, werde ich es zu 90 Prozent verkaufen. Aber die letzten zehn Prozent sind nicht abschätzbar, die haben mit menschlichen Faktoren zu tun. Das ist Angst. Ich hab Angst vor Dingen, die ich nicht selbst kontrollieren kann. Und mich kann ich kontrollieren."

Sawallisch hasst dieses Gefühlspalaver, er ist dann ratlos, als müsse er in einer fremden Sprache den Weg zum Bahnhof erklären. „Ich bin nicht so der emotionale Typ. Was aber nicht heißt, dass ich keine Emotionen habe."

Er hat es längst auf die E3 geschafft, wo die Zellentüren tagsüber offen stehen. Meist vergräbt er sich in seine Studienarbeit, auch an jenem schwülen Sommertag, als der Obersekretär Rehn, sein Betreuungsbeamter, nach respektvollem Klopfen eintritt.

Mit den Buchstützen und all dem Papierkram wirkt die Zelle wie ein kleines Büro. Sawallisch fertigt gerade Exzerpte an. „Rhetorik, Verhandlung und Vertragsgestaltung", Modul 13: Konfliktlösung. „Ein Pflichtseminar."

Scheu streicht Rehn über die Fachliteratur, diese Parade elefantengrauer Regalriesen, StPO, Kartellgesetz, StVollzG.

Für ihn, den gelernten Kfz-Mechaniker, bedeutet jeder Besuch in dieser Zelle eine Kraftanstrengung. Er betritt sie in innerer Habachtstellung, nervös wie beim Bewerbungsgespräch.

Small Talk.

Rehn: „Ich bin ja eher der ruhige Typ."

Sawallisch: „Deswegen hab ich mir Sie auch lange angeschaut, bevor ich Sie zum Betreuer gewählt habe." (Tatsächlich darf jeder Insasse einen Beamten seines Vertrauens für engeren Kontakt benennen.)

Dann lässt er den Justizbeamten wissen, dass er demnächst nach Paragraf 113 StVollzG einen Vornahmeantrag an die Anstaltsleitung stellen werde. Es geht um die Erlaubnis zum Kochen mit Frischfleisch. Die Sicherheitsverwahrten unten in E2 dürften es ja auch. „Dat kann nicht angehen: Man versucht sich an die Regeln zu halten. Aber wenn die Regeln so absurd sind..."

„Ja, manchmal sind die Regeln schwierig zu verstehen", murmelt Rehn und knetet seine Hände.

Guido Sawallisch unterhandelt mit der Justiz von Gleich zu Gleich. Nachdem er das Wirtschaftsstudium abgeschlossen hatte, tauchte in seinem Briefkopf der Zusatz „Dipl.-Kfm" auf, und die „JVA Diez" verschwand.

Für jede akademische Leistung schenkt ihm der Studienleiter Herbst eine Schachtel Schokoladenbonbons. Sawallisch gibt Nachhilfestunden in Mathematik, Physik, Chemie, Englisch, Wirtschaftskunde. Er schreibt für die Anstaltszeitung „Der Weg" und bietet Schuldnerberatung an. Die wenigen Häftlinge, mit denen er sich abgibt, schätzen seine Zuverlässigkeit.

Er lebt im Bewusstsein seiner Besonderheit und hat Großes vor mit sich. Vielleicht Unternehmensberater, am liebsten mit Dienstwagen, womöglich im Ausland.

„Früher gab ich vor, ich hätte Erfolg", sagt Sawallisch. „Heute habe ich ihn." Und man bleibt ratlos zurück: Darf man diesem Erfolg sein Vertrauen schenken?

Die Gespräche zwischen ihm und dem Direktor verlaufen höchst unerfreulich

NACHTS, WENN SIE wieder mal irgendwo eingestiegen sind, sitzt Sawallisch am größten Schreibtisch, den der fremde Ort zu bieten hat. In die Dunkelheit, die Stille hinein träumt er vom Wichtigsein und schaut herab auf den Wachmann, der unten im Hof ahnungslos seine Runden dreht. Wörz, der Kumpan, lärmt ungeschickt herum, auf der Suche nach Geld.

21. September 1989, Firma Reifen-Kaiser in Schwelm: Unbekannte entwenden 50 DM, dazu einen Schlüssel für einen Mercedes-Lkw, mit dem sie später eine Spritztour machen. 22. September 1989, Schwimmbad Velbert-Neviges: Einbrecher schieben einen schweren Tresor in den Kassenvorraum, der weitere Abtransport misslingt wegen des Gewichts.

14. Oktober 1989, Firma Korte in Schwelm: Auf ihrem Weg durch das Gebäude brechen Kriminelle mehrere Verbindungstüren und Schreibtische auf. Sie stehlen 1560 DM, zwei Telefonapparate und einige Schlüssel.

30. Oktober 1989, Café Hardt, 2. November 1989, Gold-An- und -Verkauf Kayser...

Auswüchse des Halbdilettantismus. Sawallisch lebt in dieser Zeit vom Glauben seiner Eltern an ihr Kind, sie geben ihm oft Geld.

Und es stimmt ja, wenn er sich bei Arbeitgebern vorstellt, dann stets mit besten Absichten; er wirkt überzeugend und bekommt den Job. Lagerbetreuung im Büroartikelladen, Auftragsbearbeitung in der Weberei. Doch schon nach Tagen klafft es immer wieder auf, das innere Nichts, das zugeschüttet werden muss mit Kicks und Abenteuern. Also erst Kündigung, dann Einbruch, man kennt ja nun den Ort.

Die Polizei fasst Sawallisch, als er, ausgerüstet mit Werkzeug und Gaspistole, in Barmen gegen eine Kiosktür anrennt. Drei Jahre Gefängnis, aber auch diese, seine erste große Strafe berührt ihn nicht.

Ab Januar 1992 offener Vollzug: also wochentags Knast, am Wochenende Freiheit. Sein Zellennachbar ist der 35-jährige Helmut Lell*, genannt „der Bizarre", der sich gern in Amsterdam von Mulattinnen in den Mund pinkeln lässt. Ein vierschrötiger Kerl mit kräftigem Bartwuchs, Typ Boxpromoter. Außerdem ein großartiger Autobastler.

Ein Volltreffer. „Der Bizarre" bietet, was Sawallisch vorschwebt: den Einstieg ins „Geschäftemachen". Mit einem Partner, Michael Rehter*, betreibt Lell vom Gefängnis aus ein gut laufendes Business, spezialisiert auf gestohlene Porsche. Rehter hat eine Halle angemietet und gibt den Impresario. Auch Lell darf am Wochenende nach Hause, dann klaut er die Wagen, schweißt Fahrgestellnummern um, zerlegt Motoren. Rehter besorgt den Weiterverkauf.

Sawallisch steigt ein. Der Mix aus Nervenkitzel und gewerblicher Schläue, das ist sein Ding.

Und dieser Rehter: ein echter Desperado. Spross einer Duisburger Unternehmerfamilie, Internat, schlank, gut aussehend, mit Denkerglatze. Rehter ist Freigeist, Hobbyphilosoph, Anarchist. Dem Gefängnis zieht er eine Existenz unter falschem Namen sowie einen blauen Jaguar XJ12 mit falscher Fahrzeugnummer vor.

Sawallisch staunt. Hier herrscht mindestens Ebenbürtigkeit, womöglich Verwandtschaft der Seelen.

Nach seiner ersten Verurteilung lernt Sawallisch (oben seine Zelle) einen Knastnachbarn kennen, der vom Gefängnis aus mit gestohlenen Autos handelt – und steigt ins Geschäft ein

In einem Alukoffer schmuggelt Sawallisch ein Mobiltelefon in den Knast. Wochentags erhalten er und „der Bizarre" ihre Order von Rehter, der über Kontakte zu Porschehändlern verfügt. Am Wochenende, auf Freigang, arbeiten sie die Liste ab, klauen die Autos, bauen sie um; zwei, drei Jobs pro Nacht sind es schon.

In einem guten Monat macht Sawallisch 10 000 Mark. Er fährt zum Frühstücken auf die Kö und kauft ein Sportjackett für 4500 Mark. Im Gefängnis vergibt er Aufträge zum Reinigen seiner Zelle, jemand bezieht ihm das Bett und kümmert sich um seinen Bademantel. Er sagt seinen Eltern, er arbeite als selbstständiger Anlageberater.

Doch den Laden schmeißt Rehter; Sawallisch steht nur im zweiten Glied. Und was nützt der beste Businessplan, wenn es das Geschäft eines anderen bleibt, der dir offenbar den Respekt versagt. Dieser eingebildete Zwang zum Parieren kitzelt etwas in dir wach.

Du bist kein Hund, der sein Glück an der Leine findet. Du willst den Lauf der Dinge lenken.

Bald findet Sawallisch heraus, dass Rehter ihm 40 000 Mark vorenthält; die soll er heimlich in Kinderpornos investiert haben. Im Frühsommer 1992 sagt Sawallisch zu Lell: „Der Rehter macht sich unbeliebt. Nicht gut für ihn. Dieser Vogel ist schnell gerupft."

Er spricht von einer „Endlösung". Bekannte, die zuhören, nehmen das Gerede nicht ernst.

Diez, 17. Juni 2010. Ein Brief von Guido Sawallisch: „In ca. 2–3 Wochen ist mein Semester ‚im Eimer'. Danach werde ich die freie Zeit damit verbringen, zusammen mit anderen einen Plan zu entwerfen, wie dem Treiben hier schnellstmöglich Einhalt geboten werden könnte. Dass Dr. Schäfer dabei – aus Sicht des Ministeriums – das Bauernopfer sein wird, ist bedauerlich, aber auch unvermeidbar. Seine überaus unmenschliche Gesinnung wird ihn die Karriere kosten."

Dr. Jörg Schäfer, 2009 zum Leiter der JVA Diez ernannt, Karrierejurist, 38 Jahre alt, hat in diesem Juni 2010 das Studienzentrum schließen lassen. Jemand soll dort eine Hetzschrift verfasst haben, 25 Seiten über das „System Schäfer", die an Anwälte, Politiker, Richter gingen. ▪▪▪

* Name geändert

Schäfer missbilligt das Zentrum als Hauptquartier für schwierige Charaktere. Dort üben die Herren Studenten, wie man sich wichtig macht, findet er: in diesem Relikt einer sozialromantischen Zeit, voll mit verstaubten Träumen vom Veredeln noch der hässlichsten Gesinnung. Für Psychopathen ungeeignet.

Sawallisch ist besessen von Dr. Schäfer. Er hat sich zu dessen Gegner erhoben und meint nun, er stehe im Kampf Mann gegen Mann.

Sie begegnen einander kaum. Es gab ein, zwei Gespräche, die verliefen unerfreulich. Nachmittags, wenn Hofgang ist, geht Schäfer manchmal raus und raucht eine Zigarette. Im Gitterkäfig zwischen den Fassaden joggt Sawallisch dann das Knastessen weg. Nach der zweiten Runde streift er das T-Shirt ab, und eine Welt entfernt, auf der anderen Seite des Gitters, zündet Schäfer die nächste Zigarette an.

Bald darauf kehrt er zurück in sein Büro, wo die gleichen Gesetzestexte liegen wie bei Sawallisch in der Zelle.

Der Gefängnisdirektor hat die langen Haare mit Gel nach hinten gekämmt und trägt die Hemdsärmel meist hochgekrempelt; aus ihm spricht die innere Freiheit, keinem mehr etwas beweisen zu müssen.

Manchmal denkt er darüber nach, was ihn mit Sawallisch verbindet. Auch Schäfer ist Kleinbürgersohn. Er kennt den Kitzel der Auflehnung und hat früher mal im Laden was mitgehen lassen und heimlich ein Auto spazieren gefahren. Aber er versumpfte nicht, sondern bestand als Erster aus der Familie das Abitur und erkletterte das höchste Amt im Strafvollzug. Neben dem Studium fuhr er Taxi, sieben Jahre Nachtschicht, was sein Weltbild gefestigt hat, vor allem seinen Hass auf Wichtigtuer.

Sawallisch ist für Dr. Schäfer das Großmaul, das im Villenviertel in dein Taxi steigt und dich auf einen Festpreis runterhandelt, allein für die Demütigung.

Jeder ist seines Glückes Schmied. Mit diesem Satz erklärt sich Jörg Schäfer sein Leben. Dann denkt er über Guido Sawallisch nach und gerät ins Zweifeln.

Nahezu alle in der JVA Diez weisen den Gedanken, hier trage ein Psychopath die Maske des Normalen, aus einer Art Selbstschutz heraus zurück. Dann hätte der mich über Jahre manipuliert, sagen sie: unmöglich. Schäfer denkt weiter. Das Lügen und Posieren wird dem Psychopathen zur zweiten Natur – der Psychopath *ist* die Maske. Im Fall Sawallisch sieht Schäfer keinen Grund, an der Diagnose seiner Psychologin Beck zu zweifeln. Und doch fühlt er dabei eine Art Phantomschmerz.

> **Eine Gutachterin erklärt, Sawallisch erfülle viele Merkmale eines Psychopathen**

PSYCHOPATHIE ist kein neues Konzept. Schon 1801 beschrieb der französische Arzt Philippe Pinel eine „Manie ohne Delirium". Später sprach man vom „moralischen Wahnsinn", in Deutschland seit den 1880er Jahren vom „Psychopathen". 1941 schrieb der Psychiater Hervey Cleckley über den Psychopathen, „das Gute, das Böse, Liebe, Angst und Humor geben ihm keinen Sinn, sie berühren ihn nicht". In den 1990er Jahren dann durchdrang die PCL-R, die Checkliste, das deutsche Justizsystem. Zusammen mit der Hirnforschung verheißt sie das perfekte Erfassen der Kriminalität und des Kriminellen.

Die Diagnose: Der Psychopath wird zum Opfer einer Arbeitsteilung im Hirn.

Die Freude oder das Leid anderer zu erkennen, dafür ist bei uns der präfrontale Kortex in der Stirn zuständig – für das eigene Fühlen und Mitfühlen die im Schläfenlappen vergrabene Amygdala. Doch im Psychopathenhirn versagt das Zusammenspiel.

Der Psychopath ist ein Meister im Einschätzen seiner Mitwelt, aber in ihm gähnt nur Leere. Da ist keine Neurose, kein verschüttetes Trauma, das ein Therapeut bergen könnte. Nur Leere.

Dass es Rechtes und Unrechtes gibt und dass der Menschen diesen Unterschied erkennt, wenn nicht Wahnsinn oder Triebe seinen Geist vernebeln, gehört zum Gründungsglauben der modernen Philosophie. Wenn Hirnforscher diese Idee angreifen, dann mit Blick auf den Psychopathen. Der weiß im Gegensatz zum Triebtäter, was er anrichtet, aber er spürt nichts dabei.

Schuldfähig? Der Psychopath gerät zwischen die Fronten der Psychiatrie und der Justiz. Wer zu normal fürs Krankenhaus erscheint, der untersteht den Geschäftsregeln des Strafvollzugs, wonach jeder die Chance auf Besserung erhalten, jeder selbst das Böse abstreifen darf. Im Fall Sawallisch zielt dieser Wunsch womöglich ins Nichts. Denn je ziviler Sawallisch wird, je fleißiger er studiert und je smarter er auftritt, desto klarer wird ein Skeptiker wie Dr. Schäfer in ihm die Konturen des Psychopathen erkennen.

Er weiß, das ist ein Dilemma. Du musst dich ändern, sagt er zu Sawallisch – aber gut, wir wissen, du kannst es gar nicht.

Psychopathie verstehen zu lernen ist ein schwieriges Geschäft. Das liegt an den Forschungsobjekten selbst; und an den fließenden Grenzen zum Normalen, Allzumenschlichen. Glaubenskämpfe toben über die Frage, ob das psychopathische Syndrom kriminelles Verhalten einschließt, ob also jeder Psychopath zwingend zum Verbrecher werden muss.

Doch selbst wenn der Verstoß gegen die Gesetze der Gemeinschaft ein mehr oder weniger erwartbares „Nebenprodukt" der Psychopathie bliebe, so scheint doch festzustehen, dass es sich um erbliches Verhalten handelt. Psychopathie entspringt einem Hirnschaden, ist die Folge einer genetischen Anlage und wird verstärkt vielleicht durch Einsamkeit im Kindesalter.

Eine große moralische Frage unserer Zeit lautet, was daraus folgt.

Manche, wie Dr. Schäfer, tendieren zum Verwahren, also dazu, das „lebenslänglich" wörtlich zu nehmen. Andere halten am Konzept von Schuld, Verantwortung und Resozialisation fest. Einem wie Sawallisch müsste doch beizubringen sein, sagen sie, dass er Regeln zu befolgen hat.

Es gab eine Zeit, da war der Teufel der Beherrscher des Bösen. Die Wissenschaftler haben den Teufel in den Kopf von Guido Sawallisch verlegt. Vielleicht zu Recht, doch Zweifel bleiben. Hirnforscher stehen hilflos vor Einzelfällen, sie arbeiten mit Statistiken, und die Checkliste, auch dies zeigt die Angelegenheit Sawallisch, bekundet eine Exaktheit, die nicht immer greift.

Zwischen zwölf und 22 Punkten auf der PCL-R können viele Lebensjahre im Gefängnis liegen.

LABYRINTHE des Verdachts. Kneift man die Augen zu, glaubt man in Dr. Schäfer an seinem riesenhaften, leer geräumten Schreibtisch den schwarzen Helden eines Irrenhausfilms zu erkennen: Verrückter Direktor sperrt die Normalen ein.

Aber nur kurz. Dann blickt man wieder klar, nun wirft Schäfer einen Sehnsuchtsblick durch seine Gitterfenster zum Himmel und sagt, dies hier sei ein Rennen, Katze gegen Maus.

Und er, Schäfer, frage sich, wer spielt die Katze und wer die Maus.

Sawallisch jagt ihn mit Anträgen, Beschwerden, Eingaben. Ein juristisches Flächenbombardement. Sawallisch fordert einen Blu-Ray-Player. Sawallisch möchte Ausgang, logische Fortsetzung wäre der Urlaub, schließlich der offene Vollzug – das Ticket Richtung Freiheit.

Den Wünschen wird irgendwann nachzugeben sein. Möglich auch, dass ein Gutachter auftritt und die Gerichte davon überzeugt, Guido Sawallisch sofort freizusetzen.

Dieser Geschichte fehlt die Auflösung. Noch zwei Jahre Haftzeit – was folgt, bleibt offen. Vielleicht tritt dann ein reuiger, emotional leicht unterkühlter Mann in unsere Mitte, findet einen Arbeitsplatz, erringt womöglich späten Erfolg.

Oder es kommt jemand frei, der unsere Sittengesetze auswendig gelernt hat wie chinesische Vokabeln und nun ein abstraktes Wissen hat: Man bringt besser keinen Menschen um.

Weil er sich von einem Kumpanen um Geld betrogen fühlt, beschließt Sawallisch, den Mann zu töten. Mit einem Brecheisen schlägt er ihm den Schädel ein

Im Oktober 2010 lässt Dr. Schäfer das Studienzentrum wieder öffnen. Für alles andere fehlt ihm die Begründung, auf den Rechnern sind keine Hetzschriften aufgetaucht. Sawallisch studiert weiter und träumt vom Freigängerhaus – jener Art des offenen Vollzugs, die er schon mal kennengelernt hat, damals, als er das Böse in die Welt brachte.

AM ERSTEN JULITAG 1992 telefoniert Guido Sawallisch, Fünf-Tage-pro-Woche-Häftling, Anzugträger, Einzelkind, mit Michael Rehter, Autohehler, Großmaul, Nihilist.

Sawallisch steht in der Zelle, neben ihm Lell, „der Bizarre". Auf dem Bett das schwere C-Netz-Telefon. Draußen schwelt Abendhitze.

Der Streit ist schnell und heftig. Wo bleibt unser Geld, fragt Sawallisch.

Rehter antwortet: Ihr habt genug, 2000 Mark pro Woche reichen fürs Freizeitvergnügen.

Sawallisch: Wir wollen das Geld, du schuldest es uns.

Rehter: Soll ich euch rausschmeißen? Ohne mich seid ihr nichts. Ende. ...

Sawallisch flucht seine Wut in die Zelle. Nach fünf Minuten kehrt die Ruhe zurück. Überlegen. Da war schon vorher diese Idee, Rehter verschwinden zu lassen. Jetzt wächst sie, eröffnet einen Gedankenraum der Chancen und Optionen. In jenen Augenblicken beschließt Sawallisch, dass Rehter „weg muss". Auf welche Art, das weiß Sawallisch noch nicht, nur: sobald wie möglich, am Freitag, beim nächsten Wiedersehen.

In den folgenden Tagen hadert Guido Sawallisch nicht. Er überdenkt nichts mehr. Sein Plan steht fest. Rehter muss weg. Andere Lösungen erscheinen denkbar, keine erscheint besser.

18 Jahre später öffnet ein freundlicher Mann in Grün ein winziges Gesprächszimmer in der JVA Diez. Waschbecken, Stühle, Telefon. „Rufen Sie die 147, falls was ist." Dann kommt Sawallisch, und der Wärter schließt die Tür.

Was sich am Freitag, dem 3. Juli 1992, in der Lagerhalle einer ehemaligen Reißverschlussfabrik in Wuppertal ereignet hat, schildert Guido Sawallisch nüchtern und mit Gespür für Details, ein Ermittler seiner selbst.

Er bleibt dabei ganz in Harmonie mit sich. Das Reden über diesen Tag fällt ihm so leicht, als sei seine Jugendzeit das Thema oder der Diebstahl eines Mofas. Er streut Formeln der Selbstkritik ein, was den Eindruck nur verstärkt, hier habe einer alles im Griff, heute wie damals. Ein Fachmann für das Erkennen, Verwalten, Behandeln von Problemen, dem nichts ferner läge als sich hineinzusteigern in was auch immer; heute wie damals.

14.30 Uhr, Sawallisch steigt am Knast in Rehters Jaguar. Sie fahren zu Sawallischs Mutter, Dreckwäsche abgeben. Im Auto harmloses Palaver, Umgehen des Streits. Um kurz nach drei Ankunft an der Halle. Ein schmales Gebäude, fast einem Wohnhaus ähnelnd mit seinen pilasterartigen Vorsprüngen, den Fenstern, der verputzten Fassade.

Drinnen Leuchtröhren, der Raum kaum größer als ein Apartment, Werkbank, Arbeitsgrube, ein geklauter BMW. Wenige Worte. Rehter im Blaumann, er nimmt sich den BMW vor, schweißt Fahrgestellnummern eines Unfallwagens ein. Arbeitsroutine.

In Sawallisch wirbelt die Unruhe. Er schwitzt, wartet, grübelt.„Wie könnte ich es machen? Ich will ja kein olympisches Preisboxen veranstalten. Der soll ja bloß weg. Dat is' wie auf dem Zehnmeterbrett, als Junge, zum ersten Mal im Leben. Man steht oben, unten rufen sie: Spring doch! Und du stehst da. Je länger, desto schlimmer wird's. Ich hab zwei Stunden da oben gestanden, aber Runterklettern war keine Option."

„Alles fertig?"

Rehter, an der Werkbank, schlüpft in seine Tuchhose, das Hemd. Sawallisch nimmt eine Brechstange und schlägt zu. Er trifft sein Opfer von der Seite am Nacken.

Michael Rehter sackt zusammen, zieht sich an der Werkbank hoch, schaut Sawallisch an, sagt nicht ein einziges Wort. Nur dieser lange, unbeteiligte, eingefrorene Blick.

„Von der ersten Sekunde an ging es schief. Er fällt nicht sofort um. In jedem Krimi fallen die sofort um."

Maße der Brechstange: 59 Zentimeter Länge, Dicke 2,5 Zentimeter. Ein „Kuhfuß". Eine der beiden Klauen ist abgebrochen.

Sawallisch schlägt wieder zu, immer auf den Kopf, ein halbes Dutzend Mal, es dauert länger als ein Radiosong. (Ursprung des Wortes „böse": althochdt. *bôsi*, vordt. *bausja*, vermutlich „übel geschwollen, wie eine Beule".)

Jörg Schäfer, der Leiter der JVA Diez, ist sich nicht sicher: Trägt Guido Sawallisch nur die Maske des Normalen und hat alle um sich herum manipuliert?

Dann liegt Rehter da. Sawallisch, nie zuvor durch Gewalt aufgefallen, geht nach nebenan in den Waschraum und duscht sich das Blut vom Körper.

Als er wiederkommt, röchelt Rehter. Sawallisch schlingt einen Schweißdraht um den Hals, dreht die Enden mit einer Zange zusammen, Rehter verendet an zentraler Atem- und Kreislauflähmung. Dann Stille.

Das Nachdenken und Entsorgen löst die Anspannung. Sawallisch stülpt einen Müllsack über Rehter, fixiert den Sack mit einem Gürtel an der Hüfte, schleppt das Paket zur Toilette, reinigt die Halle mit Dieseltreibstoff. Dann setzt er sich in Rehters Jaguar, Wert 80 000 Mark, und holt Uwe Wörz ab, den alten Kumpel aus Einbruchszeiten. Sie sind für den Abend verabredet.

Sawallisch fährt Wörz zur Halle. Er möchte die Autoteile wegbringen, vielleicht auch seinen Erfolg genießen: Die alte Selbstherrlichkeit meldet sich nun. Wörz geht aufs Klo und sieht Füße, Unterschenkel, einen blauen Sack.

Willst du mal sehen, sagt Sawallisch und zieht am Plastik. Wörz läuft raus und übergibt sich. Sawallisch erzählt Wörz alles, in allen Details, als wolle er angeben wie ein Schuljunge.

Dann trinken sie in einer Kneipe die Nacht weg.

Am Morgen danach kommt Lell, der Zellengenosse, auf Freigang. Auch er erlebt Sawallischs prahlsüchtige Geschwätzigkeit. „Den Vogel gibt's nicht mehr, den Vogel habe ich gerupft." Sawallisch weiß, diese beiden Kleinganoven und Halbversager werden ihn nicht ausliefern, schon wegen ihrer eigenen Vorstrafen.

Lell und Sawallisch fahren auf einen Schrottplatz und besorgen ein Metallfass, 200 Liter Volumen. Dann weiter zum Baustoffmarkt. Sawallisch kauft Sand und Kies, dazu einen Sack Zement.

„Ich versuche immer, die Eventualitäten abzuklären. Man kennt ja die Filme. Die Leiche im Gartenpavillon wie bei Louis de Funès oder eingewickelt im Teppich. So etwas geht schief. Also der Beton."

Ausgerechnet Rehter, dessen Mutter eine Betonfirma besitzt. Sawallisch und Lell rühren an, füllen das Fass. Kopfüber die Leiche hinein. Sie ist kalt und starr; Sawallisch klemmt die Beine mit dem Brecheisen in der Tonne fest. Dann Ziegelsteine, mehr Beton, am Ende das Glattstreichen.

Einen Tag später, am Sonntag, bleibt nur eine süßlich stinkende Brühe übrig, oben auf der Betonfläche. Leichenflüssigkeit. Die wischen sie mit Putzlappen ab. Die Lappen landen in Plastiktüten, dann im Mülleimer am Straßenrand.

Sieben heiße Tage lang steht das grüne Fass in der leeren Halle. Dann mietet Lell einen Siebentonner mit hydraulischer Rampe. In Duisburg, Autobahnabfahrt Ruhrort, finden die beiden eine Flussböschung. Sie rollen das Fass über den Kies, eine Höllenarbeit, bis es tief im Wasser am Schlammgrund feststeckt.

> Ist die Reue des Mörders glaubwürdig? Muss man ihn nach 19 Jahren Haft nicht entlassen?

Man kann nicht sagen, dass Sawallischs Leben in diesem Juli 1992 eine andere Richtung eingeschlagen hätte. Er fährt zwar jetzt den blauen Jaguar. Und er möchte den neuen Boss des Autogeschäfts geben, aber dafür fehlen ihm die Kontakte.

Bald geht er erneut auf Einbruchstour, und Wörz lärmt wieder in fremden Büros herum. In diesen Nächten trägt Sawallisch oft dieselbe Jeans wie am Tattag; in ihrem Beigeton sind nun helle, entfärbte Waschflecke.

Im April 1993 verlässt Sawallisch den Knast als freier Mann. Im Juni lächelt ihn in der Kneipe ein Mädchen herüber, Sylvia*, eine lebhafte, kesse Anwaltsgehilfin. Auch vor ihr, seiner neuen Freundin, errichtet er Fassaden. Sie glaubt bis zum Ende, er sei Finanzberater. Unter der Woche hält Sawallisch Distanz, am Freitag schwebt er im Anzug beim Stammitaliener herein: Er komme gerade aus Frankfurt, oder aus Düsseldorf.

Vom 3. Juli 1992, sagt er heute, träume er nie. Er grübele auch nicht weiter darüber nach; damals wie heute.

Kaum jemand vermisst Rehter, der unter falschem Namen lebte. Lell, „der Bizarre", ruft Rehters Mutter an und täuscht Besorgnis vor: Der Michael sei verschwunden, ob sie wisse, wo er sei? Die Mutter flüchtet sich in die Idee, ihr Sohn habe sich ins Ausland abgesetzt, um dem Gefängnis zu entkommen. Monat um Monat wächst ihre Angst.

Im Oktober 1993 wohnt Uwe Wörz, Sawallischs alter Bundeswehrkumpan, bei einer neuen Freundin: der hochschwangeren Witwe seines unter ungeklärten Umständen, womöglich an Heroin verstorbenen Bruders.

Am 10. Oktober, einem Sonntag, hält sie seine Launen nicht mehr aus. Wörz' Schwester eilt hinzu. Wörz nimmt das Küchenmesser, mit dem er immer sein Haschisch schneidet, brüllt herum, hält es seiner Schwester an die Kehle.

Die Frauen flüchten ins Badezimmer, dann aus der Wohnung. Im Auto erleidet die Freundin eine Fehlgeburt. Die Schwester fährt zur Polizei. Der Sawallisch, flennt sie dort, hat jemanden in eine Tonne gesteckt und ins Wasser geworfen; ihr Bruder wisse Genaueres.

Wörz bricht schon beim ersten Verhör zusammen. Er gesteht alles, später auch Lell.

Am 12. Oktober 1993, mehr als ein Jahr nach dem Mord, stehen Polizisten morgens um 8.10 Uhr vor Guido Sawallischs Wuppertaler Wohnung. Zweimal klingeln, dann öffnet der Verdächtige. In der Hand hält er einen Elektroschocker, wird aber überwältigt.

Mit einem Tötungsdelikt habe er nichts zu tun, teilt er dem Vernehmungsrichter mit und deutet nur vage an, dass er zu geeigneter Zeit Stellung nehmen werde.

Helmut Lell führt drei Kripobeamte zum Ufer der Ruhr, tags darauf hieven Polizeitaucher das Rostfass aus dem Schlamm. Beim Aufschneiden ragt ihnen ein Stück Hüfte entgegen.

In der Gerichtsmedizin bearbeiten drei Männer den Beton drei Stunden lang mit Hammer und Meißel, dann borgen sie sich bei Bauarbeitern auf der Straße einen Schlagbohrhammer und schälen frei, was von Michael Rehter übrig ...

* Name geändert

geblieben ist. Der Schädel weist einige Trümmerbrüche auf. Außerdem lochartige Zerstörungen an der rechten Schläfe, einen Berstungsbruch vom Rand des rechten Felsenbeins schräg nach vorn in das Dach der Keilbeinhöhle und von dort nach links in das seitliche Stirnbein. Daneben Brüche des rechten Jochbeins und des Unterkiefers, Abbrüche an der Schädelkante sowie Brüche der oberen Halswirbelkörper. Die Hirnreste wiegen 950 Gramm.

Noch einmal ein Jahr später, im September 1994 vor Gericht, schiebt Guido Sawallisch den Mord auf Uwe Wörz, seinen besten und womöglich einzigen Freund.

Sawallisch tritt selbstbewusst auf, aber niemand glaubt ihm. Bis heute glüht seine Verachtung für Wörz und dessen, wie er findet, abtrünniges Geständnis.

Das Fass steht noch ein paar Wintermonate lang auf dem Hof des Wuppertaler Polizeipräsidiums herum. Rehters Schädel dient zunächst als Exponat im Kriminalmuseum der Düsseldorfer Rechtsmedizin, eine Kuriosität unter anderen, die irgendwann entsorgt wird. Heute bleiben von Sawallischs Tat nur die Fotos eines zertrümmerten Kopfes, schwarz gerahmt, hinter dem Schreibtisch eines Polizeikommissars.

Zur Frage, weshalb Michael Rehter sterben musste, schreibt Dr. Bork, jener Tübinger Gutachter, der Sawallisch nicht für einen Psychopathen hält: Es erscheine nachvollziehbar, „dass sich Herr Sawallisch im Vorfeld des Mordes in seiner Existenz bedroht gefühlt hat. Dabei hat es sich um eine einmalige Konfliktsituation gehandelt."

Diese Worte eröffnen die in letzter Konsequenz tröstliche Hoffnung auf einen Streit zwischen den beiden, auf ein Ausrasten wie unter betrunkenen Jugendlichen. Es ist die Hoffnung darauf, dass Guido Sawallisch Gefühle hat.

„**Komm runter,** reg dich nicht auf, lass uns eine Analyse machen."

JVA Diez, Herbst 2010: Guido Sawallisch baut in seinem Kopf die Momente der Entscheidung wieder zusammen. Wie er in der Zelle mit dem wütenden Lell saß, zwei Tage vor dem Mord, nach dem Telefonat mit Rehter.

Guido Sawallisch hat für den Mord inzwischen mehr als 17 Jahre gebüßt. Er sagt, er habe sich verändert. Ob er in zwei Jahren entlassen wird, hängt von den Gutachtern ab

Sawallisch: „Welche Optionen siehst du?"

Lell: „Ich will mein Geld haben."

„Das Thema können wir abhaken." – „Ja."

„Einfach weitermachen, als wäre nix gewesen, können wir auch nicht. Dann betrügt er uns immer weiter." – „Ja."

Sawallisch arbeitet mit Lell nach und nach alle Optionen durch. Wie bei einer Klausur, sagt er, du setzt dich hin und beginnst mit dem Rechnen. Denkroutine.

Option 1: weitermachen – geht nicht.

Option 2: Rückzug aus dem Geschäft – geht auch nicht, denn wenn Rehter irgendwann einmal in die Fänge der Polizei gerät, wird er uns opfern, das bedeutet sieben Jahre Knast.

Option 3: Rehter anzeigen – die gleiche Antwort.

Herbst 2010, JVA Diez. Man fühlt, wie man hineingezogen wird in Sawallischs Argumentationsschleifen, in die kalte Logik einer Beschlussfassung.

Sawallisch: „Ein rationales Ausschlussverfahren hat zum Ergebnis geführt. Der musste weg. Jede andere Option hätte bedeutet, dem Zufall die Kontrolle zu überlassen. Und das geht nicht."

„Es klingt einleuchtend, so, wie Sie das darstellen."

„Das hat mir noch niemand gesagt. Danke."

Bald ist Mittag, dann wird ein Wärter die Tür öffnen, der Umschluss steht an.

Es bleibt noch Zeit für eine Frage an diesen Mann, der anderen fremd erscheint, aber nicht sich selbst. Was ist das Böse?

„Gesehen hab ich das schon mal. Böse ist, wenn man kein Motiv hat. Wenn man einen Zaunpfahl umtritt, und zwei Meter weiter steht ein Mensch, den tritt man auch um. Das ist böse. Hat aber mit mir nichts zu tun." □

GEO-Redakteur **Malte Henk**, 34, machte bei seinen Besuchen in der JVA Diez die beunruhigende Erfahrung, wie schwierig es sein kann, in einen Menschen „hineinzublicken". Der Fotograf **David Maupilé** produzierte in diesem Heft auch die Bildstrecke zum „Altruismus".

Literaturempfehlung: Robert D. Hare, „Gewissenlos – Die Psychopathen unter uns", Springer; allgemein verständliches Standardwerk vom Begründer der neueren Psychopathieforschung.

Der Autor dankt Denis Köhler, Professor für Psychologie und Leiter des Kontaktstudiums „Forensische Sozialwissenschaften – Forensische Sozialarbeit, Rechtspsychologie und Kriminologie" an der SRH Hochschule Heidelberg, für seine Unterstützung und Beratung.

Unser zweites Gesicht

Seit es Menschen gibt, kommt es immer wieder zu Pogromen. Plötzlich fallen Nachbarn und Bekannte, die jahrelang friedlich miteinander gelebt haben, übereinander her. So war es einst im zaristischen Russland und im »Dritten Reich«, so ist es später in Bosnien, Ruanda oder Kirgisistan. Wissenschaftler, die diese Vorgänge untersuchen, kommen zu einer beunruhigenden Erkenntnis: Das Böse steckt in jedem von uns

Text: Ralf Berhorst
Fotos: James Nachtwey

April 1994: In Ruanda entbrennt ein drei Monate andauerndes Massaker. Angehörige der Hutu-Volksgruppe ermorden Tutsi, aber auch Menschen aus den eigenen Reihen. Oder verstümmeln sie mit Macheten, wie diesen Mann

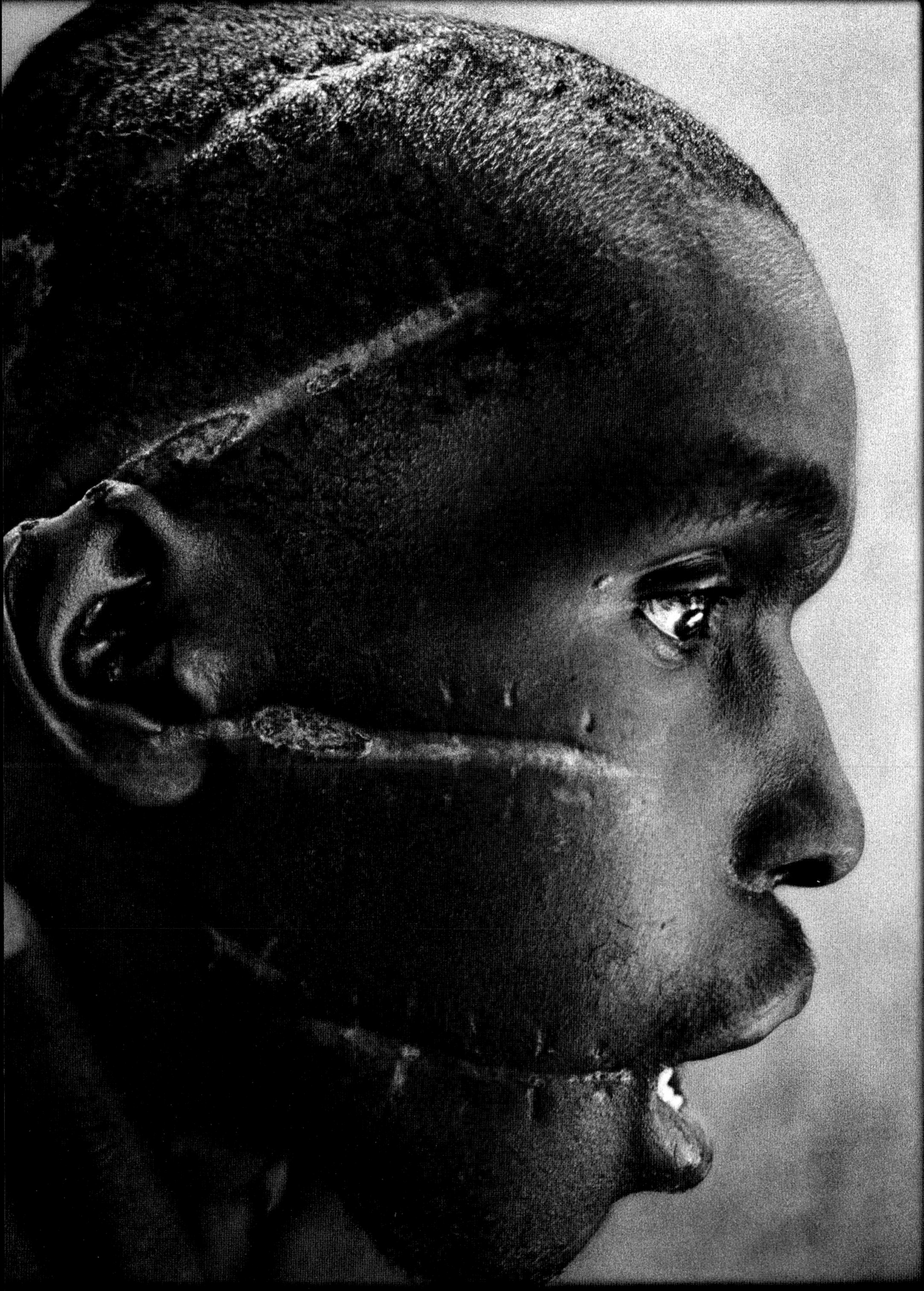

Mehr als 100 000 Hutu beteiligen sich an dem Völkermord, darunter viele Zivilisten. Als die meisten von ihnen später vor der Rache der Tutsi in die Nachbarländer flüchten, werfen sie ihre Waffen weg (hier ein Stapel von Macheten an der Grenze zwischen Ruanda und Tansania)

Verletzte Kinder in einem Hospital in Südruanda. Dass Hutu-Radiosprecher die Tutsi immer wieder »Schaben« nennen, spiegelt ein Muster bei Völkermorden wider: Opfer werden zu Tieren erklärt, ihrer Menschlichkeit beraubt

Am Abend des 10. Juni 2010 fallen Schüsse in der kirgisischen Stadt Osch. Tausende Männer dringen in die Metropole ein, bewaffnet mit Schusswaffen, Eisenstangen und Steinen. Die Angreifer sind Kirgisen und stammen aus Bergdörfern. Sie haben gehört, dass in Osch Usbeken kirgisische Männer töten und Frauen vergewaltigen.

Usbeken sind in Kirgisistan eine ethnische Minderheit. Sie werden bei der Besetzung von Ämtern benachteiligt und haben weniger Rechte als die Kirgisen. In Osch aber sind viele Usbeken wirtschaftlich erfolgreich und betreiben Geschäfte an den Märkten der Stadt.

Dorthin ziehen nun die Angreifer, denen sich viele Kirgisen aus Osch anschließen. Sie setzen Gebäude in Brand, verwüsten Cafés, Restaurants und Banken und attackieren Usbeken auf der Straße. Bürger fallen übereinander her, die jahrzehntelang friedlich nebeneinander gelebt haben. Auch zu einem usbekischen Wohnviertel drängen Bewaffnete in dieser Nacht; dort treiben sie Menschen aus ihren Häusern, legen Feuer, erschießen oder erschlagen die Fliehenden.

Gebäude, in denen Angehörige ihrer Volksgruppe leben, verschonen die Angreifer. Doch nun bewaffnen sich auch die Usbeken und errichten Barrikaden. Hunderte junge Männer beider Volksgruppen bekämpfen sich in den folgenden Tagen und Nächten mit Gewehren und Stahlstangen auf der Straße. Auch in anderen Städten und Dörfern brechen Unruhen aus.

Vier Tage dauern die Ausschreitungen allein in Osch; 2000 Menschen kommen vermutlich ums Leben, die meisten Usbeken. Manche sind von ihren eigenen Nachbarn ermordet worden. Von Menschen, denen sie Tag für Tag begegneten.

Erst als die Regierung Ausgangssperren verhängt und Soldaten entsendet, beenden die Menschen allmählich das Morden.

Im März 1968 erschießen US-Soldaten der 11. Infanterie-Brigade in dem vietnamesischen Dorf My Lai 504 Zivilisten, obwohl sie in der Ansiedlung auf keinen einzigen Vietcong-Kämpfer stoßen.

Während des Bürgerkrieges im ehemaligen Jugoslawien vergewaltigen und töten Menschen ihre Nachbarn, weil die Bosnier, Kroaten oder Serben sind.

Und in Ruanda erschlagen 1994 Angehörige der Hutu-Volksgruppe insgesamt wohl knapp eine Million Menschen. Sie zerhacken ihre Arbeitskollegen und Nachbarn mit Macheten, sie erwürgen Greise, ertränken Frauen, Kinder und Säuglinge. Ärzte ermorden ihre Patienten, Lehrer ihre Schüler, Priester ihre Gemeindemitglieder – nur, weil sie zur ethnischen Minderheit der Tutsi gehören. Über 100 000 Hutu sollen sich an den Massakern beteiligt haben.

Wann entfaltet sich diese finstere Kraft, wie ergreift sie Besitz von unserer Seele? Was verrät sie über unser Innerstes, über die dunkle Seite des Menschseins? Weshalb können sich so viele ihrer Macht nicht entziehen? Was bringt Durchschnittsmenschen dazu, zu Folterern oder Mördern zu werden?

Der amerikanische Sozialpsychologe Philip Zimbardo hat für diese Transformation den Begriff „Luzifer-Effekt“ geprägt. Der Terminus spielt an auf biblische Motive: Der Engel Luzifer lehnt sich gegen Gott auf, wird in die Hölle verbannt und wandelt sich zu Satan.

Zwar gebe es immer eine Minderheit, so Zimbardo, die sich dieser Metamorphose entziehe, doch er geht davon aus, dass im Prinzip niemand vor diesem Effekt gefeit ist: „Jede Tat, die ein beliebiger Mensch jemals begangen hat, wie grauenhaft auch immer sie gewesen sein mag, ist uns allen möglich.“

Steckt das Böse also in jedem von uns?

Im Jahr 1960 wagte der US-Sozialpsychologe Stanley Milgram ein spektakuläres Experiment, das inzwischen Teil des psychologischen Alltagswissens geworden ist und auf dessen Erkenntnisse Forscher auch heute noch zurückgreifen: Milgram wählte „Durchschnittsmenschen“ – Postbeamte, Lehrer, Handelsvertreter, Ingenieure, Arbeiter – aus, um zu erforschen, wie weit Menschen in der Anwendung von Gewalt gehen, wenn ihnen eine Autoritätsperson dies gebietet.

Auf Anweisung eines Versuchsleiters sollte ein Teilnehmer einen anderen Probanden (der im Nebenraum saß, aber zu hören war) für dessen Fehler bei einem Gedächtnistest mit Stromstößen bestrafen, wobei er deren Stärke bei jedem weiteren Irrtum steigern sollte. Er wusste dabei nicht, dass die Impulse nur zum Schein übermittelt wurden und dass die vermeintlichen Reaktionen von einem Tonbandgerät stammten.

Das Ergebnis: Alle Versuchspersonen teilten Elektroschocks aus – selbst dann noch, als ihnen Schmerzensschreie vorgespielt wurden. Obwohl viele Teilnehmer in starke Gewissenskonflikte gerieten und sich zwischendurch weigerten, mit dem Test fortzufahren, waren dennoch zwei Drittel bereit, den höchsten und – wie sie annehmen mussten – tödlichen Stromstoß von 450 Volt anzuwenden. Milgrams Fazit: „Ganz gewöhnliche Menschen können zu Handlungen in einem grausigen Vernichtungsprozess veranlasst werden, selbst dann, wenn sie sich der zerstörerischen Folgen ihres Handelns bewusst sind.“

Der Forscher variierte das Experiment später mehrfach – mit wechselnden Resultaten: Waren beispielsweise zwei weitere Probanden zugegen, die sich (nach geheimer Absprache) den Anweisungen des Versuchsleiters widersetzten, sank die Quote jener Teilnehmer, die den maximalen Elektroschock verabreichten, auf zehn Prozent ab.

Milgram folgerte, dass weniger die individuelle Veranlagung, der Charakter also, Menschen zu Tätern werden lässt, sondern vielmehr die Dynamik einer Situation. Es sind die Umstände, die Menschen dazu bewegen, einen Befehl auszuführen – oder sich dagegen aufzulehnen.

Wie machtvoll diese Umstände sein können, wurde in einem weiteren Experiment deutlich. Versuchsteilnehmer wurden willkürlich in zwei Gruppen eingeteilt, eine „rote“ und eine „grüne“. Allein diese Einteilung bestimmte das Denken und Handeln Einzelner derart, dass sie die Mitglieder der anderen Gruppe als fremd oder gar feindlich wahrnahmen.

Dass solche „situativen Faktoren“ für den Luzifer-Effekt verantwortlich sind, vermutet auch Philip Zimbardo. 1971 unternahm der Sozialpsychologe in Stanford ein ebenfalls berühmt gewordenes Experiment: Er ließ Studenten in einem simulierten Gefängnis die Rollen von Wärtern und Häftlingen spielen. Schon nach wenigen Tagen erniedrigten einige der „Wärter“ ihre „Häftlinge“ so sehr, dass Zimbardo das Experiment abbrechen musste.

Zwar wussten die Studenten, dass sie Teil eines Versuchs waren. Dennoch führte allein die Situation bei den Probanden zu einer Wesensänderung – sie nahmen ihre Rolle als „Wärter“ an, wurden Teil einer Hierarchie und drangsalierten ihre „Häftlinge“.

So erhellend die Erkenntnisse auch waren – um wissenschaftlichen Kriterien zu genügen, hätte Zimbardo das Experiment wiederholen und variieren müssen. Das aber wagte er nicht, weil er seine Inszenierung inzwischen selbst für unethisch hielt und befürchtete, dass seine Studenten in echte Gefahr geraten würden.

Versuchen dieser Art sind daher Grenzen gesetzt. Ein Experiment wie das Zimbardos oder Milgrams würde heute nicht mehr genehmigt werden.

Wissenschaftler erforschen den Luzifer-Effekt deshalb in der realen Welt: Sie analysieren die Metamorphose eines Menschen hin zum Bösen anhand historischer Beispiele – etwa der Judenmorde unter dem Nazi-Regime, der Pogrome in Kambodscha, des Bürgerkrieges in Jugoslawien, des Genozids in Ruanda.

Sie suchen nach wiederkehrenden Mustern, nach Mechanismen, die Menschen zu Mördern werden lassen. Und versuchen, das Unfassbare fassbar zu machen.

ENDE AUGUST 1941 wird das deutsche Reserve-Polizeibataillon 45 in eine Kleinstadt in der Ukraine verlegt. Dort, so erfährt der Kommandeur, sollen sich die etwa 360 Mann, die von Beruf eigentlich Buchbinder, Schneider und Friseure sind und nie zuvor an der Front gekämpft haben, an der Ermordung von Juden beteiligen. Anfangs protestiert er gegen den Befehl. Und dennoch töten er und seine Männer weisungsgemäß mehrere Hundert Juden, darunter Frauen und Kinder.

Die Schützen folgen der Order ihres Vorgesetzten, obwohl sie im Fall einer Weigerung keine ernstlichen Konsequenzen zu befürchten haben – allenfalls einen Ansehensverlust unter ihren Kameraden.

Auch die anfangs Zögerlichen überwinden ihre Skrupel und morden in den kommenden Wochen „mit einer sich schnell verfeinernden Raffinesse“, wie der renommierte Sozialpsychologe Harald Welzer schreibt, der die Geschichte des Polizeibataillons 45 näher untersucht hat.

Die Schützen waren gewiss keine geborenen Mörder; Welzer macht für ihre Entwicklung vielmehr eine Reihe von Faktoren verantwortlich, aus denen er einen Kriterienkatalog entwickelt hat. Auch andere Wissenschaftler haben bei Pogromen und Massakern stets mehrere dieser Faktoren nachweisen können. Diese Kriterien beschreiben einen Prozess, so der US-Psychologe James Waller, den die Täter – in nicht festgelegter Reihenfolge – durchlaufen; einen Prozess, der ihre bisherigen Wertvorstellungen erodieren lässt, ihre

AUCH DIE ZÖGERLICHEN ÜBERWINDEN IHRE SKRUPEL – UND MORDEN BALD »MIT EINER SICH SCHNELL VERFEINERNDEN RAFFINESSE«

Gut eine Million Menschen sterben bei den Massakern in Ruanda. Die Folterer und Mörder, die sich an den Pogromen beteiligen, verstehen ihr Tötungswerk als »Säubern des Busches«, als »Feldarbeit«

Moral umformt, ihr Verhalten verändert. Bis sie schließlich das Töten als Normalität empfinden.

Zu den wichtigsten Faktoren gehören:

• **Die Tötungsmoral.** Menschen, die sich an Genoziden beteiligen, handeln überraschenderweise nicht mit dem Bewusstsein, etwas Verbotenes zu tun. Im Gegenteil: Sie werden, so James Waller, gewöhnlich erst dann zu Tätern, wenn sie davon überzeugt sind, dass ihre Aktionen höchst moralischen Zwecken dienen. Die Täter folgen einer ethischen Vorstellung, die es ihnen als möglich und legitim, ja geradezu als geboten erscheinen lässt, ihre Opfer zu vernichten.

Als etwa die Männer des Reserve-Polizeibataillons 45 in der Ukraine ankamen, hatten sie längst, so der Psychologe Harald Welzer, einen moralischen „Umbauprozess" durchlaufen. Zwar waren die meisten Mitglieder des Bataillons so alt, dass prägende Jahre ihrer Erziehung noch vor der Machtergreifung der Nationalsozialisten lagen. Sie konnten also wissen, dass es verwerflich ist, unschuldige Menschen zu töten. Doch nach 1933 erlebten sie, wie sich die Vorstellungen darüber, was Recht und Unrecht ist, verschoben.

Der Staat ersetzte ein universalistisches Moralkonzept – also eines, in dem Verhaltensnormen wie das Tötungsverbot für sämtliche Mitglieder der Gemeinschaft gelten – durch eine partikulare Ethik, die nur noch „Arier" umfasste und schützte.

Nach dieser neuen Moral galt es als zwingend, Juden zunächst auszugrenzen und schließlich auszulöschen, weil sie angeblich eine Gefahr für die übrige „Volksgemeinschaft" darstellten. Und in Ruanda verbreitete ein einflussreicher Ideologe drei Jahre vor dem Völkermord eine Liste mit zehn „Hutu-Geboten"; eine Vorschrift lautete: „Hutu dürfen gegenüber Tutsi kein Mitleid mehr zeigen."

• **Die Bedrohungsfantasie.** Bestandteil der neuen Tätermoral ist gewöhnlich die Behauptung, dass von den späteren Opfern eine tödliche Gefahr ausgehe.

Nach der rassistischen NS-Ideologie galten Juden als Staatsfeinde, die den deutschen „Volkskörper" von innen zersetzten. Eine rasche Folge von Gesetzesmaßnahmen machte die erst nur behauptete Andersartigkeit der Juden zur sozialen Realität. So betrieb das Regime die Bildung einer „Wir-Gruppe" gegen eine als minderwertig und feindlich betrachtete „Sie-Gruppe".

In Ruanda wurden die Massaker an den Tutsi als Akte der „Selbstverteidigung" gerechtfertigt. Ideologen der „Hutu-Power"-Bewegung schürten die ethnische Spaltung der Gesellschaft und spitzten jede Streitfrage auf ein „Wir gegen sie" und „Töte, oder du wirst getötet" zu.

Die GIs, die 1968 das Massaker von My Lai verübten, verinnerlichten im unübersichtlichen Dschungelkrieg ein immer bedrohlicheres Feindbild: Jeder Vietnamese konnte für sie schließlich ein Vietcong-Kämpfer sein – selbst die Kinder.

• **Die Entmenschlichung.** Die Opfer werden zu niederen Tieren degradiert, ihrer Gleichwertigkeit beraubt. Das führt dazu, dass Täter jedes Mitgefühl verlieren. In der Nazi-Diktatur bezeichneten Demagogen Juden als „Parasiten" oder „Bazillen", als Ungeziefer, das ohne Emotion zu vernichten sei. In Ruanda nannten Sprecher eines landesweiten Radiosenders die Tutsi immer wieder „Schaben". Die Angreifer, die in der kirgisischen Stadt Osch Jagd auf ihre Nachbarn machten, hinterließen am Straßenrand den Schriftzug „Usbeken sind Kakerlaken".

• **Die Konformität.** Besonders in ungewohnten Situationen suchen Menschen, die in ihrem Handeln unsicher sind, nach Orientierung. Sie richten sich dann oft nach dem Verhalten jener Mitglieder, die bestimmt auftreten. Dieser Mechanismus kann bewirken, dass eine ganze Gruppe mit einem Mal dem Vorbild weniger folgt – ein Vorgang, der eine neue Norm etabliert.

Als das Reserve-Polizeibataillon 45 zur ersten größeren Exekution antrat, wurde nur ein Teil der Männer eingesetzt. Sie überschritten also die Schwelle zum Töten und dienten den anderen als Beispiel. Das Wissen um die bereits vollzogenen Morde zeigte den Übrigen, dass dergleichen leicht möglich ist. Wenige Tage später beteiligten sich alle drei Kompanien des Bataillons an Hinrichtungen und ermordeten mehr als 12 000 Juden.

• **Bestätigung durch Wiederholung.** Menschen handeln nach einem tief in der Psyche verankerten Gesetz, so Harald Welzer: „Sie versuchen, die Richtigkeit einer einmal getroffenen Entscheidung durch ihre Wiederholung zu bestätigen." Mit jeder weiteren Ausführung einer Tat werde die Wahrscheinlichkeit eines Innehaltens geringer. Die Entwicklung, die die Täter dabei durchlaufen, gleiche eher einer Normalisierung als einer Brutalisierung. Das Morden wird zur Routine, zu einer sachlichen Arbeit, zum Alltag.

Nach den ersten Exekutionen handelten auch jene Reserve-Polizisten, die anfangs noch widerwillig töteten, bald voller Eifer. Sie stellten die einmal getroffene Entscheidung zum Gehorsam nicht mehr infrage. Einer der Männer exekutierte an einem einzigen Tag nach eigenen Angaben 200 bis 300 Menschen. Die Ausführung des zunächst als ungeheuerlich empfundenen Befehls war normal geworden.

Die mit Macheten bewaffneten Milizen, die 1994 durch Ruanda zogen, begriffen ihr Tötungswerk als „Feldarbeit", als „Säubern des Busches"; etliche Massaker dauerten mehrere Tage. Ein kroatischer Scharfschütze, der im jugoslawischen Bürgerkrieg Zivilisten erschoss, schilderte seine Tätigkeit später vor Gericht als „Arbeit, die man ordentlich oder schlecht erledigt".

Entstand bereits vor Jahrmillionen eine tief im Gehirn verankerte Bereitschaft zur Gewalt?

Doch manche Forscher vermuten, dass die eigentliche Erklärung für den Luzifer-Effekt noch tiefer liegt. Womöglich schlummert etwas in uns, das vor allen kulturellen Einflüssen entstand und uns zu außergewöhnlicher Grausamkeit befähigt.

Der Konstanzer Neuropsychologe Thomas Elbert sucht in der Entwicklungsgeschichte des *Homo sapiens* nach Antworten. Denn wenn Durchschnittsmenschen unter bestimmten Umständen morden, dann ist dies womöglich Teil unserer Natur und mithin auch der genetischen Ausstattung. Die aber stammt aus einer Zeit, die weit zurückliegt.

Schon vor Jahrmillionen, so Elbert, sei eine neue Form der Jagd und somit der Gewalt entstanden, die noch heute tief im Gehirn eines jedes Mannes verankert sei: eine kontrollierte, zielgerichtete Aggression. Damals, so argumentiert der Hirnforscher, ernährten sich unsere Urahnen erstmals von Fleisch, machten Jagd auf Tiere. Das aber sei extrem entbehrungsreich und gefährlich gewesen; die Urmenschen mussten ihre Beute aufspüren und verletzen, mussten manchmal eine Blutspur über Tage verfolgen.

Ihr Organismus, glaubt der Neuropsychologe, entwickelte daher einen Schutz- und Belohnungsmechanismus: Er schüttete biochemische Botenstoffe wie Testosteron und Glückshormone aus; ein Gemisch aus Substanzen, das die erfolgreichen Jäger alle Schmerzen und Anstrengungen vergessen ließ und sie in einen Zustand der Euphorie versetzte.

In ihren Gehirnen koppelten sich Schlüsselreize der Jagd – der Anblick von Blut, der Überlebenskampf der Beute – mit positiven, lustvollen Gefühlen. Es knüpfte sich, so Elbert, ein Netz aus Nervenbahnen, das die Jagd als faszinierend, ja rauschhaft erscheinen ließ.

Und es entstand eine neuronale Struktur, die auch auf den modernen Mann überging (Frauen, sagt der Neuropsychologe, neigten weniger zu dieser speziellen, lustbetonten Form der Aggression, weil sie in Bezug auf Jagd und Gewalt im Laufe der Evolution eine andere Entwicklung vollzogen hätten).

In der Steinzeit sei es bei den Männern zu einer Art Perversion des lustbesetzten Jagdtriebes gekommen: Denn schon bald folgten unsere Vorfahren dem Blutrausch auch in Auseinandersetzungen mit anderen Menschen. In Gruppen überfielen sie benachbarte Dörfer, erschlugen Männer, raubten Frauen.

Der amerikanische Anthropologe Richard Wrangham von der Harvard-Universität vermutet, dass frühe Menschen ihre Nachbarn überfielen und umbrachten, weil es ihnen soziale Dominanz eintrug (Forscher haben zudem herausgefunden, dass auch unsere nächsten Verwandten, die Schimpansen, in Gruppen Artgenossen angreifen und töten, um so ihr Territorium zu erweitern; siehe Seite 24).

Wahrscheinlich, so glaubt der Psychologe James Waller, ist der moderne *Homo sapiens* nicht nur ein Abkömmling erfolgreicher Jäger, sondern auch der Nachfahre besonders aggressiver Urmenschen, die sich in solchen gewaltsamen Auseinandersetzungen behaupten konnten und häufiger fortpflanzten.

Doch im Verlauf der Evolution habe der Mensch, so vermutet Thomas Elbert, lernen müssen, seine lustbesetzte Aggression zu kontrollieren – andernfalls hätte er womöglich seine eigene Spezies ausgelöscht.

In den Strukturen seines Vorderhirns – jener Region des Denkorgans, die Eindrücke bewertet und moralische Entscheidungen fällt – habe der *Homo sapiens* im Laufe seiner Evolution eine selektive, durch erlernte Moralvorstellungen bekräftigte Tötungshemmung aufgebaut. Sie erlaube es ihm, die triebhafte Aggression gegen die Artgenossen zu kontrollieren. Hierbei spiele unter anderem das Hormon Serotonin eine wichtige Rolle, das aufkommende Aggressionen zu unterdrücken vermag (siehe auch Seite 24).

Diese Tötungshemmung, sagt Elbert, lasse sich jedoch unter bestimmten Umständen aufheben; dann werde das uralte neuronale „Jagdnetzwerk“ im Hirn aktiviert. Der Mensch erlebe das Töten in Gruppen plötzlich als faszinierend und attraktiv.

Und ebendies, so glaubt der Forscher, spielt sich bei Völkermorden, Massakern und Pogromen ab.

Elberts Thesen stützen sich nicht allein auf Vermutungen, sondern auch auf empirische Untersuchungen. Der Konstanzer Wissenschaftler und seine Mitarbeiter haben zahlreiche afrikanische Krisengebiete bereist, in Uganda und im Kongo Kämpfer befragt. In ruandischen Gefängnissen interviewten sie im Jahr 2009 Hunderte Männer, die sich an dem Völkermord von 1994 beteiligt hatten. Viele Häftlinge sprachen mit erstaunlicher Offenheit und ohne Reue über ihre Taten.

Die Forscher sind dabei auf einen Befund gestoßen, der ihrer Meinung nach die Existenz eines tief verankerten neuronalen „Jagdnetzwerkes“ belegt: Es zeigte sich, dass etwa die Hälfte der Befragten ihre eigene Gewalt und Grausamkeit als lustvoll empfunden hatten.

Memo: **LUZIFER-EFFEKT**

- **Die Metamorphose** zum Gewalttäter ist prinzipiell bei jedem Menschen möglich, ausgelöst durch bestimmte Umstände.
- **Womöglich ist die Lust** am Töten in neuronalen Strukturen im Hirn jedes Mannes angelegt, spekulieren Forscher.
- **Bei Genoziden** sind Mörder häufig überzeugt, ihr Handeln sei moralisch berechtigt.
- **Viele Täter denken,** die Opfer seien eine Bedrohung für sie.
- **Wer bei einem Pogrom** bereits getötet hat, versucht, die Richtigkeit der Entscheidung durch Wiederholung zu bestätigen, und tötet wieder.

Zudem ließen sich bei den Gefangenen keine Anzeichen von Traumatisierung oder Depression feststellen. Thomas Elbert glaubt, dass es diesen Kämpfern gelungen ist, ihre Erlebnisse über das mit positiven Gefühlen verbundene neuronale „Jagdnetzwerk“ zu verarbeiten.

Beteiligen sich also deshalb gewöhnliche Menschen an Völkermorden, Pogromen und exzessiver Gewalt? Gibt es neuronale Strukturen im Gehirn eines jeden Mannes, die ihn in Ausnahmesituationen die Tötungshemmung überwinden und zum Täter werden lassen?

Viele dieser Schlussfolgerungen, so räumt Thomas Elbert ein, sind bislang nicht mehr als Thesen. In einem Großprojekt der Deutschen Forschungsgemeinschaft hat ein Team um den Neuropsychologen gerade erst begonnen, die Erkenntnisse aus den Befragungen der Täter und den neurowissenschaftlichen Untersuchungen im Labor miteinander zu verknüpfen.

Gegen seine Thesen ließe sich unter anderem einwenden, dass auch Frauen an den Massakern in Ruanda beteiligt waren oder als Wärterinnen in den Konzentrationslagern des NS-Staats Häftlinge quälten. Und offenbar töteten die Männer der Reserve-Polizeibataillone weniger rauschhaft als vielmehr routiniert. Manches an Elberts Gedankengebäude erscheint also spekulativ, und auch der Forscher kann nicht erklären, weshalb bei allen Massakern stets eine Minderheit dem Sog der Gewalt widersteht.

„Alles ist möglich“, glaubt der Psychologe Harald Welzer: „Es gibt keine natürliche oder auf sonstige Weise gezogene Grenze für menschliches Handeln.“

Doch der Mensch sei eben nicht nur ein biologisches Wesen. Er zeichne sich, so Welzer, gegenüber allen anderen Lebewesen dadurch aus, dass er sich in einem langen kulturellen Prozess von seinen „anthropologischen Bedingungen“ emanzipieren konnte. Anders als Tiere sei der *Homo sapiens* in der Lage, die Umstände seines Handelns zu reflektieren, zu beeinflussen und zu verändern.

Selbst wenn also das Böse wirklich in jedem von uns stecken sollte: Wir können uns immer dagegen entscheiden. □

Dr. **Ralf Berhorst**, 43, arbeitet als Journalist in Berlin. Der Amerikaner **James Nachtwey**, 62, gehört zu den besten Kriegsfotografen der Welt – und sieht sich als Antikriegsreporter, der als neutraler Augenzeuge die Entwicklung von Krisen begleitet.

Literaturempfehlungen: Philip Zimbardo, „Der Luzifer-Effekt“, Spektrum Akademischer Verlag; Harald Welzer, „Täter“, Fischer Taschenbuch Verlag; zwei umfassende wissenschaftliche Analysen, die aufzeigen, unter welchen Bedingungen Menschen zu Massenmördern werden. Stanley Milgram, „Das Milgram-Experiment“, Rowohlt Taschenbuch Verlag; ausführliche Abhandlung über Milgrams Menschenversuch.

Das Leben danach

Was geschieht mit einem Menschen, wenn die eigene Tochter stirbt, wenn der Vater zum Peiniger wird, der vertraute Freund zum Betrüger? Wie gehen Opfer mit ihrem Schmerz um, wie wandelt sich ihr Weltbild, ihre Zuversicht, woher schöpfen sie wieder Kraft? Sechs Betroffene berichten von ihrer Begegnung mit dem Bösen

Fotos: Benno Kraehahn
Protokolle: Johannes Schneider

Nach dem Tod seiner Tochter beim Amoklauf von Winnenden arbeitete Hardy Schober 18 Stunden am Tag, um nicht ins Grübeln zu verfallen (Protokoll: S. 136)

Katharina Müller*, 39, versucht ihrer Tochter die Liebe zu geben, die sie selbst als Kind nie erfahren hat

»Ich war drei Jahre alt, als sich mein Vater zum ersten Mal an mir verging. Fast jeden Tag stand ich auf der Kellertreppe und schrie aus Angst, immer so gegen drei Uhr nachmittags – wenn ich wusste, dass er bald von der Arbeit kommt.

Nur einmal habe ich in all den Jahren versucht, mit meiner Mutter zu reden. „Du hast eine blühende Fantasie", war ihre Antwort. Noch schmerzhafter war die Reaktion der einzigen Person, die mein Leid teilte, die eigentlich wissen musste, was ich durchmachte: meine Schwester. Immer wenn ich sie auf die Berührungen unseres Vaters ansprach, sagte sie, dass sie es genieße, eine Affäre mit ihm zu haben.

Ich glaube, das war ihre Art, sich zu schützen. Mich machte sie damit endgültig zu einem einsamen Opfer. Mit 14 Jahren zog ich zu einer älteren Freundin.

Heute denke ich, dass ich irgendetwas an mir habe, das bestimmte Männer anzieht. Eine gewisse Arglosigkeit, eine Mädchenhaftigkeit, die manche glauben lässt, mit mir könnten sie es machen. Denn auch als junge Erwachsene wurde ich zweimal vergewaltigt. Richtig gewehrt habe ich mich nie. Nichts gesagt. Ich hatte keine Stimme. Ich war wie gelähmt.

Tatsächlich habe ich als Kind nichts so gründlich gelernt wie zu schweigen, still zu halten. Wenn mein Vater mich berührte, schaltete ich meine Gefühle ab. Ich entfernte mich von mir selbst, schickte meinen Geist auf Reisen. Nur mein Körper blieb da.

Mit Anfang 20 lernte ich zum ersten Mal einen Mann kennen, den ich mochte. Einen ruhigen, ausgeglichenen Menschen. Ich liebte ihn nicht, aber ich hoffte, mit ihm würde es mir besser gehen. Ich dachte, ich könnte eine Familie gründen und ein normales Leben führen. Die Vergangenheit vergessen. Mein Mann respektierte mich, er liebte mich.

Wir bekamen eine Tochter. Doch ich blieb allein: Die Gedanken an meinen Vater waren ständig da, und statt mein Leid mit einem anderen zu teilen, betäubte ich mich, indem ich zu trinken begann.

Die Alkoholexzesse sah mein Mann mir bald an, aber weshalb ich trank, konnte er nicht verstehen. Ich blieb stumm, bis es nicht mehr ging, bis ich den Schmerz selbst mit zwei Flaschen Wodka am Tag nicht mehr besiegen konnte.

An einem Abend im Herbst rief ich meinen Mann in die Küche und bat ihn, sich zu setzen. Dann erzählte ich ihm von meiner Kindheit und beichtete, dass unser Familienleben eine Lüge war. Dass ich die liebende Ehefrau nur gespielt hatte, weil ich mir nichts sehnlicher gewünscht hatte als eine glückliche Familie.

Und ich sagte ihm, dass ich unser Liebesleben nie genießen konnte. Ich hatte Sex ja nicht als etwas kennengelernt, das Freude bereitet, und unsere Intimität war für mich nur das Mittel, ein Kind zu bekommen.

Das hat meinen Mann sehr verletzt. Wir haben uns getrennt.

Und dennoch geht es mir besser, seit ich angefangen habe, über meine Geschichte zu sprechen. Diese Öffnung fühlt sich wie eine zweite Geburt an; ich habe eine Entziehungskur gemacht und spreche regelmäßig mit meiner Psychotherapeutin. Von ihr habe ich gelernt, mich nicht mehr zu schämen.

Meinen Vater habe ich schon seit vielen Jahren nicht mehr gesehen, doch ich fürchte mich noch immer vor ihm.

Als ich hochschwanger war, wollte er erneut Kontakt zu mir aufbauen. Mein Gedanke war: Er sucht sich das nächste Opfer – meine Tochter. Das musste ich verhindern.

Ich sagte meinem Vater, dass ich ihn nie wiedersehen wolle.

*Name geändert

Im früheren Stasi-Gefängnis in Berlin-Pankow begann für den damals 25-jährigen Gerd Hetsch, 52, ein 16-monatiges Martyrium

»Als mich die Beamten an der deutsch-tschechischen Grenze abfingen, stammelte ich noch ein paar Ausreden, aber es war offensichtlich, dass ich bei einer versuchten Republikflucht geschnappt worden war. Es war der Sommer 1983. Ich war 25 Jahre alt.

Von Prag aus brachten sie mich in das Stasi-Gefängnis in Berlin-Pankow. Als sich die Zellentür hinter mir schloss, verlor ich vor Angst die Kontrolle über meine Körperfunktionen. Mit einem Schlauch spritzten die Wärter mich im Duschraum ab.

Einige Wochen hielt ich die Enge aus, dann erlitt ich einen Nervenzusammenbruch: Ich schrie und weinte in meiner Zelle, reagierte auch auf die Tritte und Schläge der Wärter nicht mehr. Schließlich brachten sie mich zu einem Stasi-Arzt, der spritzte mir Drogen, ich fühlte mich leicht und redselig, er stellte mir Fragen über meine politischen Einstellungen.

Einmal versuchte ich mich gegen die Spritzen zu wehren. Ein riesiger Wärter setzte sich auf mich und sagte: „Ich kann dich jetzt hier erwürgen. Keine Sau fragt nach dir, und ich werde befördert."

Einige Zeit vor meinem Fluchtversuch war ich als Aufnahmeleiter bei Radio Berlin entlassen worden, weil ich wiederholt unser zensiertes Programm kritisiert hatte. Jetzt gestand ich außerdem wahrheitsgemäß, dass ich Kontakt zu West-Journalisten gesucht hatte.

Am 6. Februar 1984 wurde ich wegen landesverräterischer Nachrichtenübermittlung und versuchter Agententätigkeit zu 22 Monaten Haft verurteilt. Bis zu diesem Tag hatte ich immer gedacht, das Ganze würde doch noch gut für mich ausgehen – ich hatte ja nichts Schlimmes getan.

Wahrscheinlich hätte ich mich schon vom ersten Hafttag an als Opfer fühlen sollen, aber das tat ich nicht.

Denn man hatte mich ja nicht eingesperrt, weil ich schwach war, sondern weil ich für meine Überzeugungen eingetreten war, gegen einen Unrechtsstaat.

Doch jetzt kam ich zur Haftverbüßung ins Zuchthaus Cottbus. Und dort wurde ich zum Opfer.

In Cottbus waren nicht nur politische Häftlinge, sondern auch gewöhnliche Kriminelle: Betrüger, Räuber, Schläger. Diese Leute waren daran gewöhnt, nicht mit Worten, sondern mit Gewalt zu kommunizieren. Und mir sahen sie sofort an, dass ich ihnen da nichts entgegensetzen würde.

Als ich die tiefen Katakomben der Haftanstalt betrat – dunkel, voller Ratten – hörte ich sofort die Rufe: „Na Kleiner, na Süßer." Auf einen wie mich hatten sie nur gewartet: zierlich, sanfter Blick, zartes Gemüt. Ich wurde in eine große Zelle mit vielleicht 20 Betten gesteckt. Sie kamen fast jede Nacht, immer die Gleichen, sie waren zu dritt, manchmal zu viert. Sie zerrten mich aus dem Bett zu den Toiletten und missbrauchten mich.

Manchmal schlugen sie meinen Kopf gegen die gekachelte Wand; zwangen mich, die Toilettenschüssel auszulecken; in anderen Nächten musste ich ihnen die Füße lecken, während sie onanierten. Diese gnadenlosen Machtdemonstrationen waren noch schlimmer als die rein sexuellen Übergriffe, die körperlichen Schmerzen: Meine Peiniger ließen mich spüren, dass ich ihnen vollkommen ausgeliefert war.

16 Monate lang dauerte das Martyrium. Dann wurde ich entlassen. Ich war nicht mehr derselbe. Ich schluckte eine Handvoll Schlaftabletten, doch die Dosis war zu gering, die Ärzte konnten mich retten.

Später, nach der Wende, versuchte ich, die Qualen zu verarbeiten, indem ich sie erneut durchlebte; ich mietete einen Callboy, der sadomasochistischen Sex anbot. Aber es funktionierte nicht, denn ich wusste ja, dass ich jederzeit „Stopp" sagen konnte.

In Cottbus konnte ich das nicht. In Cottbus habe ich das Böse gesehen. Damals, vor 27 Jahren, habe ich mein Leben verloren.

Ein vermeintlicher Freund betrog Elke Lachenmaier, 49, um die Lebensversicherung ihres verstorbenen Mannes

» Als bei meinem Mann vor fünf Jahren ein tödlicher Hirntumor festgestellt wurde, suchte ich nach Menschen, denen ich mich anvertrauen konnte. Die Pflege meines Mannes, das Haus, die Kinder – ich musste alles allein regeln und fühlte mich überfordert. Schließlich bat ich Freunde aus meiner Kirchengemeinde um Rat. Denn ich wusste auch nicht, wie es finanziell weitergehen sollte. Kurz zuvor war meine Arbeitsstelle, die städtische Musikschule, geschlossen worden. Nach 23 Jahren war ich arbeitslos.

Meine engsten Vertrauten aus der Glaubensgemeinschaft empfahlen mir, ein angesehenes Mitglied unserer Gemeinde zu kontaktieren, einen älteren Herrn, der oft als Laienprediger in der Kirche sprach. Er kenne sich mit finanziellen Angelegenheiten aus. Schon bei unserem ersten Telefonat hatte ich das Gefühl, dass dieser Mann mich in meiner Not verstand und mir helfen wollte. Er war so freundlich, so einfühlsam.

Er kam bald regelmäßig in unser Haus, betete mit mir und meinem Mann. Er sprach mit seiner tiefen, sonoren Stimme über Gott, hielt meine Hand und bestärkte mich auf meinem Glaubensweg. Er machte mir Hoffnung und versicherte mir, er würde das Geld aus der Lebensversicherung meines Mannes so gewinnbringend anlegen, dass ich mit meinen Kindern in unserem Haus wohnen bleiben könnte.

Eine Gegenleistung forderte er nie. „Ich werde besser für dich und die Kinder sorgen als ein Vater es tun könnte", das waren seine Worte. Ich war ihm unendlich dankbar.

Als mein Mann nach neun Monaten verstarb, war er sofort da, telefonierte mit der Versicherung. Ohne irgendwelche Zweifel gab ich ihm eine Vollmacht über 75 000 Euro. Ich war froh, dass ich mich nicht auch noch darum kümmern musste.

Zunächst lief alles wie versprochen: Jeden Monat schickte er mir pünktlich Bargeld, sodass ich die Raten für das Haus abbezahlen konnte. Doch als ich eine größere Summe brauchte, um das Grab meines Mannes einfassen zu lassen, hielt er mich hin, sagte, es dauere eine Weile, bis er das Geld aus dem Anlagemodell ziehen könne. Und dann stellte er die Zahlungen ein.

Ich versuchte, mit ihm zu reden. Er war ja mein Vertrauter, mein Freund. Doch er ging mir aus dem Weg, ich bekam ihn kaum noch zu Gesicht. Wann immer wir telefonierten, erfand er neue Ausreden: Er warte noch auf Rückzahlungen von Geschäftspartnern, ich müsse mich nur ein bisschen gedulden. Ich war verwirrt – und doch glaubte ich weiterhin an seine Redlichkeit.

Nach einigen Monaten aber war es mir zu viel: Zwei Pastoren aus der Kirchengemeinde halfen mir, ein Treffen mit ihm zu organisieren. Er sicherte mir zu, einen Großteil des Geldes zurückzuzahlen. Doch als er sein Versprechen auch dieses Mal brach, forderte ich alles zurück. Er gab mir einen Scheck über 80 000 Euro. Ich reichte ihn bei meiner Bank ein – er war nicht gedeckt.

Erst da gestand ich es mir endlich ein: Ich war betrogen worden, ausgenutzt, manipuliert, in der schwächsten Phase meines Lebens. Ein bitterer Moment.

Mittlerweile musste ich aus meinem Haus ausziehen, es wird von den Gläubigern zwangsverwaltet; ich habe eine Zeit voller Entbehrungen hinter mir.

Doch das Schlimmste war der Vertrauensbruch. Und leider beschränkt er sich nicht nur auf den Täter: Auch viele Freunde haben sich von mir abgewendet. Als es uns noch gut ging, als wir eine glückliche und intakte Familie waren, beliebt in der Kirchengemeinde, in der wir sehr aktiv waren, da stand das Telefon nie still. Aber von meiner Not wollten die meisten nichts hören, das war ihnen zu viel. Und so sind auch ihre Masken gefallen – eine Erfahrung, die mein Menschenbild völlig verändert hat. Früher war ich anderen gegenüber offen, vertrauensselig, heute bin ich wachsam. Denn ich weiß, wozu jeder Mensch fähig sein kann.

Geblieben ist mir allein der Glaube an Gott, er ist stärker als je zuvor. Ich bin demütig geworden, dankbar für jeden einzelnen Tag, genieße die kleinen Freuden des Alltags. Als mein Mann noch lebte, haben wir große Pläne gemacht. Heute plane ich nicht mehr über das Morgen hinaus, lebe ausschließlich im Hier und Jetzt.

Vielleicht sehe ich mein Geld irgendwann wieder, vielleicht nicht. Ich führe einen Prozess gegen den Täter; er behauptet, das gesamte Geld verloren zu haben. Durch meine Klage ist herausgekommen, dass er noch mehr Menschen um ihre Ersparnisse gebracht hat.

Ich bin also nicht die Einzige – das hat meine Scham ein wenig gelindert.

Weil er sich weigerte, Kundendaten weiterzugeben, wurde Oliver Kiefer*, 55, aus der Firma gemobbt

»Bis vor wenigen Jahren stand mein Leben hauptsächlich auf zwei festen Säulen: meiner Familie und meiner Arbeit. Inzwischen habe ich mein Arbeitsverhältnis fristlos gekündigt – von meiner Frau und meinen Kindern lebe ich getrennt.

Ich arbeitete in einer Firma unter anderem als stellvertretender Geschäftsführer und Datenschutzbeauftragter, galt als innovativ, belastbar und absolut zuverlässig; 2004 forderte der Geschäftsführer eines Kooperationspartners mich auf, ihm persönliche Daten unserer Kunden auszuhändigen. Dieses Ansinnen war ohne Zustimmung der Betroffenen rechtswidrig und schadete meiner Firma – ich lehnte daher die Datenweitergabe ab.

Meine Chefin war neu im Betrieb, und ich vermute, dass unser Kooperationspartner großen Druck auf sie ausübte. Das Geschäftsverhältnis zu der betreffenden Firma war für meinen Betrieb essenziell. Ich blieb meiner Überzeugung dennoch treu. Da ging es dann los.

Ich wurde als stellvertretender Geschäftsführer und Datenschutzbeauftragter abgesetzt. Mir kamen die Tränen: Mehr als 20 Jahre hatte ich alles für die Firma gegeben, oft bis spät abends und am Wochenende gearbeitet.

Als ich wenig später erneut ins Chefbüro gebeten wurde, hoffte ich, man wolle sich bei mir entschuldigen. Stattdessen überreichte mir meine Chefin eine Abmahnung: Angeblich hatte ich bei der Aktenführung geschlampt. Plötzlich fiel mir auf, dass von meiner Chefin auch im betriebsöffentlichen Intranet die Absicht angekündigt war, mich abzumahnen. Ich schaltete einen Anwalt ein; die Abmahnung musste zurückgenommen werden.

Zunächst hatte ich – jedenfalls juristisch – gesiegt, doch der negative Stress hatte meine Gesundheit angegriffen. Und noch während ich krank geschrieben war, schickte mir meine Chefin einen Brief, in dem stand, dass man bei mir jetzt nach Verfehlungen suchen werde.

Mich regte der Brief so auf, dass ich Schmerzen in der Brust bekam, und als ich merkte, dass mein linker Arm langsam taub wurde, rief meine Frau den Notarzt – mit Verdacht auf Herzinfarkt wurde ich ins Krankenhaus eingeliefert.

Danach war ich sehr niedergeschlagen, ich kam nicht mehr zur Ruhe, dachte Tag und Nacht an die Probleme bei der Arbeit. Ich konnte nicht mehr schlafen. Schließlich begab ich mich in eine Reha-Klinik.

Als ich endlich wieder arbeitsfähig war, überreichte mir meine Chefin eine Liste mit fünf angeblichen Verfehlungen. Ich konnte die Vorwürfe zwar widerlegen, aber nun begann das alltägliche Mobbing. Mir wurden Arbeiten unter Niveau zugewiesen, ich wurde ausgegrenzt, nicht gegrüßt, angeschrieen, drangsaliert. Aus dem Vorstand wurden mir später vertraulich Protokolle zugespielt, es wurde jetzt klar, dass der Firmenvorstand fehlinformiert wurde; in meinem Beisein soll mein Anwalt angeblich die Auflösung des Arbeitsverhältnisses angeboten haben. Mediation wurde mehrfach abgelehnt. All diese Dinge scheinen unbedeutender als eine offizielle Degradierung. Aber über Monate und Jahre zermürbten sie mich.

Dann erhielt ich eine zweite Abmahnung: Angeblich war eine Arbeitsunfähigkeitsbescheinigung einen Tag zu spät eingegangen. Die dritte Abmahnung kam wenige Wochen später, wieder wegen vermeintlicher Fehler in der Aktenführung; dieser Vorgang lag schon ein Jahr zurück.

Daheim zog ich mich immer mehr zurück, saß manchmal tagelang in einem abgedunkelten Raum. Meine Frau und die Kinder versuchten immer wieder, mich aufzumuntern, aber in mir war etwas zerbrochen.

Wieder ging ich in eine Reha-Klinik. Eines Morgens rief mich meine Frau dort an und sagte mir, dass sie die Situation nicht mehr ertrage und ausziehe. Ich konnte nichts mehr sagen, nicht ein Wort. Nach Minuten des Schweigens legte ich einfach auf.

Nach der Reha war mir klar, dass ich in dieser Firma nicht weiterarbeiten konnte. Mein Status war endgültig zerstört. Obwohl ich gute Chancen auf eine Abfindung und Schadenersatz hatte, kündigte ich 2008 fristlos. Ich hatte keine Kraft mehr.

Heute halte ich Vorlesungen über Arbeitsrecht an der Hochschule, referiere bei Krankenkassen, berate Unternehmen und Betriebsräte. Das Moderieren einer Gruppe Mobbing-Betroffener war für mich zunächst eine Art Selbsttherapie. Doch mittlerweile habe ich mehr Abstand zu meiner Geschichte gewonnen; man muss loslassen und verzeihen, um die Hände frei für Neues zu haben. Und das gibt mir ein gutes Gefühl.

*Name geändert

Viermal wurde Iris Keidel, 45, von ihrem Nachbarn sexuell belästigt, etwa im Waschkeller – da erst fasste sie Mut und ging zur Polizei

»Die Annäherungsversuche begannen auf der Geburtstagsfeier meiner Tochter. Mein Nachbar machte mir Komplimente über mein Aussehen, meinen Tanzstil. Ich fühlte mich geschmeichelt, ging aber nicht darauf ein.

Eines Tages lud er mich zum Kaffee ein. Wir plauderten über Alltägliches, da vertraute er mir plötzlich an, er hätte keinen Sex mehr mit seiner Freundin. Seine Distanzlosigkeit irritierte mich. Doch ich behielt die Fassung und riet ihm, Geduld zu haben. Schließlich hatte seine Freundin erst vor Kurzem den gemeinsamen Sohn geboren.

Ich hätte ihm damals deutlich machen sollen, wie unangemessen ich es fand, mich mit solch intimen Details zu konfrontieren. Denn er hat meine mitfühlende Art falsch verstanden.

Einige Wochen später klingelte er an der Tür. Wortlos drängte er mich mit seinem massigen Körper durch den Flur in die Küche und schob seine Hand unter mein T-Shirt. Ich schlug auf ihn ein, schrie. Da ließ er von mir ab und ging.

Meinem Mann sagte ich nichts. Ich glaubte, die Sache allein regeln zu können. Am nächsten Tag stellte ich meinen Nachbarn zur Rede, er wurde rot, entschuldigte sich und versprach, dass so etwas nicht wieder vorkomme. Ich glaubte ihm, fast tat er mir leid. Doch dann belästigte er mich ein weiteres Mal an der Wohnungstür. Diesmal drohte ich ihm, einer Freundin und meinem Mann davon zu erzählen.

Er bettelte mich an, es nicht zu tun. Ich dachte an seine Frau und das Kind. Ich würde die Familie zerstören – und schwieg erneut. In den folgenden Monaten ging ich ihm aus dem Weg.

Doch im Sommer 2008, ein Jahr nach dem ersten Übergriff, packte er mich im Hausflur am Handgelenk, zog mich in den Geräteschuppen im Garten, drückte mich nach vorn und riss mir die Hose runter.

Plötzlich rief mein sechsjähriger Sohn nach mir, er war uns nachgelaufen: „Mama, was macht ihr da?" Irritiert ließ mich mein Nachbar gehen.

Ich war immer eine selbstbewusste, starke Frau gewesen, doch jetzt gestand ich mir ein: Ich hatte die Kontrolle verloren, war zum Opfer geworden.

In den folgenden Tagen fühlte ich mich schwach, schämte mich. Hatte ich ihm unbewusst Zeichen gesendet? War also auch ich schuld? Würde mir überhaupt jemand glauben, dass ich mehrere Male belästigt worden war und nichts gesagt hatte?

Ich zog mich zurück. Von meinem Mann wollte ich nicht mehr angefasst werden, schon eine Berührung am Arm machte mich nervös. Ich verließ kaum noch die Wohnung, weinte viel, vernachlässigte den Haushalt. Wenn mein Mann mich fragte, was los sei, schrie ich ihn an.

Erst nachdem mein Nachbar mich erneut bedrängt hatte, im Waschkeller, wurde mir klar: Er würde es immer wieder tun. Endlich erstattete ich Anzeige. Ich konnte so einfach nicht mehr weiterleben. Nach meiner Aussage dachte ich, das Schlimmste läge hinter mir.

Da offenbarte mir meine Anwältin, dass mein Nachbar vor 20 Jahren zwei Menschen umgebracht hatte. Er war 21, als er seine Schwiegermutter in die Badewanne stieß, mit einem Messer auf sie einstach und der Toten mit einem Hammer den Kopf zertrümmerte. Als er merkte, dass ihn sein vierjähriger Neffe beobachtet hatte, erstach er auch ihn und zerschlug seinen Schädel.

Wahrscheinlich trieb ihn schon damals eine Sexualneurose zur Tat. Er wurde zu lebenslanger Haft verurteilt und erst kurz vor unserem Einzug entlassen. Ich dachte an meinen Sohn, den Geräteschuppen. Mir wurde schlecht.

Heute weiß ich, dass ich schon viel früher hätte sprechen sollen. Mein Nachbar wurde zu fünf Jahren Haft mit anschließender Sicherheitsverwahrung verurteilt.

Hardy Schober, 51, hat eine Stiftung gegründet, die sich für Gewaltprävention an Schulen und gegen den Verkauf brutaler Computerspiele einsetzt

» Ich war beruflich in Leipzig, als ich vom Amoklauf in der Schule meiner Tochter hörte. Die 500 Kilometer bis nach Winnenden fuhr ich in drei Stunden. Ich kam in die Turnhalle, die zum Krisenzentrum umfunktioniert worden war. Da sagte mir meine Frau, unsere Jana sei tot. Der Täter hatte ihr in den Hinterkopf geschossen. Ich konnte nur einen einzigen Gedanken fassen: Ich will sie sehen, sofort.

Ich fuhr zum Krankenhaus. Im Ruheraum der Klinik streichelte ich Janas Hand, sie war noch warm, ich konnte ihre Seele noch spüren. Das hat mir geholfen. Es wäre furchtbar gewesen, wenn ich sie, wie viele andere Eltern, erst zwei Tage später, bei der offiziellen Trauerfeier, gesehen hätte. Da war Janas Hand eiskalt, da war die Seele meiner Tochter schon von ihr gegangen.

Jana war 15 Jahre und zwei Monate alt, als sie starb. Sie war dabei, sich zu einer jungen Frau zu entwickeln, zu einer eigenen Persönlichkeit. Weil ich das miterleben wollte, hatte ich einen meiner zwei Jobs gekündigt; ich wollte mehr Zeit mit meiner Familie verbringen.

Nach Janas Tod wurde mir klar, dass ich mein Leben vollkommen ändern musste. Ich würde eine Stiftung gründen, die sich für Gewaltprävention an Schulen einsetzt, ich würde für ein strikteres Waffengesetz und gegen den Verkauf brutaler Computerspiele kämpfen. Meine Tochter hatte mir diese Lebensaufgabe gestellt.

Ich stürzte mich in die Arbeit, Tag und Nacht, schlafen konnte ich ohnehin nicht. Meine Frau fürchtete zunächst, dass ich mich verrenne, dass ich mich kaputt mache. Zwar hinderte mich die Arbeit daran, zu viel zu grübeln. Aber ich übertrieb es und sah nichts anderes mehr.

Drei Monate nach der Tat sagte meine zweite, damals elfjährige Tochter: „Papa, ich bin auch noch da, und ich kann nichts dafür, dass Jana gestorben ist."

Ich begriff, dass mein Leben auch abseits der Stiftung weitergehen musste. Heute arbeite ich nicht mehr 18 Stunden am Tag. Das heißt nicht, dass ich an meiner Aufgabe zweifle: Ich werde mich mein Leben lang dafür einsetzen, dass sich ein Amoklauf wie in Winnenden nicht wiederholt.

Ich bin ein erfolgsorientierter Mensch. Wenn ich Niederlagen einstecken muss, vergeblich gegen die Waffenlobby anrenne, dann bin ich enttäuscht, aber es wirft mich nicht um. Denn ich habe schon den schlimmsten Verlust erlitten, den es überhaupt gibt.

Immer wenn ich schwierige Entscheidungen treffen muss, besuche ich Janas Grab und frage sie, was ich machen soll. Seit ihrem Tod bin ich spiritueller geworden. Die Antworten auf meine Fragen gebe ich mir letztlich selbst - aber ich bin mir sicher, dass Jana sie mitbestimmt.

Zu meinen alten Freunden habe ich kaum noch Kontakt, etwa zu Bekannten aus unserem Karnevalsverein. Da saß ich früher sogar im Präsidium. Und Jana war in der Tanzgruppe des Vereins. Heute würde ich es nicht mehr verkraften, auf eine Karnevalsfeier zu gehen und die Mädchen tanzen zu sehen. Ich muss mich selbst schützen. Meine Frau hat mir geholfen, das zu verstehen.

Mittlerweile habe ich wieder eine gesündere Balance gefunden zwischen der Beschäftigung mit der Vergangenheit und dem Leben im Jetzt. Diesen Sommer habe ich mit meiner Tochter und zwei ihrer Freundinnen eine Radtour von Passau nach Wien gemacht. Am zweiten Tag wollten die Mädchen aufgeben. Aber sie haben durchgehalten, 349 Kilometer. Und als wir nach Wien kamen, war meine Tochter richtig stolz auf sich. Ich glaube, an diese Radtour mit ihrem Papa wird sie sich ihr Leben lang gern erinnern. Und ich mich auch. □

Die **Kunst** der **Täuschung**

Kein anderes Wesen vermag seine Artgenossen so geschickt irrezuführen wie der Mensch, und keines macht von dieser Fähigkeit so häufig Gebrauch. Der Hang zum Lügen wurzelt tief in unserer Stammesgeschichte – und hat die Evolution des *Homo sapiens* entscheidend vorangetrieben

Text: Martin Paetsch

Die Frau wirkt sehr überzeugend. Vor laufender Kamera versichert sie den Ärzten, es gehe ihr gut, bittet lächelnd um Ausgang. Wenige Wochen zuvor ist die 42-Jährige in eine psychiatrische Klinik eingeliefert worden; dreimal schon hat sie versucht, sich umzubringen, zuletzt fast mit Erfolg.

Doch nun haben Medikamente und Psychotherapie offenbar angeschlagen: In dem auf Film festgehaltenen Gespräch, das der US-Psychologe Paul Ekman später analysiert, macht die Frau einen unbeschwerten, optimistischen Eindruck. Sie erzählt dem Arzt, dass sie sich schon viel besser fühle und sich auf ein Wochenende mit ihrer Familie freue.

Ihr Zustand scheint stabil genug, um ihr Ausgang zu gewähren. Das jedenfalls glauben selbst erfahrene Psychiater, die den Film später sehen.

Bis sie vom Ausgang des Gesprächs erfahren: Gegen Ende bricht die Patientin weinend zusammen und gesteht, dass sie noch immer schwer depressiv sei. Sie wolle die Klinik nur aus einem Grund verlassen – um sich anschließend das Leben zu nehmen.

Eindrücklich dokumentiert der Film eine Fertigkeit, die der Mensch wie kein anderes Wesen beherrscht und auf die selbst Experten für das menschliche Innenleben immer wieder hereinfallen: die Kunst der Täuschung. Die Fähigkeit, Trugbilder zu erschaffen.

Schlicht: die Gabe zu lügen.

Menschen sind nicht nur Meister darin, ihr Gegenüber hinters Licht zu führen, sie machen von ihrem Talent auch regelmäßig Gebrauch. Es gibt kaum jemanden, der nicht hin und wieder trickst oder schwindelt, flunkert oder schummelt.

Das betrügerische Repertoire ist gewaltig: Es reicht von einfacher Maskerade wie falschen Wimpern bis zur Schönheitsoperation, die Jugend vorgaukelt; von der Schummelei in der Schule bis zum bösartigen Betrug, der andere ruiniert.

Die meisten Lügen sind freilich völlig harmlos, wir flechten sie nebenbei (oft unbewusst) in Gespräche ein.

Sie sind sogar fester Bestandteil unseres Alltags – schließlich gehört die Lüge nicht selten zum guten Ton: Um unsere Mitmenschen nicht zu verletzen, loben wir schreckliche Frisuren, geschmacklose Möbel oder ungenießbare Gerichte. Wir schreiben Briefe an „sehr geehrte Damen und Herren", schließen mit „freundlichen Grüßen", selbst wenn wir die Empfänger nicht mögen.

Und während eines Vorstellungsgesprächs stellen wir uns besser dar, verbergen unsere wahre Persönlichkeit.

Wie oft wir von der Fähigkeit zur Verfälschung Gebrauch machen, haben US-Forscher in einer Studie herausgefunden: Sie baten 242 Studenten, sich jeweils zu zweit in einem kurzen Gespräch miteinander bekannt zu machen; ein Teil der Probanden wurde aufgefordert, sympathisch oder kompetent auf den anderen zu wirken. Dabei ließen die Forscher heimlich eine Kamera laufen.

Die Aufnahmen spielten sie den Testpersonen vor und forderten sie auf, darauf zu achten, ob sie stets die Wahrheit

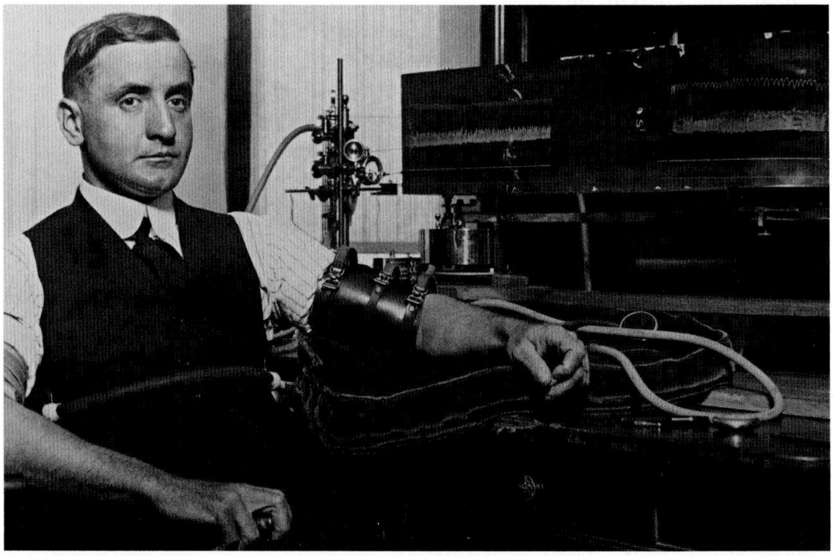

Der vermeintliche Mörder Henry Wilkens wird 1922 einem Lügendetektor-Test unterzogen. Das Gerät registriert keine Auffälligkeiten – Wilkens wird freigelassen

gesagt hatten. Weit mehr als die Hälfte der Probanden gab zu, mindestens einmal geflunkert zu haben. Im Schnitt brachten sie es in dem zehnminütigen Gespräch sogar auf rund drei Lügen, wobei jene Teilnehmer, die ihre sympathische oder kompetente Seite zeigen sollten, häufiger logen. Im Laufe mehrerer Stunden kommt so eine große Zahl von Unwahrheiten zusammen: Manche Psychologen schätzen, dass wir im Durchschnitt rund 200-mal am Tag lügen.

Das Experiment offenbarte zudem, dass Mann und Frau – zumindest im alltäglichen Gespräch – oft aus unterschiedlichen Gründen schwindeln. Die Männer logen zumeist, um ihren Gesprächspartner zu beeindrucken,

Über Jahrmillionen haben sich Hirnareale gebildet, die uns zum Betrug befähigen

einer der Probanden behauptete sogar, der Star einer Rockband zu sein.

Frauen dagegen verfälschten die Wahrheit in der Regel, um ihrem Gegenüber ein besseres Gefühl zu geben. Zum Beispiel gaben sie im Einklang mit ihrem Gesprächspartner vor, eine andere Person sympathisch zu finden, obwohl sie die eigentlich nicht leiden konnten.

Solche Täuschungen, da stimmen Forscher überein, sind so fest in der Biologie des Menschen verankert, dass unsere Kultur zu einem erheblichen Teil auf Vorspiegelung falscher Tatsachen beruht. Evolutionsbiologen vermuten, dass der Hang zum Lügen tief in der Entwicklungsgeschichte wurzelt.

Denn mit dieser Angewohnheit steht *Homo sapiens* nicht allein da. Auch im Tierreich herrschen Lug und Trug.

Gottesanbeterinnen etwa tarnen sich als totes Blatt: Ihr Äußeres verschmilzt so perfekt mit der Vegetation, dass die räuberischen Insekten der Aufmerksamkeit ihrer Opfer entgehen – wie den Blicken ihrer eigenen Fressfeinde.

Der Anglerfisch schwenkt eine fliegenförmige Attrappe an einem wurmähnlichen Flossenfortsatz vor seinem Maul hin und her. Mit der vermeintlichen Beute lockt der Jäger andere Fische in die Reichweite seines Mauls.

Manche ungiftigen Schlangenarten plustern sich bei Gefahr auf und mimen die aggressiven Bewegungen einer giftigen Kobra derart lebensecht, dass sie Angreifer in die Flucht schlagen.

Zu regelrechten Schauspieleinlagen sind einige brütende Vögel fähig: Nähern sich Räuber ihrem Nest, täuschen sie mit zappelndem Flügelschlag und hinkendem Gang eine Verletzung vor und locken den Feind vom Gelege fort.

Solche Täuschungen verschaffen Vorteile: Wer erfolgreich trickst, setzt sich im täglichen Kampf ums Überleben, im Wettstreit um einen Fortpflanzungspartner eher durch.

Doch so pfiffig das Spiel mit dem Schein bei Insekten, Fischen oder Schlangen auch anmutet, es beruht eher auf Instinkten – auf automatisierten Verhaltensmustern, die genetisch verankert sind und kaum variiert werden können. Zu wirklich inspirierten Lügen sind dagegen nur hoch entwickelte Tiere fähig.

Denn komplexe, auf die jeweilige Situation abgestimmte Täuschungen erfordern Verstand, Kreativität und Fantasie: Virtuose Lügner müssen nicht nur in der Lage sein, überzeugend aufzutreten, sie müssen die Reaktionen des Belogenen vorhersehen können. Diesen Kraftakt vermag nur ein enorm leistungsfähiges Gehirn zu vollbringen.

Die Kunst der taktischen Täuschung ist daher ein untrügliches Zeichen für Einfühlungsvermögen und Intelligenz.

Besonders unter jenen Tieren, deren Vorfahren bereits vor Jahrmillionen in sozialen Gemeinschaften lebten – die also ständig mit anderen Gruppenmitgliedern kommunizierten, die lernen mussten, sich in die Gedankenwelt ihres Gegenübers hineinzuversetzen –, haben sich die Lügen im Laufe der Evolution immer weiter entwickelt.

Und wohl keine andere Gruppe von Lebewesen ist zu solch kunstvoller Täuschung fähig wie jene, aus der letztlich auch der Mensch hervorgegangen ist: die Primaten.

In dieser Tierordnung ist das Spiel mit der Unwahrheit besonders weit verbreitet – fast jeder Affe ist in der Lage zu flunkern. Das geht aus einem Katalog von Beobachtungen hervor, den Verhaltensforscher von der University of St. Andrews in Schottland erstellt haben. Wie oft die Tiere betrügen, hängt

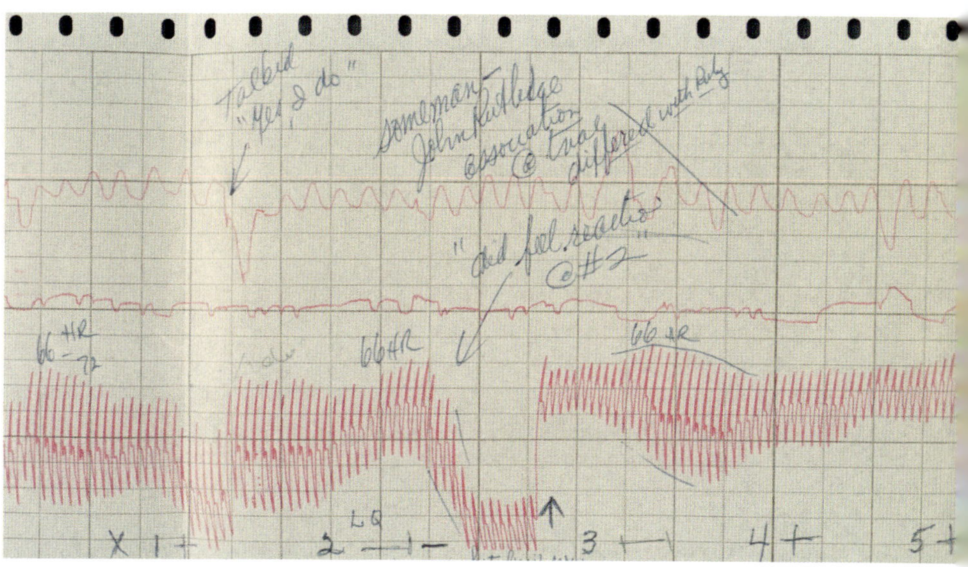

Ein Lügendetektor zeichnet feinste Schwankungen der Atemfrequenz, des Blutdrucks sowie der elektrischen Leitfähigkeit der Haut auf. Verändern sich diese Parameter, deutet das auf Angst, Aufregung oder Stress hin – typische Reaktionen beim Lügen

demnach mit der Größe ihres Neokortex zusammen, der äußersten und evolutionär jüngsten Schicht des Gehirns, die wie eine Hülle aus Abermilliarden Nervenzellen die älteren Bereiche des Denkorgans umschließt.

Je ausgeprägter dieses Areal ist, desto häufiger führen Affen ihre Artgenossen hinters Licht. Die Entwicklung dieses jungen Hirnbereiches wurde, wie Forscher vermuten, vor allem dadurch vorangetrieben, dass manche Spezies immer komplexere Gruppen bildeten und dadurch die sozialen Herausforderungen zunahmen – sie mussten sich ständig mit ihren Artgenossen austauschen.

So täuschen die in Madagaskar heimischen Lemuren, die über einen relativ kleinen Neokortex verfügen, ihresgleichen eher selten. Regelmäßig betrügen dagegen mit einem größeren Hirnareal ausgestattete Menschenaffen wie Schimpansen, Gorillas und Orang-Utans. Wohl nahezu gewohnheitsmäßig wenden sie Gaunereien an, um beispielsweise an Essen zu kommen.

Selbst Paviane, die nicht zur Familie der Menschenaffen gehören, beweisen mitunter bereits ein erstaunliches Talent zum Tricksen. Bei der Beobachtung dieser Spezies fiel Verhaltensforschern ein besonders begabter Betrüger auf – ein junges Affenkind. Das Tier hatte mitverfolgt, wie sich ein Weibchen damit abmühte, eine Wurzel aus dem Boden auszugraben. Kaum hatte es die Knolle aus dem Erdreich gezogen, begann das Jungtier gellend zu schreien. Sofort stürmte seine Mutter heran: In der Annahme, das Weibchen habe ihren Nachwuchs attackiert, fiel sie kreischend über die vermeintliche Gegnerin her. Die ergriff verdutzt die Flucht – und ließ dabei die mühsam ausgegrabene Beute fallen.

Damit war nach Ansicht der Wissenschaftler das Kalkül des kleinen Pavians aufgegangen: Ohne großen Aufwand war er an einen Leckerbissen gekommen, das Lügen hatte sich gelohnt.

NIEMAND KANN heute sagen, vor wie vielen Jahrmillionen unsere frühen Vorfahren begonnen haben, sich gegenseitig zu hintergehen. Doch vielleicht fing alles mit ähnlichen Trickserereien wie jener des Pavianjungen an.

Allerdings beließen es unsere Ahnen nicht bei solchen Streichen – sie erfanden immer raffiniertere Finten und Täuschungsmanöver. Und möglicherweise, so vermuten Biologen, war es gerade der Erfolg dieses scheinbar niederträchtigen Verhaltens, der die Entwicklung der Primaten immer weiter vorantrieb.

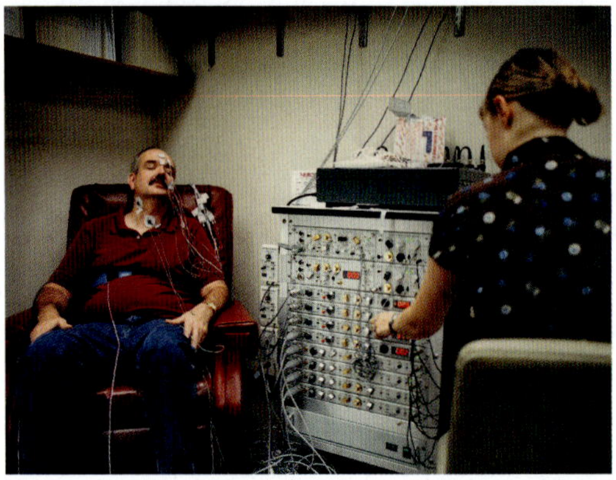

Wenn Menschen lügen, sind vor allem Großhirnareale hinter der Stirn aktiv

Nur die Schlauesten unter ihnen konnten erfolgreich schummeln und vermochten sich so in der Gruppe durchzusetzen. Vielleicht begünstigte die Natur auf diese Weise die Entstehung immer größerer Gehirne.

Und schließlich erfanden unsere Vorfahren ein Kommunikationsmittel, das der Evolution der Lüge gleichsam neuen Nährboden gab: die Sprache.

Denn erst der Umgang mit Wörtern versetzte unsere Ahnen in die Lage, ganze Lügengebäude zu errichten. Sprache erlaubt es einem Wesen, komplexe Gedankengänge verständlich zu machen, abstrakte Gefühle in Worte zu kleiden, ausgefeilte Pläne zu vermitteln – oder zu verschleiern. Und letztlich auch fiktive Realitäten als echte auszugeben.

Die immer feinsinnigeren Finten haben wohl auch dazu beigetragen, dass Menschen ein scheinbar paradoxes Verhalten entwickelt haben. Denn *Homo sapiens* verfügt – neben der Sprache – über ein weiteres Hilfsmittel, das seine Betrügereien überaus glaubhaft macht: die Selbsttäuschung.

Häufig sind wir fest davon überzeugt, die Wahrheit zu sagen, obwohl wir eigentlich lügen. Nicht selten verdrehen wir nach einem selbst verschuldeten Fehler die Ereignisse, manipulieren unsere eigene Erinnerung und glauben schließlich selbst an unsere Unschuld. Oder wir legen uns eine geschönte Version der Wahrheit zurecht, wiederholen sie so lange, bis wir am Ende davon überzeugt sind.

Forscher vermuten, dass dieser auf den ersten Blick widersinnige Mechanismus in einer Art evolutionärem Wettrüsten entstanden ist. Denn während das menschliche Gehirn immer raffiniertere Formen der Täuschung ersann, reifte im Gegenzug auch die Fähigkeit, an Aussagen zu zweifeln. Denn nur durch ausgeprägte Skepsis ließen sich hinterlistige Betrügereien enttarnen.

Die Lügner wiederum mussten immer glaubwürdiger auftreten. In vielen Fällen konnten sie dies am besten, wenn sie nicht zwei widersprüchliche Fassungen einer Geschichte im Bewusstsein behalten mussten. Schließlich verdrängte das Gehirn eine Version ins Unterbewusste – und zwar die wahre.

Das sparte dem Täuschenden nicht nur viel Energie, weil sich das Denkorgan einem einzelnen Szenario widmen konnte. Die Fälschung wirkte nun auch besonders echt – und Artgenossen ließen sich viel wirkungsvoller zum eigenen Vorteil manipulieren.

Selbst gute Lügner können das Zucken ihrer Gesichtsmuskeln nicht kontrollieren

Die Verdrängung der Wahrheit erwies sich als klarer evolutionärer Vorteil: je effektiver die Täuschung, desto größer zugleich die Chance, sich fortzupflanzen oder Nahrung zu finden. Denn wer etwa überzeugend Stärke vorzugaukeln vermochte, stieg leichter in der sozialen Rangordnung auf, konnte deshalb einen größeren Teil der Jagdbeute für sich beanspruchen und damit mögliche Sexualpartner beeindrucken.

FORTAN HATTE die Selbsttäuschung einen festen Platz im menschlichen Verhaltensrepertoire. Die Lüge hat sich vom simplen Bluff zu einem hochkomplizierten Denkvorgang entwickelt. Im Gehirn des modernen Menschen nimmt dieser Prozess mehrere Areale gleichzeitig in Anspruch.

Um diesen Mechanismus der Täuschung zu entschlüsseln, haben Wissenschaftler die Gehirne von Lügnern durchleuchtet sowie von Menschen, deren Fähigkeit zum Täuschen durch eine Krankheit beeinträchtigt ist.

Zudem haben US-Psychologen untersucht, ob sich die Gehirne notorischer Lügner von denen anderer Menschen unterscheiden. Das Team rekrutierte dazu Freiwillige, die durch häufiges Lügen aufgefallen waren, und erforschte deren Denkorgan mit einem bildgebenden Verfahren. Ihr Fazit: Es gibt offenbar eine Hirnregion, die beim Betrug eine besondere Rolle spielt.

Denn auf den Hirnscans offenbarten sich auffällige Veränderungen in Regionen hinter der Stirn, im präfrontalen Kortex. Der gilt als Sitz höherer geistiger Funktionen, etwa der Selbstreflexion und der moralischen Bewertung.

Bei den Testpersonen, die zum Lügen neigen, enthielt dieses Areal mehr „weiße Substanz“: Dieser Stoff macht normalerweise bis zu 50 Prozent des Gehirnvolumens aus und besteht in der Regel aus neuronalen Leiterbahnen – fadenförmigen Verbindungen zwischen einzelnen Nervenzellen.

Manche Menschen leiden an einem Mangel dieser Substanz, zum Beispiel Autisten. Wie Tests gezeigt haben, können diese in ihrem Sozialverhalten beeinträchtigten Menschen weniger gut lügen.

Ob das weißliche Gewebe tatsächlich der Stoff ist, aus dem auch Lügen gestrickt sind, können die Forscher zwar noch nicht sagen. Denn im präfrontalen Kortex werden auch Intelligenz, Verstand sowie planvolles Handeln, Sprechen und die Entwicklung von Zielvorstellungen gesteuert. Veränderungen in seiner Struktur können also vielfältige Ursachen haben.

Doch immerhin verdichten sich die Hinweise, dass dem präfrontalen Kortex beim Lügen eine zentrale Rolle zukommt. Darauf wiesen kürzlich japanische Neurowissenschaftler hin, die Parkinson-Kranke untersuchten. Dieses Nervenleiden kann auch die Funktion des präfrontalen Kortex beeinträchtigen. Und tatsächlich: Die Patienten hatten im Verhältnis zu einer gesunden Kontrollgruppe größere Schwierigkeiten, ihre Mitmenschen zu täuschen.

Mit Studien wie diesen versuchen Forscher die Anatomie der Täuschung zu enträtseln. Und tragen möglicherweise dazu bei, Lügen in Zukunft besser zu entlarven.

Memo: **LÜGEN**

- **Manche Forscher vermuten,** dass Menschen etwa 200-mal am Tag lügen.
- **Männer lügen** eher, um zu beeindrucken; Frauen dagegen, um ihrem Gegenüber ein gutes Gefühl zu vermitteln.
- **Taktische Täuschungen** erfordern Verstand, Kreativität und Empathie.
- **Auch zahlreiche Tiere,** etwa Schlangen, Vögel und Fische, beherrschen die Kunst der Irreführung.
- **Untersuchungen zeigen,** dass Menschen nur jede zweite Lüge ihres Gegenübers entlarven.

DENN MENSCHEN sind im Aufdecken einer Täuschung nicht besonders gut. Wie Statistiken belegen, erkennen wir nur etwa jede zweite Lüge. Selbst professionell geschulte Beobachter wie Verhörspezialisten bei der Polizei oder Psychiater kommen nur auf eine Quote von durchschnittlich 54 Prozent.

Seit Jahrzehnten suchen Experten daher Unterstützung durch technische Hilfsmittel – etwa Lügendetektoren, die feinste Veränderungen von Pulsschlag, Blutdruck und Atemfrequenz messen. Deren Nutzen ist jedoch höchst umstritten: Bei manchen Unschuldigen schnellen diese Werte bei der Befragung schon aus reiner Nervosität nach oben.

Manche Wissenschaftler wollen deshalb bei der Wahrheitsfindung schweres Gerät einsetzen: In Zukunft könnten Verhöre im Radiologiezentrum stattfinden, die Verdächtigen in der Röhre eines Magnetresonanztomographen liegen.

Ein Anstieg der Blutversorgung von Nervenzellen unter anderem im präfrontalen Kortex soll dann die Lügen des Untersuchten offenbaren – und zwar mit angeblich über 90-prozentiger Sicherheit. Wie zuverlässig solche Gehirnscans bei der Aufklärung von Verbrechen wirklich sind, darüber streiten Forscher noch.

Vielleicht reicht stattdessen schon ein genauer Blick ins Gesicht eines Lügners, um ihn als solchen zu entlarven – das zumindest glaubt Paul Ekman, der US-Psychologe.

Seit mehr als 40 Jahren analysiert er die menschliche Mimik und Gestik und sucht nach kaum merklichen Anzeichen einer Verstellung. In dieser Zeit hat er das Zusammenspiel der Gesichtsmuskeln erforscht und unterschiedlichste Kombinationen katalogisiert – und sagt heute, er sei sich sicher, dass sich in der Mimik eines Menschen dessen echte Gefühle untrüglich verraten: dass die feinen Regungen (sobald man sie vollends verstanden hat) also der Schlüssel zur Wahrheit sind.

Denn auch ein Lügner kann die unwillkürlichen Muskelzuckungen in seinem Gesicht nicht unterdrücken. Für weniger als eine Viertelsekunde etwa verziehen sich seine Züge, bevor er sie wieder unter Kontrolle hat.

Solche „Mikroausdrücke“ konnte Ekman auch bei jener Psychiatrie-Patientin erkennen, deren nahezu perfekte Lüge er in dem Film analysiert hatte – allerdings musste er dazu die Aufnahme in Zeitlupe abspielen. Eines der verräterischen Signale sandte die sterbenswillige Patientin aus, nachdem sie zu ihren Zukunftsplänen befragt worden war.

Für einen kurzen Moment huschte da ein Ausdruck tiefster Verzweiflung über ihr Gesicht – um gleich darauf von einem Lächeln überdeckt zu werden. □

Der Wissenschaftsjournalist **Martin Paetsch**, 39, lebt in Hongkong und schreibt regelmäßig für GEOkompakt. Fachberatung: Prof. Dr. Klaus Fiedler, Sozialpsychologe an der Ruprecht-Karls-Universität Heidelberg.

Er war Chef der SS, der Gestapo und der gewöhnlichen Polizei im nationalsozialistischen Deutschland, war verantwortlich für die Organisation des Völkermords an

Das Antlitz des Bösen

den Juden. Seine Männer terrorisierten Europa, folterten, töteten Millionen. Wie wurde aus Heinrich Himmler, einem gehemmten, unsicheren Durchschnittsbürgersohn aus München, ein kühl und strukturiert denkender Verbrecher?

Himmler (hier um 1930) gefiel sich in der Pose des schneidigen Offiziers, sehnte den Waffengang herbei. Den Ersten Weltkrieg hatte er verpasst

Cyanwasserstoff ist eine farblose bis leicht gelbliche Flüssigkeit, die unangenehm nach Bittermandeln riecht. Sie ist äußerst flüchtig und verdampft bereits bei rund 26 Grad Celsius. Erreicht die Substanz eine lebende Zelle, so unterbindet sie deren Fähigkeit, Sauerstoff aufzunehmen. Schon bei geringer Konzentration stirbt der Organismus an innerer Erstickung.

Deshalb wird Cyanwasserstoff, auch „Blausäure" genannt, in verschiedenen Verbindungen zur Bekämpfung von Insekten und anderen Kleinlebewesen eingesetzt.

Ein solches Mittel ist Zyklon B.

Zyklon B soll Menschenleben retten, indem es Krankheitsüberträger vernichtet. Der Fachbegriff dafür lautet „Entwesung".

Zu diesem Zweck wird es anfangs auch im Konzentrationslager Auschwitz verwendet: um Mannschaftsquartiere von Wanzen zu befreien und Kleider zu entlausen. Seit 1940 hat die SS hier in Südpolen politische Häftlinge und Kriegsgefangene interniert; vom Frühjahr 1942 an werden vor allem Juden aus Deutschland und dem besetzten Europa inhaftiert und als Arbeitssklaven ausgebeutet. Mitte Juli erhalten die Häftlinge zum ersten Mal seit längerer Zeit frische Kleidung und die Gelegenheit, sich zu waschen: Heinrich Himmler hat sich zur Inspektion angekündigt.

Sein Tugendkatalog: Fleiß, Sittenreinheit, deutsche Gesinnung

Der „Reichsführer SS und Chef der Deutschen Polizei" ist auch der Herr über die Lager. Und Himmler legt Wert auf Sauberkeit. Auf Ordnung.

Am Nachmittag des 17. Juli rollt sein schwarzer Mercedes durch das Lagertor. Der Mann, der aus dem Wagen steigt, ist mittelgroß, untersetzt, trägt eine feldgraue Uniform. Leichte O-Beine; die Hände sind weich, etwas plump. Schmale, hängende Schultern. Über dem fliehenden Kinn ein schmaler Mund, Hitlerbärtchen, eine runde Brille vor wässrigen Augen. Er wirkt jovial.

Bei einem Tee gibt Lagerkommandant Rudolf Höß seinem Dienstherrn einen Überblick und führt ihn dann herum. Ohne erkennbare Anteilnahme inspiziert Himmler die überfüllten Baracken und Krankenreviere, die ausgemergelten Seuchenopfer, die abgezehrten Kinder. Schließlich begleitet er Höß zu zwei von Bäumen umstandenen Bauernhäusern. „Zum Bad" und „Zur Desinfektion" steht auf Schildern.

Was dann geschieht, wird sich ungefähr so abgespielt haben: Wachmannschaften führen einige Hundert Gefangene heran. Juden aus den Niederlanden, überwiegend Alte, Frauen und Kinder. Die Menschen müssen sich entkleiden. Aufseher leiten sie in einen angeblichen Desinfektionsraum. Als es dort immer enger wird, ahnen die Ersten, dass etwas nicht stimmt. Sie drängen zurück zum Eingang. Doch dort prügeln die Wachen mit Knüppeln und Bajonetten die Letzten der Gruppe hinein. Dann fällt die Tür ins Schloss.

Draußen öffnen SS-Männer luftdicht verschlossene Blechbüchsen und schütten ein weißliches Granulat durch Wandöffnungen in den Raum: ebenjenes Zyklon B, das eigentlich Leben retten soll.

Schnell verdunstet das Gift aus den kleinen Würfeln und beginnt zu wirken. Was dabei geschieht, kann Himmler durch eine Sichtluke beobachten. Die ersten Eingeschlossenen husten. Viele drängen zur verschlossenen Tür, klammern sich aneinander. Manche stürzen, andere steigen auf sie, während sich vom Boden her das Gift weiter ausbreitet. Gebete, Schreie, Husten, einige erbrechen sich oder spucken Blut. Sterbende krallen sich ineinander. Stöhnen, dann ein vielstimmiges Röcheln.

Nach etwa 20 bis 30 Minuten wird die Tür entriegelt. Ein Sonderkommando von Häftlingen zerrt die übereinanderliegenden Leichen auseinander. Sie streifen Eheringe von den Fingern, schneiden den Frauen das Haar zur Verwertung ab, brechen Goldzähne heraus; dann werfen sie die leblosen Körper auf eiserne Loren, um sie zu vorbereiteten Gruben zu fahren und zu verscharren.

Himmler sieht ihnen interessiert zu. Er ist zufrieden. Die Gaskammern sind effizient genug für den Völkermord, den der „Reichsführer SS" wenige Wochen zuvor angeordnet hat. Nur das Vergraben der Toten missfällt ihm: Kurze Zeit später befiehlt er die Exhumierung und das Verbrennen der Leichen. Und die Entkleidung im Freien scheint ihm anstößig zu sein: Die Lagerleitung veranlasst sogleich den Bau von Auskleidebaracken.

Am Abend folgt Himmler einer Einladung des Gauleiters von Oberschlesien, unterhält sich bei Rotwein mit dessen Frau und der Gattin von Rudolf Höß, raucht ganz gegen seine Gewohnheit. Er wirkt ausgelassen.

Wer ist dieser Mann, dessen Name für millionenfachen, fabrikmäßig organisierten Mord steht? Für politischen Terror, Gestapo-Folter und Vernichtungskrieg. Für den Holocaust. Für das Böse schlechthin. Wie wird so einer zum Schreibtischmörder, was treibt ihn?

Das Gesicht, beobachtet ein ihm unterstellter Offizier im Januar 1945, habe „weder etwas Dämonisches, noch Grausames, noch irgendwie Bedeutendes. Es war das Gesicht eines Durchschnittsbürgers."

Himmler ist auf den ersten Blick: unscheinbar. Durchschnitt. Leicht zu unterschätzen. Er leidet unter Ängsten und Komplexen, tut sich schwer mit Bindungen, ringt um Liebe und einen Sinn im Leben. So geht es vielen.

Doch bei Himmler wirken persönliche Kränkungen und biografische Zufälle, politische Umbrüche und ein fiebriger Zeitgeist so ineinander, dass daraus der „Reichsführer SS" wird: ein Mann, in dem Ehrgeiz zu Skrupellosigkeit wird, Ordnungssinn in Kontrollzwang umschlägt, Verletzlichkeit in Paranoia – und Angst. Ein Mann, der den Völkermord zur Pflicht erhebt und dessen Umsetzung als technisches Problem begreift.

Vieles davon lässt sich erklären. Ein unzugänglicher Rest jedoch bleibt.

Voller bizarrer Fantasmen, doch auch machtbewusst, intrigant und analytisch: Himmler (hier 1937 bei »Wintersportkämpfen« der NSDAP) trieb seine Karriere planvoll voran

Heinrich Luitpold Himmler wird am 7. Oktober 1900 in München geboren, als zweiter von schließlich drei Söhnen des Gymnasiallehrers Gebhard Himmler. Der Vater war zuvor Erzieher eines königlich-bayerischen Prinzen.

Die Wittelsbacher-Monarchie erlebt um 1900 eine letzte Blüte. Gleichzeitig ist aber gerade die bayerische Hauptstadt ein Zentrum der freigeistigen Boheme. Der junge Thomas Mann beendet hier seinen Erstlingsroman „Buddenbrooks", Lovis Corinth malt drastische Bilder mit viel nackter Haut, die Schriftstellerin Franziska Gräfin zu Reventlow experimentiert mit der freien Liebe. Sexualethiker und Psychoanalytiker, Umstürzler und Nichtstuer treffen sich in Schwabinger Cafés, um über die herkömmlichen Sitten zu spotten, gegen den allgemeinen Anstand zu rebellieren.

Jenen Anstand, den die Himmlers schätzen. Wie viele im gebildeten Bürgertum halten sie auf Katholizismus, Monarchie und Ordnung. Die zügellose Moderne wird in ihrem Milieu zugleich verachtet und gefürchtet.

Heinrich entwickelt sich zu einem etwas weichen Jungen, der die Ansprüche der Eltern an gute Noten und schickliche Manieren weitgehend erfüllt. Als Tugendmaximen gibt der Vater „Fleiß, Pflichttreue, Sittenreinheit" vor, außerdem wünscht er sich seine Söhne „deutschgesinnt". Die Erziehung ist pedantisch, doch auch liebevoll, ja zärtlich. Im Spielzimmer stehen Steinbaukasten, Dampfmaschine und Bleisoldaten. Abends wird vorgelesen, häufig aus Geschichtsbüchern. Heinrichs Kopf füllt sich mit den Daten historischer Schlachten, den Namen großer Helden.

Ganz ohne Anziehung freilich bleibt wohl auch für ihn die anrüchige, lebendige Künstlerwelt wenige Straßenzüge entfernt nicht. Doch mehr als einen Blick durch die Fenster der Cafés wagt er nicht.

1914 bestätigen ihm die Gymnasiallehrer gute Anlagen: Mit Fleiß, musterhaftem Betragen und „brennendem Ehrgeiz" erziele er „die besten Leistungen der Klasse".

Brennender Ehrgeiz: Vielleicht ist es die Mittelposition zwischen dem körperlich und schulisch überlegenen älteren und dem verhätschelten jüngeren Bruder, die Heinrich nach Anerkennung dürsten lässt. Nicht auszuschließen, dass seine späteren Ambitionen darin wurzeln: die Brüder auszustechen.

Im selben Jahr bricht der Erste Weltkrieg aus. Wie viele national erzogene Jungen ist Heinrich enthusiastisch, fiebert auf Frontnachrichten, spielt mit Freunden Soldat. Sie „möchten am liebsten gleich selbst mitraufen", notiert der 13-Jährige in sein Tagebuch.

Der Traum vom Heldentum: Viele teilen ihn, Tausende melden sich freiwillig. Anfang 1918 beginnt auch Heinrich die ersehnte Offiziersausbildung. Doch dann der militärische Zusammenbruch des Deutschen Reiches: Der ältere Bruder kehrt dekoriert von den Schlachtfeldern zurück – Heinrich aber wird aus dem Militär entlassen, ohne die Front gesehen zu haben; nicht einmal für einen Offiziersrang hat die Zeit gereicht.

Er fühlt sich betrogen, gekränkt, zurückgesetzt; schuldlos ohne Bewährung geblieben. Kein ganzer Mann. Neidisch blickt er auf das Eiserne Kreuz des Bruders. Für Heinrich, der die Front nicht selbst erlebt hat, bleibt der Krieg das romantische Abenteuer seiner Jugend – an dem er nicht teilnehmen durfte. Noch Jahre später wird er sich als verhinderter Offizier sehen. Wird sich, um den tief empfundenen Makel zu überspielen, betont soldatisch geben: nüchtern, entschlossen, kompromisslos.

Neben die persönliche Kränkung tritt die soziale. Die Familie Himmler wird durch die Niederlage und die anschließende Revolution schwer getroffen. Sie verliert ihr in Kriegsanleihen investiertes Vermögen sowie mit der Monarchie ihren politischen Fixstern – und deren Protektion. Plötzlich scheint die verachtete Schwabinger „Literatenclique“ obenauf. Zeitweilig herrschen in München die Kommunisten; Lenin kabelt Glückwünsche aus Moskau. Bankfächer werden aufgebrochen; auf den Straßen herrscht eine bayerische „Rote Armee“. Bürger werden als Geiseln genommen, einige erschossen.

Schließlich erobern Reichswehr und antirevolutionäre „Freikorps“ München blutig zurück. Mit ihnen marschiert auch Heinrich Himmler – aber kommt vermutlich erneut nicht zum Kampfeinsatz.

Himmler litt daran, seinen eigenen Idealen nicht zu entsprechen

Dennoch geht er in der männerbündischen Welt der paramilitärischen Korps auf. Wie viele aus seiner Generation treibt er einen wahren Kultus um Selbstüberwindung, Kampf und Entsagung. Gibt sich pathetischen Fantasien heldenhafter Bewährung in einem neuen Krieg hin, die in seinen Gedanken oftmals unvermittelt neben das erotische Verlangen treten, gekoppelt erscheinen mit dem Schmerz des Abgewiesenen, mit der Furcht vor den eigenen „niederen“ Trieben, mit einem Sehnsuchtsideal von der „reinen Frau“.

Eine realistische Aussicht, doch noch Offizier zu werden, hat er nicht. Das geschlagene Deutschland muss abrüsten. Notgedrungen beginnt er Agrarwissenschaften zu studieren. Zur waffenrasselnden Männerwelt der Freikorps und Einwohnerwehren, denen er weiter verbunden bleibt, tritt nun noch eine schlagende Studentenverbindung hinzu. An den Wochenenden nimmt er an Schießübungen teil. Heinrich träumt von einem „Befreiungskrieg“ gegen Deutschlands Feinde.

Orientierungslosigkeit – das beschreibt die Empfindungen des jungen Himmler wohl am besten.

Er liest viel in diesen Jahren: historische Erzählungen, Heldensagen, politische Schriften, halb- und pseudowissenschaftliche Literatur. Und allmählich meint er Antworten auf seine Sinnsuche zu finden.

Noch schemenhaft, aber immer deutlicher meint er hinter kultureller „Degeneration“, wirtschaftlicher Not und nationaler Demütigung die finstere Macht zu erkennen, der all dies zuzuschreiben ist: die Juden. Nicht die Juden als Religionsgemeinschaft, sondern als eine Rasse, die von Natur nicht anders könne als den „Ariern“ zu schaden – zu denen Himmler nun „die Deutschen“ rechnet. Aber ist das nicht unchristlich gedacht? Oder ist das Christentum, der Katholizismus, dem er stets treu war, ein Fehler? Seine Begriffe von Gut und Böse beginnen sich zu verschieben.

Zugleich hilft ihm die Lektüre bei einer anderen, sehr persönlichen Frage, der nach Liebe und Sexualität. Himmler hat keine Freundin, keine Affären. Er ist linkisch im Umgang mit Frauen, auch sonst unsicher und „schwerblütig“, wie er im Tagebuch festhält. Historiker werden später von einer Bindungsschwäche sprechen.

Diese Hemmung, gepaart mit Minderwertigkeitsgefühlen, führt zu einem immer stärkeren Verlangen nach Anerkennung und fortwährender Bestätigung; bleibt sie aus, verfällt Himmler in Zweifel und Selbstanklagen, womöglich aber auch in Wutausbrüche und Aggression, die ihm den Umgang mit anderen nur noch weiter erschweren – ein Teufelskreis, unter dem er zunehmend leidet. Ein Ausweg erscheint ihm unbedingte Selbstbeherrschung zu sein: Er sucht seine Emotionen eng zu kontrollieren, ja zu unterdrücken.

Für seine ungestillten sexuellen Bedürfnisse aber liefern ihm Trivialromane und populäre Aufklärungsliteratur eine Lösung: Ein ehrenhafter junger Mann bedürfe der körperlichen Liebe nicht – „solange wir die Frau nicht gefunden haben, der wir lebenslang angehören wollen". Zum Ideal ritterlicher Keuschheit notiert er in seiner akribisch geführten Leseliste: „Hoch, aber erreichbar. Und schon erreicht."

Zudem stilisiert er sich zum Kämpfer, der vielleicht schon bald in kriegerischen Auseinandersetzungen sein Leben riskieren werde und in dessen Leben vorerst kein Platz für eine Frau sei. Deutet seine Misserfolge und Einsamkeit um in Tugend und Tapferkeit. Aus einer schmerzhaften Schwäche wird die Stärke des ausgestoßenen Idealisten – es ist das gleiche Muster, mit dem er sich über den enttäuschten Soldatenehrgeiz hinweghilft: Er spinnt sich in eine Fantasie von sich selbst ein.

Von einer unübersichtlichen Realität frustriert, verlangt er so herrisch wie verzweifelt nach Eindeutigkeit. Nach Ordnung, die ihm ein Gefühl der Kontrolle gibt, der Sicherheit. Diese Ordnung herzustellen wird das Thema seines Lebens.

Auf der Suche nach einer Gelegenheit, sich endlich im „Kampf" zu bewähren, tritt er 1923 einem rechtsextremen Wehrverband um den Hauptmann Ernst Röhm bei. Als Mitglied von Röhms Truppe nimmt er im November an einem schlecht geplanten und kläglich scheiternden Putschversuch teil. An dessen Spitze steht der Chef einer Splitterpartei, die mit radikaler Verve jene „völkischen", antisemitischen Ideen vertritt, an die inzwischen auch Himmler glaubt: Adolf Hitler, der selbst ernannte „Führer" der NSDAP.

JANUAR 1929. Von ihrem bescheidenen Holzhaus in Waldtrudering bei München aus schreibt Marga Himmler an ihren als NS-Agitator umherreisenden Mann: „Hühner legen noch nicht. Hund ‚wirft' den ganzen Tag. Schwein frisst." Bedrückende Nachrichten, denn die kleine Landwirtschaft soll einen Nebenverdienst abwerfen – das Gehalt eines Funktionärs der nach wie vor bedeutungslosen NSDAP ist karg.

Seit einem halben Jahr sind Margarete und Heinrich verheiratet. Sie ist sieben Jahre älter als er, geschieden, evangelisch. Eine in den Augen der erzkatholischen Eltern unmögliche, schockierende Verbindung, die er vor ihnen lange verheimlicht.

Heinrichs Furcht vor einem Konflikt mit Vater und Mutter sitzt tief; er überspielt sie mit Kämpferallüren: Lieber wolle er „allein einen Saal mit 1000 Kommunisten räumen" als den Eltern die Beziehung beichten, vertraut er dem älteren Bruder an. Auch nach der Hochzeit bleibt das Verhältnis zwischen der Familie und dem mittleren Sohn von einer gewissen Peinlichkeit überschattet, obwohl die Familie sich alle Mühe gibt, das zu überspielen. Ihn zu schonen.

Zumal Heinrichs Einsatz für die NSDAP fragwürdiger erscheint denn je. Die wirtschaftlichen und politischen Verhältnisse haben sich stabilisiert; sein radikaler „Idealismus" wirkt allmählich verschroben. Die Brüder kommen in bürgerlichen Berufen voran, der ältere hat eine junge Frau, ein Kind. Heinrich hat Marga und neuerdings den protzigen Titel eines „Reichsführers SS".

„SS" steht für „Schutzstaffeln": Das waren ursprünglich kleine Gruppen besonders überzeugter Nationalsozialisten, die bei Kundgebungen Hitler oder andere Redner deckten; erst allmählich entsteht daraus eine einheitliche Eliteorganisation der Partei.

Schlecht bezahlter Propagandist und Oberleibwächter einer politischen Sekte, Besitzer einer Reihe mäßig legender Hühner: Für einen bald 30-jährigen Bürgersohn hat Heinrich Himmler nicht viel erreicht.

Da brechen Ende Oktober 1929 an der Börse von New York die Kurse ein. Es ist der Beginn eines Finanzdebakels, das bald auf der ganzen Welt Sparguthaben auslöscht, Firmen untergehen lässt, Millionen arbeitslos macht. Auch in Deutschland.

Dort zündet die nationalsozialistische Propaganda nun vor allem bei denen, die die Weimarer Republik ohnehin nie akzeptiert haben; sie verfängt bei den vielen Deutschen, die sich von den Siegermächten gedemütigt fühlen; sie findet Widerhall in einem längst verbreiteten Antisemitismus. Immer mehr Deutsche wollen nur noch eines: Ordnung – im Staat, in der Wirtschaft, in ihren Feindbildern. Hitler verspricht diese Ordnung.

In Dachau ließ Himmler (hier bei einem Besuch 1936) das erste KZ unter SS-Führung errichten. Es diente als »Modell« für viele weitere Lager

Und er bedient Himmlers Sehnsüchte, Ängste und Ressentiments, die jetzt eine wachsende Menge Zeitgenossen offen teilen – mit dem Unterschied, dass der SS-Anführer sie früh bis zur Obsession verabsolutiert, ins Zentrum seiner Existenz gestellt hat.

Bei den Reichstagswahlen am 14. September 1930 steigert die NSDAP ihren Stimmenanteil von 2,6 auf 18,3 Prozent und wird damit zweitstärkste Kraft. Himmler ist nun Mitglied der Reichstagsfraktion – und plötzlich frei von finanziellen Nöten.

Adolf Hitler (hier um 1940) machte Himmler nach Kriegsbeginn zum »Reichskommissar für die Festigung deutschen Volkstums« – er sollte den annektierten Osten »germanisieren«

Anders als der auf viele charismatisch wirkende Hitler ist Himmler leicht zu unterschätzen. Sein zeitweiliger Vorgesetzter Joseph Goebbels beschreibt ihn zwar herablassend als „nicht übermäßig klug, aber fleißig und brav", doch lange vorbei schon ist Himmlers erste Zeit in der Parteiorganisation, in der er häufig Termine verpasste, Dokumente verschlampte, oft erinnert und ermahnt werden musste. Über eine sechs Stunden dauernde gemeinsame Bahnfahrt im Frühjahr 1929 schreibt ein Hamburger NS-Funktionär später, er habe „niemals wieder so viel politischen Unsinn in so konzentrierter Form von einem Mann mit höherer Schulbildung und geradezu berufsmäßigem politischem Interesse aufgetischt" bekommen.

Himmlers Weltbild wirkt selbst auf manche eingeschworenen Hitler-Anhänger überspannt. Darin vermischen sich Rassenlehre, Antisemitismus und Demokratiefeindlichkeit mit pseudowissenschaftlichen Theorien über ein angebliches Urgermanentum sowie esoterischen Fantasmen über Astrologie und Seelenwanderung.

Hinter dem krausen Ideologen indes verbirgt sich der ehrgeizige Schüler von einst. Die SS, das erfasst Himmler instinktiv, ist seine Chance, in der Partei aufzusteigen. Von Beginn an entwirft er sie als Gegenstück zur eigentlichen Parteiarmee des Nationalsozialismus, den Schlägertrupps der von Ernst Röhm geführten SA („Sturmabteilung"). Deren selbstbewusste Regionalchefs führen sich oft wie Provinzfürsten auf, geben sich betont renitent gegenüber „den Politikern" in der Führung, auch gegenüber Hitler.

Formal ist die SS Teil der SA. Doch Himmler schwört sie auf Gehorsam vor der Parteispitze ein, auf strenge Disziplin und Zucht. Prägt sie nach seinen persönlichen Idealen – und mit politischem Kalkül: Hitler soll sich auf ihn und seine Truppe verlassen können.

Mitte 1931 sind die Schutzstaffeln auf etliche Tausend Mann angewachsen. Da beschließt Himmler, sich ein zusätzliches Machtmittel zu verschaffen: einen eigenen Nachrichtendienst. Zu dessen Chef macht er einen aus der Marine unehrenhaft entlassenen, eben in die SS eingetretenen Offizier namens Reinhard Heydrich.

Dieser Apparat, der „Sicherheitsdienst" (SD), mag Himmlers Kontrollbedürfnis entspringen, seiner Neigung zur Paranoia – doch auch seinem Geltungsdrang: Die Spitzel sollen zwar vor allem Juden und politische Gegner erfassen, sammeln aber auch Informationen über innerparteiliche Konkurrenten und deren Schwächen.

Im Januar 1933 wird Hitler Reichskanzler. Noch während er Deutschland mit Terror und Sondergesetzen in eine Diktatur verwandelt, beginnt ein erbitterter Kampf der Sieger um die Beute.

Himmler bringt die Kontrolle über die Politischen Polizeien der Länder an sich. Zunächst in Bayern, wo er noch im Frühjahr das Konzentrationslager Dachau einrichten lässt und der SS unterstellt. Im November folgt Hamburg, und schon wenige Monate später kommandiert er in sämtlichen Ländern des Reiches die politischen Abteilungen. Vor allem wird er Inspekteur der Geheimen Staatspolizei („Gestapo"), die in Preußen Regimegegner verfolgt. Deren Führung vertraut er wiederum Heydrich an. Mit dem SD bildet sie den Keim zu einem Sicherheitsapparat, der wenige Jahre später halb Europa terrorisieren wird.

Himmler lässt keinen Zweifel daran, dass er Terror gegenüber politischen Feinden für ein legitimes Mittel hält. Der Kampf der NSDAP um die Macht – und damit sein eigener – ist für ihn jener Krieg, nach dem er sich schon so lange gesehnt hat. Ein Krieg, der mit allen Mitteln geführt werden muss.

Wie kaltschnäuzig er selbst im eigenen Lager mit seinen Gegnern verfährt, wenn es um die Macht geht, zeigt er im Sommer 1934. Nach seiner Ernennung zum Reichskanzler beginnt Hitler, den SA-Anführer Ernst Röhm zunehmend als unberechenbaren Konkurrenten zu empfinden. Röhm war einst Himmlers Freikorps-Hauptmann und sein Idol; die Beziehung ist eng, fast freundschaftlich. Doch Himmlers politische Stärke liegt gerade in der Fähigkeit, seine Emotionen dem eigenen Kalkül unterzuordnen – und diese Kälte als Prinzipientreue zu deuten: Ist Röhm nicht dekadent geworden? Homosexuell, ein Schandfleck? Folgt die undisziplinierte SA wirklich den Idealen der „Bewegung"?

Wäre es nicht Verrat, Röhm nicht zu verraten?

Himmler verbündet sich mit Hermann Göring und anderen Feinden Röhms. Gerüchte werden gestreut, die SA plane einen Putsch. SS und Reichswehr bereiten sich heimlich auf „Gegenmaßnahmen" vor. Im Morgengrauen des 30. Juni dann eilt Hitler nach Bayern, um die Festnahme Röhms und seines Gefolges selbst zu leiten.

In Berlin schicken Göring und Himmler SS- und Gestapo-Kommandos mit Todeslisten los. Zahlreiche SA-Führer werden verhaftet und erschossen. Die Auftraggeber der Schergen nutzen die Gelegenheit, alte Rechnungen zu begleichen, Abweichler und Opponenten zu beseitigen. In nur zwei Tagen lassen sie mehr als 150 Menschen ermorden, darunter Röhm.

Am 20. Juli löst Hitler die SS aus der SA heraus. Das ist Himmlers Lohn für seine Loyalität zur Macht.

2. Juli 1936. Mit Gewehr und aufgepflanztem Bajonett bilden SS-Männer in schwarzen Uniformen und Stahlhelmen ein Spalier, durch das ihr Chef den Schlossberg zu Quedlinburg hinaufschreitet.

Der „Reichsführer" ist gekommen, die mittelalterliche Stiftskirche, die das Städtchen am Nordrand des Harzes überragt, in einen „heiligen Ort" der SS zu verwandeln: Die Krypta birgt die Grabstätte Heinrichs I. – zwischen 919 und 936 König des Ostfränkischen Reiches –, der vielen als der erste „deutsche" Herrscher gilt.

An dessen 1000. Todestag nun legt Himmler in feierlicher Zeremonie Kränze nieder und begründet eine Tradition jährlicher „Heinrichsfeiern" mit Fackeln und Standarten, Aufmärschen, weihevollen Ansprachen.

Denn König Heinrich habe einst ein „Erbe furchtbarster Art" angetreten: ein daniederliegendes Land, dessen Osten an die Slawen verloren war. Doch in resoluter Abkehr von der römischen Kirche, in Besinnung auf seine germanischen Wurzeln, auf die Reinheit des Blutes, habe „der nüchterne Soldat Heinrich" das Volk geeint, verlorenen Boden zurückerobert und so den Grund des Deutschen Reiches gelegt: ein „tausendjähriger Erfolg", nur vergleichbar mit dem „abermaligen deutschen Aufbau allergrößten Stils unter Adolf Hitler".

Himmler liebt solche Bezüge. Er beschäftigt große Stäbe von Wissenschaftlern, um der germanischen Vergangenheit nachzuspüren. Einer ihrer Aufträge: nach den Gebeinen Heinrichs I. zu forschen – denn in der Grablege finden sie sich nicht mehr. „Eine Schmach für das gesamte deutsche Volk", meint Himmler.

Dabei handelt es sich um mehr als eine Marotte. Himmlers Germanenschwärmerei mag von trivialer Jugendliteratur inspiriert sein – sie erfüllt aber vor allem einen politischen Zweck: die SS als eine ideologische Vorhut zu etablieren, als wahrhaft nationalsozialistische Elite. Keine gewöhnliche Garde soll sie sein, sondern ein weltanschaulich begründeter Orden. Und so Himmlers Macht und Prestige mehren, ihn zu einer Schlüsselfigur des Regimes machen.

Im Zentrum dieser Vision steht der Rassegedanke. Zwar umfasst Himmlers Weltbild weiterhin auch astrologische Lehren, abwegige Weltentstehungstheorien und okkulte Pseudoreligionen. Doch behält er diesen Teil seiner imaginierten Parallelwelt weitgehend für sich – er weiß, wie viel er der Öffentlichkeit und Hitler zumuten kann. Umso entschiedener macht er mit der Rassenideologie ernst. SS-Anwärter müssen mindestens 1,70 Meter groß sein, Intelligenz- und Sporttests ablegen sowie eine bis 1750 zurückreichende „arische" Ahnentafel vorweisen und eine „Rassenuntersuchung" bestehen.

Diese später verfeinerten und auch zur Auslese des „Menschenmaterials" in den unterworfenen Ländern verwandten Prüfungen sind von grotesker Willkür. Bei der „rassischen" Zuordnung beziehen die Prüfer je nach Situation die geographische Herkunft ebenso ein wie die Staats- und Religionszugehörigkeit und die Familienverhältnisse. „Fremdblütige" Merkmale wie ein rundlicher Kopf, eine breite oder gebogene Nase, starke Körperbehaarung, dunkler Teint können wettgemacht werden durch „straffe Haltung" und ein allgemeines „Erscheinungsbild", sogar durch NSDAP-Mitgliedschaft.

Mit Wissenschaft hat das nichts zu tun, eher mit den Männlichkeitsidealen eines verhinderten Germanen, der darunter leidet, ihnen selbst kaum zu entsprechen.

Bei Hochzeiten seiner SS-Leute war die »rassische Eignung« der Frau entscheidend

Bis Ende 1938 werden knapp 240 000 Mann in die SS aufgenommen. Himmler verpflichtet sie auf einen strikten Tugendkanon. An erster Stelle, noch vor Gehorsam und Tapferkeit, steht die unbedingte Treue zu Adolf Hitler – und über Hitler zur Rassegemeinschaft und nicht zuletzt auch zu ihm, Himmler.

Motto: „Der Führer hat immer recht, ob es sich um einen Gesellschaftsanzug, ob es sich um einen Bunker oder um Reichsautobahnen handelt."

Im Gegenzug fühlt sich der „Reichsführer SS" auf beinahe väterliche Weise für seine Männer verantwortlich. Etliche SS-Führer leben in zerrütteten Ehen, haben Alkoholprobleme, Schulden. Himmler versteht es instinktiv, solche Schwächen zu nutzen und seine Untergebenen durch eine zweite Chance, Zuwendungen oder Nachsicht zur rechten Zeit rückhaltlos auf sich und die SS-Gemeinschaft zu verpflichten.

Dafür verlangt er Besserung und mischt sich noch in die kleinsten Details ein. Er ermahnt seine Männer, Geschwindigkeitsbegrenzungen einzuhalten, am Muttertag zu Hause zu sein, sich gesund zu ernähren. Und er führt ein Heiratsgenehmigungsverfahren ein, das die „rassische" und „erbgesundheitliche Eignung" der Frau jedes SS-Mannes sicherstellen soll. Von Junggesellen hält er nichts, aus Gründen der Sittlichkeit, aber auch im Sinne der Volksvermehrung. Notfalls ordnet er Eheschließungen per Befehl an.

Kaum etwas davon lässt sich in der Praxis durchhalten. Doch mögen ihm seine bloßen Befehle bereits suggerieren, dass es ihm gelingt, in der SS eine musterhafte völkische Ordnung herzustellen – also die einst als traumatisch erfahrene Unordnung zu überwinden.

Seinen Wahn von germanischer »Reinheit« nahmen selbst Parteifreunde nicht mehr ernst

Der zweite Wert, auf den er sich geradezu manisch beruft, ist „Anständigkeit". Himmler verbindet damit großzügiges, verständnisvolles, nicht selbstsüchtiges Handeln, Ritterlichkeit, Aufrichtigkeit. Diese „Anständigkeit" ist gerade dann gefragt, wenn eine vermeintliche Notlage „Härte" erzwingt: Exekutionen wie die der SA-Männer 1934 habe die SS „immer anständig, sauber, ohne Schadenfreude und ohne persönliche Vorteile" zu verrichten. Gleiches gilt wohl auch für die Folterungen und Morde in Gestapo-Kellern und Konzentrationslagern.

Vermutlich glaubt Himmler sogar, was er da sagt. Von allen konventionellen Normen und menschlichen Selbstverständlichkeiten entkoppelt, spiegeln „Treue" und „Anstand" seine frühen Vorstellungen von sich selbst: als „soldatisch" hart, idealistisch, die Mitmenschen überragend. In seiner Welt steht Himmler einsam über den kleinen menschlichen Befangenheiten und erfüllt, was historisch notwendig ist. Und sei es noch so schwer, für den Verstand gar verwerflich.

Dieses große historische Panorama germanischer Sendung inszeniert er für seine SS-Ordensritter nun an den „heiligen" Orten, in kultischen Zeremonien wie den Heinrichsfeiern, in einer raunenden Sprache, die um Blut und Boden, Tod und Treue kreist.

Es ist das Streben nach einem neuen Glauben, einer heidnischen Religiosität, die den „nordischen Menschen" vom Christentum erlösen soll. Denn dessen Annahme betrachtet Himmler inzwischen als Sündenfall: Der Grundsatz der Barmherzigkeit habe den germanischen Kriegergeist korrumpiert, die rigide Sexualmoral die „natürliche" Vermehrung des Volks behindert.

Seinen Männern erlaubt Himmler Zweitfrauen, sofern aus der Verbindung „rassisch wertvoller" Nachwuchs hervorgeht und die Sache „anständig" gehandhabt werde – und macht von dieser Lizenz auch selbst Gebrauch. Germanische Natürlichkeit, Reinheit und Stärke: Das ist sein Traum von einer besseren Welt.

Mehrfach fragen sich selbst Parteigenossen, ob sie ihn noch ernst nehmen sollen; Hitler, der die germanische Vergangenheit allenfalls als Propagandafloskel anführt, empfindet den „kultischen Unfug" seines SS-Chefs als bizarr. Doch da der sich als Organisator des nationalsozialistischen Überwachungs- und Terrorapparates bewährt hat und an seiner Loyalität kein Zweifel besteht, überträgt Hitler ihm immer neue Kompetenzen: über die gesamte deutsche Polizei, über die Konzentrationslager, über eigene Kampfverbände, die spätere „Waffen-SS". Himmlers Machtkalkül geht auf.

WAS ER ABER nie verliert, das ist seine Angst. Himmler rechnet mit einem baldigen Existenzkrieg des jungen Rasse-Reiches – und ist sich des Sieges keineswegs sicher. Denn: Neben dem Überlegenheitswahn steht Vernichtungsangst. Sie mag in dem knapp vermiedenen sozialen Untergang nach 1918 wurzeln, damit verbunden in der sentimental-pathetischen Lektüre jener Jahre. In Himmlers Welt kämpfen böse Mächte – Juden, Freimaurer, Marxisten und die „Menschentiere“ Asiens – mit „anständigen“ Germanen um Sein oder Nichtsein.

„Wenn wir unterliegen“, erklärt er 1938 vor SS-Gruppenführern, „würde nicht einmal mehr eine Reservation der Germanen übrig bleiben, sondern dann würde alles ausgehungert und abgeschlachtet werden.“

Umso fantastischer malt er die Perspektiven eines Sieges aus: Ein „großgermanisches Imperium“ werde entstehen, „das größte Reich, das von dieser Menschheit errichtet wurde und das die Erde je gesehen hat“.

Über die Konsequenzen für den Rest der Menschheit lässt er keinen Zweifel: „Wenn wir eine Provinz übernehmen müssen, die nicht germanischen Blutes ist“, dann werde „ausgekehrt“, „bis zur letzten Großmutter und bis zum letzten Kind – und ohne Barmherzigkeit“.

Himmler gefällt sich in solchen Posen rhetorischer Brutalität. Vielleicht helfen sie ihm, die Angst zu bannen. Dabei treibt er die „Sachlichkeit“, mit der er seine Unsicherheit kaschiert, aufs Äußerste.

Demonstrative „Nüchternheit“ nutzt er denn auch, um sich von dem nassforschen Weltherrschaftsgerede anderer Parteifunktionäre abzusetzen. Ostentativ verbindet er seine Visionen mit rationalen Einschränkungen: Da die erforderliche „rassisch gute Bevölkerung“, die Millionen germanischer Wehrbauern zur Besiedlung eines großen Raumes nicht zur Verfügung stünden, erfordere der Aufbau des Weltreiches mehrere Generationen. Alles andere sei Träumerei.

Himmler legt es darauf an, in seinem Idealismus kaltschnäuzig zu erscheinen, als Visionär und unbestechlicher Realist zugleich. Er möchte weder für einen Kleingeist noch für einen Schwärmer gehalten werden – vielleicht, weil er im Grunde beides ist: im Umgang mit Menschen wie in seinem Ordnungsstreben, das alles fürchtet und verwirft, was außerhalb seiner „Ideale“ liegt. Die ersehnte Ordnung nimmt in seinen Vorstellungen eine zunehmend mörderische Konsequenz an. Alle Konventionen, alle Prinzipien unterwirft er einer einzigen Idee: der germanischen Rasse, ihrem Wohl, ihrer Gesundheit, ihrer Reinheit. Die „Feinde“ dieser Rasse – Slawen und Juden, Roma und Sinti, Homosexuelle und Kommunisten, Behinderte und schließlich auch strenge Christen – stellen für ihn schon durch ihre pure Existenz das Bedrohliche in der Welt dar, das Böse.

Ihre Beseitigung ist mithin: gut.

Himmler 1941 mit sowjetischen Gefangenen in einem Lager in Minsk. Hinter der Front ermordeten seine »Einsatzgruppen« in dieser Zeit Hunderttausende Zivilisten

ENTSPRECHEND SIEHT er den Krieg, der 1939 mit dem Überfall auf Polen beginnt, nicht als gewöhnlichen Mächtekonflikt – ein Punkt, in dem sich die Lenker Deutschlands einig sind: Das Reich zieht in einen Überlebenskampf, in dem Mitleid Schwäche wäre.

August 1941, Besuch im besetzten Minsk. Den SS-Truppen schärfte Himmler ein, keine Gnade für die »Menschentiere« im Osten zu zeigen

Zwei Wochen nach Beginn der Invasion befiehlt Reinhard Heydrich, Himmlers rechte Hand, die „Liquidierung des führenden Polentums“. „Einsatzgruppen“ aus SS-Leuten und Polizisten ermorden daraufhin Tausende Intellektuelle, Adelige, Priester, Offiziere, Lehrer.

Der Krieg ist Himmlers große persönliche Chance. Er erlaubt ihm, die erbarmungslose Effizienz seines Unterdrückungsapparates zu beweisen – und seine Machtbasis abermals zu erweitern. Nach geschicktem Intrigenspiel erhält er von Hitler das Amt eines „Reichskommissars für die Festigung deutschen Volkstums“.

Seine Aufgabe: die „Eindeutschung“ der annektierten Gebiete. Juden und Polen sollen von dort nach Osten abgeschoben und an ihrer Stelle Mitglieder deutscher Minderheiten aus halb Europa angesiedelt werden.

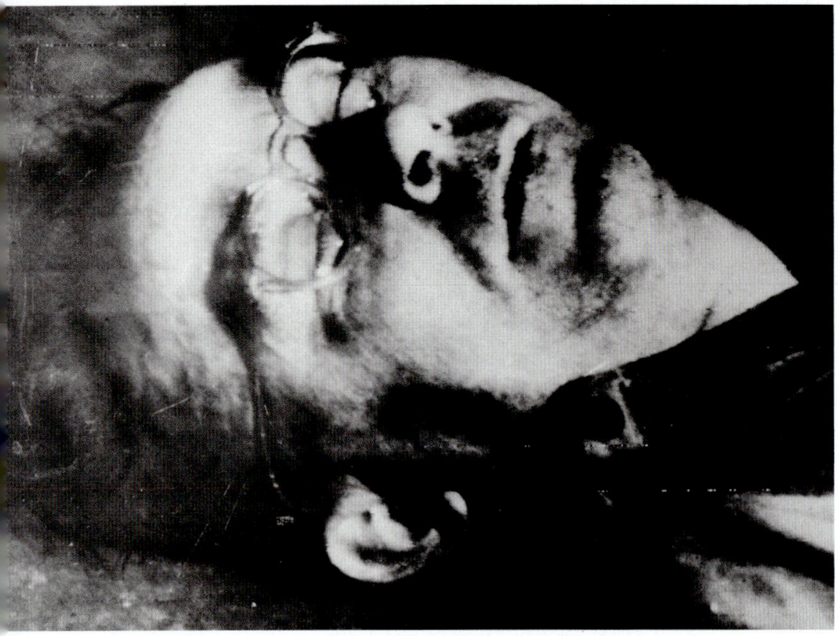

Aufgegriffen durch die Alliierten, tötete sich Himmler am 23. Mai 1945 in Lüneburg selbst – durch eine im Mund verborgene Kapsel mit Zyankali

Himmlers Ämter produzieren Verschiebungspläne für Hunderttausende und ebenso gründliche wie willkürliche Rasseprüfungen, um „Volksdeutsche" in Kategorien zu ordnen und entsprechend anzusiedeln. Doch auch „blutlich wertvolle" polnische Kinder werden „ausgesiebt" und zur Germanisierung verschleppt.

Und immer wieder schaltet der „Reichskommissar" sich mit manischer Detailbesessenheit selbst ein. Er skizziert Siedlerhäuser bis hinab zur Waschküche, gibt Richtlinien zur rassischen Beurteilung von Wangenknochen und Lidfalten heraus; reist herum, inspiziert – mit dem gleichen Kontrollzwang und Machbarkeitswahn, mit dem er die SS nach seinem Ideal formen will.

Indes ist da immer noch ein Rest von Realitätssinn: „Ich möchte hier eine blonde Provinz schaffen", erklärt Himmler Ende 1939. Eine *Provinz* – kein Weltreich.

Ab Mitte 1940 jedoch eilt die Wehrmacht seinen Fantasien voraus und unterwirft in raschen Feldzügen große Teile Europas. Als im Sommer 1941 der Angriff auf die UdSSR beginnt, scheint das erträumte Großreich kein Projekt für Generationen mehr, sondern in wenigen Wochen oder Monaten erreichbar.

Mit dem rauschhaften Verlust aller Maßstäbe radikalisiert sich auch Himmlers paranoide Aggressivität. Vor SS-Führern erklärt er, sie stünden im Kampf mit einem 180 Millionen starken „Gemisch aus Rassen und Völkern, deren Gestalt so ist, dass man sie bloß ohne Gnade und Barmherzigkeit zusammenschießen kann".

Diese untermenschlichen Horden seien „von Juden in einer Religion, einer Weltanschauung zusammengefasst, die Bolschewismus genannt wird".

Ein Feind, dem gegenüber es „Wahnsinn" wäre, ritterlich zu kämpfen.

Brutaler noch als in Polen wüten Himmlers „Einsatzgruppen" nun hinter der Front und erschießen zu Tausenden politische Funktionäre, tatsächliche und vermeintliche Partisanen – insbesondere aber jüdische Zivilisten, die automatisch als „Partisanen" gelten. Bald werden aus den Tausenden von Opfern Zehntausende. Aus den Zehntausenden Hunderttausende.

Abermals treibt Himmler dabei außer ideologischen Hirngespinsten handfester Ehrgeiz. Durch vorauseilenden Gehorsam und Rücksichtslosigkeit will er sich Hitler für höhere Aufgaben in den eroberten Gebieten empfehlen. Denn der „Führer", der fest an eine „jüdische Weltverschwörung" hinter der feindlichen Allianz glaubt, führt den Krieg mittlerweile offiziell als „Krieg gegen die Juden".

Im Herbst 1941 beginnt Heydrich, in Himmlers Auftrag Pläne für eine systematische Vernichtung der Juden ganz Europas auszuarbeiten – elf Millionen Menschen. Noch vor Jahresende kommt es in Auschwitz zu der ersten Massentötung mit Zyklon B. Mitte Juli 1942 macht Himmler sich auf, die Mordfabriken zu inspizieren.

ANDERS ALS HITLER und die übrigen Größen des NS-Regimes verfolgt der „Reichsführer SS" das Morden persönlich. Bereits 1939 hat er sich die Ermordung geistig Behinderter mit Kohlenmonoxid demonstrieren lassen, ist Zeuge von Massenerschießungen.

Nicht auszuschließen, dass ihn dabei auch sadistischer Voyeurismus treibt. Vor allem aber geht es ihm darum, Härte zu beweisen – und seinem Ideal eines Truppenführers zu entsprechen, der sich an Ort und Stelle ein Bild macht, der bei den Männern ist, deren Beschwernisse teilt. Sie beim Töten nicht allein zu lassen, das ist für Himmler Teil der verschworenen Kameradschaft, die seine SS auszeichnen soll.

Selbst legt er dagegen nie Hand an – sei es aus Angst, zu versagen, oder weil es der Würde seines Ranges nicht entspricht. Dennoch tritt er im Oktober 1943 vor hohe SS-Führer als einer, der weiß, wovon er redet. Sehr ruhig und sehr nachdenklich spricht er da.

„Ich will auch ein ganz schweres Kapitel hier vor Ihnen in aller Offenheit erwähnen. Ich meine jetzt die ‚Judenevakuierung', die Ausrottung des jüdischen Volkes. Von euch werden die meisten wissen, was es heißt, wenn 100 Leichen beisammenliegen, wenn 500 daliegen oder wenn 1000 daliegen. Dies durchgehalten zu haben und dabei – abgesehen von menschlichen Ausnahmeschwächen – anständig geblieben zu sein, hat uns hart gemacht."

„Anständigkeit" im Massenmord – das ist das Fantasma im Kern des Bösen bei Heinrich Himmler.

Bis zum Schluss sieht er sich als einen moralischen Menschen. Als einen Idealisten, der aus nüchterner Einsicht die harte Pflicht erfüllt, die sich aus seinen Überzeugungen ergibt, ohne Rücksicht gegen sich selbst. Dessen Ziel es ist, „die Erde wirklich nach arischen Grundgedanken schöner zu gestalten, als sie jetzt ist".

Heinrich Himmler hat sich auf der Suche nach Ordnung und Anerkennung in einer Fantasiewelt verfangen und ist darin so lange herumgeirrt, bis für ihn aus Schwarz Weiß geworden ist und umgekehrt.

Dass fast alle Menschen eine solche Moral für die Verkörperung des Bösen schlechthin halten, ist ihm vermutlich durchaus bewusst, ficht ihn aber nicht an. Im Gegenteil, es bestätigt seine Vorstellung von sich selbst als nüchtern, hart und konsequent über den schwankenden Durchschnittsmenschen hinaus.

So ist es auch zu erklären, dass in den meisten Schriftstücken zur Vernichtung der europäischen Juden das Morden hinter Begriffen wie „Evakuierung", „Sonderbehandlung", „Umsiedlung" verschwindet. Nicht weil Himmler und seinem engsten Kreis das millionenfache Töten letztlich doch falsch erschiene – sondern weil sie vermeintlich Rücksicht nehmen müsse auf die vielen Bürokraten, Techniker und Mediziner, die an der Organisation des Verbrechens beteiligt sind, indes nicht die „Härte" mitbringen, das Tag für Tag offen auszusprechen.

In seiner Rede vom Oktober 1943 stilisiert Himmler den Völkermord zur Heldentat seiner Rasse-Elite, die er mit der Exekution der SA-Spitze im Sommer 1934 vergleicht, deren man sich aber nie offen rühmen dürfe – „genauso wenig, wie wir am 30. Juni gezögert haben, die befohlene Pflicht zu tun und Kameraden, die sich verfehlt hatten, an die Wand zu stellen und zu erschießen, wie wir darüber niemals gesprochen haben und sprechen werden."

Noch weniger freilich wird er über seinen beschämten Ehrgeiz reden, über seine Verletzungen, seine Geltungs- und Rachsucht, den Karrierismus und Machtinstinkt: all die Eigenschaften, die aus einem unauffälligen Münchner Bürgersohn einen der größten Verbrecher der Geschichte machen.

Nicht davon sprechen, sich bezwingen: Himmlers Erziehung zur Selbstüberwindung, seine frustrierte Soldatenambition, Deutschlands Niederlage und der soziale Abstieg der Familie erklären vieles.

Allein, so geht es etlichen seiner Altersgenossen. An geplatzten Hoffnungen leidet beinahe jeder, und mittlere Söhne gibt es zuhauf. Ähnliches gilt für die Affekt- und Emotionsvermeidung und jene Bindungsschwäche, die Himmlers Biograf Peter Longerich im Gespräch mit Psychoanalytikern und Psychotherapeuten ermittelt hat. Der Kulturtheoretiker Klaus Theweleit attestiert sie sogar einem ganzen Milieu, der in Armee und Freikorps sozialisierten Männergeneration.

Das Irritierende an Himmler ist, dass er ein gar nicht so ungewöhnlicher Deutscher des Jahrgangs 1900 war.

Worin Himmler seine Zeitgenossen übertraf, das war zum einen sein Machthunger. „Brennender Ehrgeiz", gepaart mit politischem Geschick und Tatkraft, auch Fortune, die seinen Aufstieg ermöglichten.

Zum zweiten seine „idealistische", utopische Fantasie. Oder, negativ gewendet, Himmlers Unfähigkeit, die Realität zu ertragen, ihre Ordnungslosigkeit und Banalität. So griff er auf, was seine Zeit an Deutungen zur Verfügung stellte – insbesondere den Rassegedanken. Der leiferte eine vermeintlich plausible Erklärung der aus den Fugen geratenen Welt. Und so wurde die Ordnung der Rassen für Himmler der Schlüssel zur Weltgeschichte. Und zur Grundlage einer politischen Karriere, die schließlich in Endzeitwahn, Realitätsverlust und einem mörderischen, zugleich moralisch übersteigerten und tief zynischen Furor aufging.

Den *einen* Moment, den dominanten Faktor, der aus dem behüteten Bürgersohn Heinrich Himmler den mörderischen „Reichsführer SS" gemacht hat, gibt es nicht. So wenig wie das Böse an sich.

Es ist stets ein Kind seiner Zeit, der geistigen Strömungen und politischen Umstände, vor deren Horizont ein Einzelner mit individuellen Anlagen, Ängsten und Sehnsüchten seine Entscheidungen trifft. Festgelegt ist dieser Einzelne nicht, war auch Himmler nicht. Doch die Konsequenzen einer Entscheidung bestimmen die nächste, biografische und historische Zufälle treten hinzu, und so ergibt sich eine Geschichte. Auch eine Erklärung?

Ein unzugänglicher Rest bleibt.

Am 21. Mai 1945 holt die Wirklichkeit Himmler ein. Irgendwo zwischen Hamburg und Bremen greifen sowjetische Soldaten, wohl entlassene Kriegsgefangene, drei verdächtig wirkende Deutsche auf und übergeben sie einer britischen Patrouille. Zwei tragen Uniformstücke ohne Abzeichen, einer schäbige Zivilkleidung und eine Augenklappe; seine Papiere weisen ihn als Heinrich Hitzinger aus.

Da die Identität der Männer zweifelhaft erscheint, halten die Briten sie fest und überstellen sie schließlich an ein Verhörlager bei Lüneburg. Am Nachmittag des 23. Mai wird Hitzinger auf eigenes Drängen dem Lagerkommandanten vorgeführt. Da nimmt er die Augenklappe ab, setzt eine runde Hornbrille auf und sagt mit leiser Stimme: „Heinrich Himmler."

Eine Unterschriftenprobe bestätigt die Angabe. Bei den beiden anderen Gefangenen handelt es sich um Himmlers Adjutanten.

Gegen Mitternacht schaffen die Briten den ehemaligen SS-Chef in ihr Hauptquartier in Lüneburg. Dort muss er sich schon zum zweiten Mal entkleiden und einer gründlichen Untersuchung unterziehen. Endlich findet der Militärarzt, wonach er gesucht hat: einen Fremdkörper, versteckt in Himmlers Mundhöhle.

Als er danach greift, reißt der Häftling den Kopf zur Seite und zerbeißt die Kapsel. Minuten später ist Heinrich Himmler tot.

Die Kapsel enthielt Zyankali. Das Kaliumsalz der Blausäure. Des Cyanwasserstoffs. □

Der Journalist und Historiker **Mathias Mesenhöller**, 41, arbeitet am Geisteswissenschaftlichen Zentrum Geschichte und Kultur Ostmitteleuropas in Leipzig.

Literaturempfehlung: Peter Longerich, „Heinrich Himmler", Pantheon; ausführliche Biografie Himmlers mit einer analytischen Aufarbeitung seiner Rolle in der NS-Diktatur.

GEOkompakt Nr. 26 erscheint am 9. März 2011

Was uns der Körper zu sagen hat

Nervenimpulse und Hormone, Geschmacksknospen und Temperaturfühler: Der Körper erfasst auf vielfältige Weise seinen Zustand und tauscht dazu Nachrichten aus – deren komplexe Signale Mediziner entschlüsseln, um völlig neue Heilmethoden zu entwickeln

Wie heilt ein Knochenbruch? Weshalb sind wir sterblich? Was ist Schmerz, und wie ist er im Laufe der Evolution entstanden? GEOkompakt widmet sich zum zweiten Mal dem menschlichen Körper und berichtet diesmal über die Kommunikation zwischen seinen bis zu 100 Billionen Zellen, die einem Wunder gleicht: Denn dass diese Vielzahl als Einheit funktioniert, ist Biosensoren zu verdanken, die permanent den Zustand des Zellverbundes überwachen, etwa die Körpertemperatur erfassen oder den Sauerstoffgehalt im Blut, und diese Daten in ein Nachrichtensystem einspeisen, zu dem rund 780 000 Kilometer an Nervenfasern gehören. Abermilliarden elektrischer Signale rasen pausenlos durch dieses komplexe Datennetz, informieren die Schaltzentrale im Kopf in Millisekunden über den Status der Organe, übertragen Sinneseindrücke oder schicken Befehle an die Muskeln.

GEOkompakt berichtet über diese Signalwelten: erklärt unter anderem, weshalb eine innere Uhr unseren Rhythmus bestimmt, wie Stress entsteht und wann der Körper mit sich selbst im Krieg liegt. Die Botschaften aus unserem Innersten und was wir daraus lernen können – in der neuen Ausgabe von GEOkompakt.

Weitere **THEMEN**

- **Selbstheilung:** Die Fähigkeit des Körpers, sich neu zu erschaffen.
- **Individualmedizin:** Maßgeschneiderte Medikamente für jeden Menschen.
- **Leben im Zeitraffer:** Wie wir wachsen, altern und warum wir sterben.
- **Körpermikroben:** Die geheimnisvolle Kommunikation unserer Mitbewohner.
- **Evolution:** Was sich aus der Urzeit über unseren Körper lernen lässt.
- **Hightech:** Minirobotor und elektronische Pflaster – die Medizin der Zukunft.

Illustration: Bryan Christie